20 世纪中国图书馆学文库·30

机关图书馆工作

程长源 编

国家圖書館出版社

本书据商务印书馆 1959 年 9 月初版排印

目　次

序　言

我写这本书的动机是早在解放初期。中华人民共和国成立后,所有大小不同性质的机关,为了执行党和国家的政策,推动业务、提供工作人员学习资料,纷纷附设了、扩充了图书室、资料室。而资料室的工作,除剪裁报纸资料之外,很大部分工作是采购、整理、供应图书。当时,我因工作关系,接触了一些图书室、资料室工作人员,所感到的是资料工作除了需要办法外,还更迫切地要求熟悉图书馆学方面的一般知识。因此,我就想针对这种需要,写一个管理图书资料的东西。但因我的政治水平和业务水平都很低,工作也比较忙,当时虽有这种愿望,仍未动手。

随着新中国社会主义事业的发展和需要,机关图书资料工作人员日见增加,方法问题也愈来愈需要解决了。我从 1955 年起,利用了两年左右的业余时间,边学边写,仔细阅读一些解放后出版的图书馆学有关书籍,首先是从苏联译过来的重要著作,写成了这个稿子。但是,写的时间长,内容总是赶不上客观形势的发展,一改再改,时间越拉越长。尤其是经过整风运动以后,全面大跃进,有些意见已成事实,有些意见已不适用,因此,不少部分又经过修改、删除或重写。方才成为现在的样子。

附设在各机关中的图书室、资料室,虽然名称上有所不同,但实际上都是搞图书资料工作的。而且图书工作还是中心的工作。因此,我就企图用"机关图书馆工作"这样一个名称,以机关图书室、资料室工作为中心，有系统地叙述图书馆学一般知识。为了便于解决实际问题起见，有许多方法上的问题比较说得具体。但是，机关的性质复杂，首先是党组织、各级政府、经济机构、文化、教育、科学、卫生、新闻、出版等等机关，还有各民主党派、社会团体等组织。我不可能了解各种不同性质的机关图书馆的具体情况，又不应局限于某一机关图书馆的范围，因此，所举的例子比较笼统了些，这是本书不够的地方。但有一个共同的特点，即新中国的一切机关，不论它的性质和范围，都是在党的领导下为建设社会主义服务的。机关图书馆工作的特点，也就在如何搞好图书资料工作，充分发挥它的作用，推动机关事业的跃进，加强机关工作人员对共产主义风格的修养，间接地为生产、为社会主义建设服务。由于各机关的范围大小不同，都有它一定的专业性，图书资料工作的进行，不应不根据具体情况结合一般的方法原则，作出不同的措施。处此全面大跃进的时代，图书馆工作本身就是一种技术革命，本书中所提的一些方法、意见，只能当作一个开端。

中国社会，在中国共产党和毛主席的领导下，得以彻底改造，得以大规模、高速度的建设，共产主义社会的实现已为期不远。全国人民，在中国共产党和毛主席的不断教育下，每一个人都懂得，应为目前的国家社会主义建设事业贡献出自己可能贡献的力量。我明知道，要写这样一本对机关图书馆专业性、对图书馆学系统性的书籍是我的能力办不到的，但我已经认识到，应该尽我的力量，争取更好地为人民服务，所以冒昧地这样做了。内容不够的地方很多，错误也会不少，诚恳地希望读者给我批评和指正。

最后，我应该衷心感谢党和政府对我的帮助。我这本书虽然写得不好，如果没有党给我的教育，我是写不起来的。如果没有文化部社会文化事业管理局的支持、提意见，介绍出版社审查，也是不可能与读者见面的。

1958.10.12　编者

第一章 机关图书馆的工作组织

一 组织的形式和工作的实质

"机关图书馆"是一个比较笼统的概念。它是附属于机关组织内部的一个组织，而不是一个独立的组织。在工作上，它与机关组织中的各部门有关连，但也应该有它的主动性，它的工作范围常随机关性质、业务范围的大小有很大的差别。比如科学院图书馆和大学图书馆，虽然因为它们附属于科学院和大学，可也称之为机关图书馆，但并不在本书所讲的机关图书馆范围之内。如果把这样大规模配合科学研究的学术性的图书馆也当作一般的机关图书馆来理解，那末，读者一定更会感到本书所述的内容不够了。但我这样说，并不排斥一般的图书馆工作原则，而是说，这本书的内容更切合于一般比较中小型的机关图书馆工作者工作时的参考，尤其是对新参加的图书馆工作者。因为，各种不同性质的图书馆都有责任，都应响应党和政府的号召，宣传马克思列宁主义，为向科学进军、推动技术革命而做好图书资料的供应工作。因为，在我们国家里，除了科学院、大学和全国公共图书馆三大图书馆系统之外，还有千千万万个中小型机关图书馆，而这种图书馆要占全国图书馆的最大多数，它们附设于各种不同性质的机关之中，没有统一领导。如果这些图书馆能尽量做好图书资料供应工作，正是促使我国经济、政治、科学、文化向上发展的巨大力量。

"机关图书馆"这一名辞中的"机关"两字,含义很广。它包括党、政府、经济以及科学、文化、教育等机构和其它社会团体。凡是附属于上述组织内部的图书馆,都属机关图书馆范围。机关的性质很复杂,机关组织的范围大小不同,它们的图书馆业务的范围也就大不相同。因此,进行这个工作,必须依据具体情况和具体条件来确定工作范围。

　　机关图书馆与机关资料室是两个不同的名称,但图书馆与资料室在实质上相同,我们可以说后者是从前者派生出来的。图书馆与资料室的工作内容不是没有丝毫差别,但在很多情况下,很多机关图书馆和资料室仅是名称上的不同而已。机关图书馆和资料室有下列几种关系:

　　一种是设有图书馆的机关同时又设有资料室,图书与资料有明确的划分,图书馆的业务着重图书的搜集、整理、供应等方面;资料室着重于期刊资料的索引工作、报纸材料的剪辑工作等方面,其中还包括对资料的有系统整理、专题目录和索引的供应、解答咨询问题等等。但也有些资料室是专门管理对内资料的,它与图书馆关系不大,如专门保管工程设计图表之类。在范围较大的机关中,往往既设图书馆又设资料室,以整个国家机关的比例说来,到底为数较少。一种是在图书馆之下设有资料室,这种情况与若干公共图书馆的组织形式相同。在许多公共图书馆中,一般都附设资料室,它是附属于参考辅导部的,资料室专门搞报刊资料、机关出版物等的搜集、整理和供应工作,特别是搞剪集资料的工作。机关图书馆资料室做的也是这种工作。还有一种是图书馆与资料室彼此不分,有的机关把它称为图书馆或图书室,有的机关把它称为资料室。称图书馆的,附带也搞资料工作,称资料室的,也把图书业务纳入资料工作之中。其实,不论图书馆、图书室和资料室,实质上都是一个东西,目的都在于根据机关干部业务上和学习上的需要,保证图书资料的供应。现在我想讲的"机关图书馆工作"指的就是这一类图书馆的工作,这类图书馆的工作包括图书和资料工作的全部。这类图书馆很多,是由各种不同性质的机关所附设的。

有的人,按藏书多少来分别室和馆的名称,藏书少的就称为图书室,藏书较多的就称为图书馆。以这样的标准来定名,是不符合于事实的。有些机关图书室的藏书和业务范围比某些图书馆还要广泛。解放以来,我国社会在中国共产党领导下不断改造,从剥削社会的私有制度改变为全民所有制和集体所有制,梦想不到的新鲜事物不断出现,这些新现象和新东西,与我们机关业务和干部学习都有密切的关系,因而一般机关更重视报纸杂志的资料工作,建立了搜集这些材料的资料室。其实,在这种资料室中,图书的设置仍然是它的主要内容。因此,这里所谓"资料",应包括图书、报纸、杂志等等几个方面。同样,"图书"这一概念也应包括报纸和杂志等材料。所以,我们就以图书两字来概括图书和资料、以图书馆工作来概括图书资料工作也未尝不可。为了方便起见,以下我就用图书馆工作这一名称来叙述一般机关图书馆的图书资料工作。也就是说,在我所讲的图书馆工作中已经包括了资料工作在内。不过,我们不可忽视,在资料室除了重视资料工作之件,还包含有参考工作的意思,这一点我在后面还有专章叙述。图书工作是资料室工作的重要内容,也是重要的组成部分,资料室忽视了图书工作,资料室就不可能有丰富的工作内容和丰富的参考资料,也就不可能完成它在机关组织中的政治使命。

此外,在图书资料工作中,还有某些图书馆技术上用的术语名称的差异。如字顺目录亦称字典式目录;公务目录亦称勤务目录;排架目录亦称书架目录、典藏目录;标题目录亦称主题目录;索书号码亦称书码;注销登记亦称剔除登记;总括登记亦称总登记;个别登记号亦称财产目录号。凡此等等名称上的不同,与工作的实质都是没有关系的,问题不在于这些名称,只要领会它们的作用和目的就是了。

机关图书馆的意义明确了,它是机关组织中的一个组成部分。因此,它的工作非仅要适合于该机关组织的需要,还要进而适合国家建设社会主义总任务的要求。机关党委和行政方面加强对图书馆工作的领导是图书馆在机关中发挥它的作用、完成图书馆计划和任务的重要保证。同样,图书馆有某些比较重要的工作,或有某些困难的时候,也要及时反映到机关党委和行政领导上去,要求帮助解决。这样,就可以大大地提高图书馆业务的质量。通过整风运动暴露出来的许多事实证明,任何事业如果脱离了党的领导,就办不好,或者办错。图书馆工作争取党的领导也应无例外。同时,工会对图书馆的合作和帮助,也是更好地搞好机关图书馆工作的一个条件,工会如不给图书馆以充分支持,图书馆工作也会遭到一些不应有的困难。

登记和统计是机关图书馆工作中很重要的一环。图书和期刊等到馆之后,首先是要予以登记。统计是为了了解现藏图书状况和图书使用情况所必需的。所以在图书采购工作方面,应有添购各门类书籍的数量统计(图书收入总括登记);在编目工作中,应有各类书藏比重的统计(当然,采编同一部门的就不必分别统计);在书库工作中,应有庋藏状况统计(按排架目录及无排架目录的特殊庋藏);在阅览工作中,应有出借统计和来馆阅览统计。这些统计,是各个部门工作的根据,也是各部门工作结果的反映。从这些统计中,可以看出工作是否达到原定的要求,是否取得了应有的成绩,可以根据这些材料确定今后如何改进工作。机关图书馆,既然是机关组织中的一个有机体,那末,它就必须根据机关组织的要求,作出各项统计,提供机关领导作为拟订工作计划的参考。同样地,这些登记和统计的材料,也必然是机关工作报告中的组成部分。在任何图书馆中,登记和统计是计划的工作制度,机关图书馆也就是依靠这些登记和统计来组织工作的。

所有各类型的图书馆,都有一个共同的目标,即宣传建设社会主义总路线;为无产阶级政治、为生产而服务,为国家由社会主义过渡到共产主义而服务。但机关图书馆工作除具有这个与一般图书馆相同的目标之外,还有它的特点,那就是要按照机关的性质和需要,结合实际情况来进行工作。这一点,特别重要。机关图书馆的特点是:

第一,机关图书馆有一定的专业性质,应配合机关专业,促进机关工作。

第二,要重视资料工作和参考工作,按专业问题建立有系统的图书资料,并发挥它的参考作用。

第三,藏书不多,供应的对象面不广,水平比较高,图书可以采用开架的借阅办法。

第四,藏书不多,应充分利用就近公共图书馆的图书资料。

第五,藏书有它的特殊性,对馆员的要求除综合图书知识外,还要有有关专业的图书知识。

第六,管理上各方面的特点。如分类重视专业部分,使之集中;目录不要编得种数太多,主要是供自己检查;其它采购、出纳等方面的特点。

机关图书馆的组织,即它的藏书和人员等,应该以该机关本身的组织——人员和业务范围等为根据。如机关组织并不很大,而图书馆的范围特别大,这就会造成浪费,影响整个国家计划。同样,如图书馆的规模不能适应机关工作的需要,图书资料供应脱节,这就会影响机关工作人员的学习,影响机关工作的进行。如果这个机关不需要较大的图书馆,那就应该实事求是,不要铺张浪费,造成人力物资的损失。

机关图书馆的工作也与其它工作一样,有它各部门的劳动分工。在旧社会的图书馆里,每个人所担任的工作往往是固定的。如一个人在书库中工作,或者在借书处工作,一做就是好多年。担任这些部门工作的工作人员,也自以为对这部分工作比较熟悉,不去过问其它的工作,更说不到互相学习。因此,使工作缺乏应有的改进。解放以后,情况就不是这样。从事图书馆工作的人员都要求尽可能地互相了解各部门间的工作关系和工作内容,成为在图书馆工作中的"多面手"。随着文化革命的逐步高涨,国家对图书馆工作人员在文化水平、政治水平和图书知识等各个方面的要求也愈来愈高,因此,如何进一步熟悉业务,交流经验,提高技术就是今天图书馆工作人员所应共同努力的一个方面。图书馆工作人员不要也不必把自己老是束缚在一个工作岗位上。比如,某些图书馆的分类编目人员,不关心领略借书处的工作;出纳工作者也同样不去向分类编目者学习,以为这项工作太麻烦而且不易学习。于是分类编目与借书处就脱离了实际联系,不能达到分类编目与借书处工作相配合的作用。固然,固定分工使人更容易熟悉本岗位的业务,但图书馆的许多工作都彼此密切相关,有些工作如不经过彼此研究就难以达到改进,因而在图书供应方面也不能很好地满足读者。这一点值得注意。

机关图书馆的领导工作,首先是政治思想的领导,如果政治思想领导不起来,在领导工作中不能政治挂帅,这就不能推动工作,促进工作。其次是业务领导。业务领导必须掌握工作的主要方面,除对计划的拟订和执行需要亲自掌握外,还有许多对推动全馆工作有密切联系的工作。如对于图书的补充问题,首先就要亲自掌握;关于分类法和编目的体例问题也要加以研究;阅览室、参考室等布置计划、借书处的借书制度、书库庋藏的排架组织等问题,都是必须亲加筹划。除此以外,领导人员还要随时吸收机关同志们的意见,进行工作的实际检查,使机关图书馆能在总的要求之下,发挥图书资料的积极作用,配合国家社会主义事业的大跃进。

二 工作的方法、目的和要求

机关图书馆这一个性质,顾名思义,它是专为它所从属的机关而服务的。1956 年 8 月 28 日人民日报社论说："由于图书馆的性质不同，基础不同，读者情况和需要不同，周围图书馆分布情况不同，等等，可以因时、因地，因馆制宜，确定某一个图书馆的具体任务。"这虽然是指学术性图书馆和省市县公共图书馆而言的，但机关图书馆工作者亦需要运用这种指导的精神来进行工作。

在整个业务的进行中，有一般的图书馆工作规律，我们要运用它，使图书馆办得好。但也决不可忘记自己图书馆具体的房屋设备、现有图书状况、工作人员的条件、行政领导对图书馆的意图等等特殊情况。我们如果不顾现实，只是依着一般的图书馆学惯例来办事，搬用一些与实际情况不很符合的方法、方式，那就不可避免地会违背机关组织对于图书馆的要求。

资产阶级图书馆学者，一向认为一个图书馆的建立，必须具备人（指专业人员）、图书、房子、图书馆的用品和用具这几个条件，一样缺少不得。这说明了办图书馆也有两种思想、两种方法的斗争。一种是勤俭办馆，贯彻多快好省的精神，一种是少慢差费的作风。我们是社会主义国家，一定要采取前一种办法。当然，我们也不否认兴办一项事业需要有一定的物质基础，但是，应该依靠群众，尽可能利用一切可能利用的东西，把图书馆办好。建立机关图书馆也应该是这样。

在开办时，可能会顾虑到：书买多了，恐怕没有书架，恐怕整理工作来不及做；书架做多了，又恐怕没有这些书籍陈列；书库大了，恐怕没有多的图书资料来庋藏；目录柜制好了，恐怕目录还编不出来，等等等等的问题。因而缩手缩脚，不去适当的计划，各方面同时去进行。结果是工作稍有发展就相互影响，经常忙于事务工作之中。我以为，尽管图书很少，只要是有预见的，书架不妨先做好，书库只管建立起来；尽管目录未编，目录柜是可以准备起来的；尽管阅览室尚未修缮好，阅览桌椅是可以准备起来的；更重要的是尽管家具未备，编目制度未立等等，而图书是首先要有计划的添置的。总之一句话,新开办的图书馆需要计划性,各方面同时进行。如果相互等待,就要影响全面工作的发展。

图书馆的科学工作方法很重要。由于各个图书馆的具体情况不一律,在工作方法上有其大同之点,但也有小异之处。如果生硬地把图书馆学中的一整套办法全部搬过来,或者把大型图书馆的各种措施一模一样的搬到小规模的机关图书馆中来,这样就会造成浪费。比如说,字顺目录是在辅助检查上需要的工具,排架目录是书库排架的依据,一般说来,图书馆都是应该进行这种工作的。但在一个只有几千册或只有一、二万册藏书的机关图书馆,管理的人又少,就可以暂时不必完全具备这些东西。在这种小型图书馆里,可以先做一套分类目录,一供检查,二可当作排架目录用。这样做,既体现了节约的原则,又不影响读者检查和管理上应用。

图书馆工作,一向都认为是半体力半脑力的劳动,但过去并没有彻底做到这一点。而现在是体力劳动与脑力劳动在图书馆工作中必须彻底结合起来。如清洁工作、搬移工作、装订工作,等等,都要参加具体劳动。这一点,如果还不明确,那就很难改变资产阶级图书馆工作方式,要办成为社会主义事业服务的图书馆是困难的。图书馆工作人员如何培养起专业思想,这一点也非常之重要。很明显,工作的目的是要充分发挥图书资料的作用,配合机关业务,配合干部学习,把社会主义事业推向前进。不能设想,如果不把工作人员鼓动起来,对读者的图书资料供应工作是能够搞得好的。一个图书馆的工作效果,绝不是以藏书的多少来肯定的。藏书丰富,固然很好,如藏书数量不多而能发挥最大限度的效用,这在小型图书馆里是极其重要的。伟大的革命导师列宁说过,图书馆的骄傲和光荣不是它藏有多少珍本,而是把图书流通在人民中间的广泛程度,吸引多少读者和如何满足读者要求,借出多少书籍等等。这个教导,不论在任何性质的图书馆,都是应该引为工作的目标的。因为,不论任何图书馆,都是要为读者服务的。比如说,在

8

图书的补充方面,需要内容正确,科学技术新颖,但这些图书资料能否对机关干部起作用,这是一个更重要的问题。如果没有发挥这一作用,纵然图书馆庋藏了丰富而又先进的书籍,仍然没有意义。机关图书馆对国家社会主义事业所起的作用主要是取决于发挥藏书作用的程度。这样,就要求图书馆必须与机关组织中的各个部门有密切的联系,成为供应资料和解答问题的核心。并要时刻注意采取一切容易为工作干部所接受的方法使图书资料更接近他们,帮助他们选择所需要的业务书籍和学习材料。

机关图书馆工作的目的,在大体上说来有二个:一个是对本单位的工作干部进行思想教育,一个是提供业务参考资料和业务研究资料。使机关干部在业务和学习二个方面都能解决图书资料问题。机关图书馆的阅览辅导工作与公共图书馆的阅览辅导工作同样重要,但有所不同。因为机关工作人员的一般水平比公共图书馆的读者为高,这样就应该根据不同的实际情况把某些图书对某些干部加以适当的介绍,就必须根据机关的性质办理图书供应与阅览辅导工作,以发挥机关图书馆在机关中应有的作用,推动和配合机关工作任务的完成。比较专门性的机关图书馆,更应该重视有关技术与研究性的书籍的宣传介绍工作,或者要求在职的专业人员帮助图书馆计划专业辅导工作。文艺书籍是共产主义道德教育的工具,它能提高人们的道德品质,因此,优良的文艺作品就应成为每一个机关图书馆向工作干部推荐的内容。我们应该彻底懂得,图书馆是宣传、教育和帮助读者学习马克思列宁主义的强有力工具。

机关图书馆不是单纯的管理技术工作,它负有一定的政治任务,即配合着机关执行国家政策。管理得有条理固然是重要的,随时能够拿得出所需要的图书资料来固然是最要紧的,管理组织的科学化能够提高供应的质量,但决不可仅仅就以此为满足。读者要什么拿什么,有的能够拿出来,没有的不是图书馆责任,这样的态度是被动的。应该是多方面考虑问题,动脑筋,深刻体会组织上对图书馆的要求是什么,事前准备好,而不是等待发生问题需要资料配合时才去搜集应付。应该是主动地、经常地注意到可能发生的新问题,事前充实图书资料,丰富自己工作。

图书馆工作是一个实事求是的工作,单懂得图书馆学的理论是不够的,必须还要实干,在实践中更好地来应用。每一个图书馆都有它的特点,运用不同的办法去适应不同的环境。当发现工作上有问题的时候,就可以根据问题想出办法来解决,我们不怕问题,而是怕看不出问题。图书馆工作也是矛盾运动的发展,只有在不断地解决困难问题中才能促使图书馆工作跃进。经常在会议上讨论问题,展开批评与自我批评,是最切实际的解决问题方式之一。这种解决具体问题的方式会比书本中的理论更为实际。因为它是从实际的需要出发的。组织参观,向别的图书馆观摩学习,也是改进工作的方式之一。要善于吸收别人的优点,运用到自己的工作中来。但不是别的图书馆如何做,自己也就如何模仿,必定要结合本机关的具体情况,和本机关对于图书馆的某种要求,环绕着这个目的去组织工作、计划工作、拟订制度来推动工作,这才能切合于实际。再从实践中取得的经验,总结出来,加以巩固和改进,重新贯彻到计划工作中去,反复推行,不断地重演,不断地改进,这就是图书馆工作实事求是的精神。

机关图书馆既然是一个机关的组成部分,那末它也就是国家社会主义建设事业的一个整体,与其它建设事业一样,需要集体的意志共同努力,要求集体的智慧来创造。因此,在整理图书的问题上,必须要求全体工作人员在思想上取得一致,这样就有条件对工作的进行和推进更为顺利。

三 馆员的修养

全国人民在伟大的中国共产党和毛主席的领导之下,都在鼓足干劲,力争上游,为建设社会主义贡献出自己的力量。图书馆工作者为了完成党和政府所交给的任务,也须不断加强政治学习,提高社会主义觉悟,进一步改造自己,做好工作。在历次巨大的社会改造运动中,图书馆工作者也和全国人民一样,都受到了党的教育,思想水平有了普遍的提高,在工作上也有了一定的成绩。但是,人们的思想意识不前进就要后退,光是已有的成绩是不够的。现在,各方面都在大跃进,对图书馆的要求也愈来愈高了。而在我们思想上的许多旧东西,还随时都会影响着我们。图书馆工作者的修养水平如不能继续增涨,也必会同样犯错误。因此,要求图书馆工作者都不断地学习政治,逐步消除资产阶级图书馆学在我们图书馆工作中的长期影响。

作为一个图书馆工作者,除要不断提高自己的政治思想水平外,还须懂得图书馆学的理论和技术。也就是说,务必学习图书馆的业务。1955年"图书馆工作"第2期的社论中指出:"图书馆工作人员学习业务,提高业务水平是完成工作任务的具体保证。业务学习的内容应该是图书知识、工作方法与苏联经验几个方面的紧密结合(实际上也就是图书知识与工作方法的结合)。熟悉图书,增进图书知识,是掌握和运用图书馆各项工作方法的根本和基础,例如采编、借阅、宣传、辅导等工作都离不开对图书的一定知识。"我们图书馆工作者必须根据这一要求不断地增进图书知识,提高业务水平。但是,我们要求增进图书知识,为的是要把工作搞得更好,而不是以增进图书知识的借口整天自己埋头看书,不管工作。正是因为工作上的需要,所以要求图书馆工作者充实图书知识,如果抛弃了这一点,那就不是诚心诚意为图书馆工作了。

此外,我们也应该注意到,在学习苏联经验的同时,必须考虑到中国的具体情况。在学习苏联图书馆学著述中,要随时注意其中有哪些东西不一定绝对适合我国图书馆的情况,尤其是因文字组织的不同,反映在管理上某些方面的特点。苏联的图书馆技术是先进的社会主义国家工作经验之一,我们要诚心诚意的学习才能理解。苏联的图书馆学著作,对社会主义国家图书馆的性质和作用作了很好的说明,它使得我们正确认识到在我们这样的国度里图书馆是为什么目的而服务的,从而指导我们如何通过图书馆的工作去为社会主义建设事业作出贡献。

图书馆工作人员除了提高政治思想水平,加强业务学习之外,更要紧的是具备社会主义的劳动热情,发挥自觉劳动的精神。有一些人,他们想做图书馆工作,但并不真正热爱图书馆事业,他们想利用管理图书的机会,自己安安静静地看书。这种思想与图书馆的事业是不相容的。有这种企图和想法的人就没有具备图书馆员所应有的态度。但这并非是说,图书馆工作者就不要学习了,恰巧相反,多看一些书籍,充实知识,正可以为做好图书馆工作创造条件。图书馆工作是一种耐心的劳动,它必须利用科学的工作方法,艰苦地坚持劳动,才有可能把图书的供应工作搞好。没有热爱图书馆事业的劳动热情和自觉地劳动精神,就不会鼓足干劲,就会失去为配合国家的社会主义事业中应起的作用。

图书馆工作者,应有信心和耐心。图书馆工作上的困难是有的,但认为非有图书馆专门训练过的人参加和指导就不能进行工作,这是不对的想法。图书馆工作的本身,就是包括技术革命的一种工作,应该破除迷信,解放思想,才能在工作上创造。有信心和热心,困难就必能逐步克服,办法也就会陆续出现。我们要从实际工作中逐步积累经验,要用更多的经验和科学知识来丰富自己。搞好图书馆也和搞好其它事业一样,最主要的是要热爱这个工作,安心于这个工作。如果一个有图书馆专业能力的人,对图书馆工作并不感到兴趣,不安心工作,认为图书馆是没有出息的冷门,不把自己的业务水平在实践中继续提高,百事敷衍过去,那末他的所谓"专业能力"对图书馆事业来说还是空的。只有对图书馆事业有了热爱,虽然新参加工作,对业务很不熟悉,那也可以在实际工作中锻炼，一点一滴的积累经验，在不知不觉之中做起一个名副其实的专家。毛主席教导我们说，干就是学习。这是普遍的真理。一个人不可能等一切都学好了再做，图书馆的工作也是这样。只有通过劳动实践，边干边学，才有可能把工作搞得更好。

图书馆工作者还必须重视爱护图书这一个问题。图书馆工作者要以身作则，爱护图书，要想尽一切办法使读者爱护图书。

为了提高图书馆工作的质量，图书馆工作者必须重视图书馆学杂志和书刊，经常地拣其与自己的业务有关的部分相结合起来学习。前者如"图书馆工作"、"图书馆学通讯"、"中国科学院图书馆通讯"等；后者如中华书局已出版的图书馆学翻译丛书与丛刊，商务印书馆出版的一些有关图书馆学书籍等。这些新出版的专业书刊，对专业人员来讲，是非常之重要的。但利用这些书刊，也应注意目录，便于拣选。如利用李钟履编的"图书馆学书籍联合目录"等。

图书馆工作者同志们，我们的业务每每赶不上客观形势的发展，赶不上社会发展对我们图书馆工作的要求，远远不能适应读者的需要，我们应时时努力，力求克服这种落后状态。虚心学习，艰苦坚持是图书馆工作者的优良品德，毛主席教导我们说，"虚心使人进步，骄傲使人落后，我们应当永远记住这个真理。"

四 行政事务工作

这里所要说的几点，虽与图书资料的工作组织、整理等的本身无关，但与搞好整个图书馆工作则有关系。因此，在图书馆工作中也必须注意这些事情。

机关图书馆不是一个独立的组织机构，它是没有建立独立的事务工作制度的，但它又不同于一个机关中的一个科室。在管理组织之中，除了图书资料方面具有绝对的独立性之外，在事务方面与机关行政事务总的组织有着紧密的联系，但又有某些方面的不同。绝大部分行政事务工作,是由图书馆向总务科接洽,通过总务科的合作和帮助,由总务科来统一完成。但是,图书馆业务有它的特殊性,图书馆的事务不同于一般的行政事务工作。这些工作每每会因总务科不熟悉情况而不符合图书馆的要求。因此,有些事务工作,就必须图书馆工作者参加去做,或者由图书馆商请总务科之后自己去做。如书库、阅览室等的装修计划工作,书架、出纳台、字典台、目录柜等等图书馆用具的制造,要能更加合用,就必须图书馆工作者参预设计式样或示图。各种目录用卡、登记册、借书单、书袋、标签等等图书馆用品的印制和购买,亦同样的需要图书馆工作者参加意见决定。采取这样的工作方式,就不致糟蹋浪费。

在某些机关中,因为图书馆早已存在,已有某些图书馆用具和用品,但因为没加利用而被搁置,如把有些可以用或者稍加改造就可用的用具搁置不用,而要重新依照新式标准再做一套,这样是不好的。如果图书馆本来就存有某些不十分标准的卡片,只要这些卡片的应用不会影响往后的统一,那就不应为求更标准而重新采购。总而言之,遇到这种情况,我们都应该遵守社会主义的节约原则,为国家节约资金,把一切可以利用的东西,充分加以利用。

关于图书馆的会计问题。机关图书馆就它依存于机关组织这一性质来讲,它是没有独立的会计制度的。它的会计工作,已由单位组织中的会计部门去完成。但由于我们的国家实行计划经济,所以它为购书和购买用具用品所拟定的预算就必须遵守国家的预算制度,并须熟悉有关会计方面的法令,去与会计部门商同编制。把预算的底稿留存,并把支付购书及预约书籍的应付数目随时加以纪录和统计(如利用图书收入总括登记册等),时时掌握购书费和报刊预订费、装订费等的运用和余存状况。图书馆拟订的预算,既要符合机关总的会计制度的要求,还要使图书费的支付来得恰当,要不影响随时订购必要的书籍。关于这个问题,我想在采购工作中再来叙述。

关于图书馆的档案问题。图书馆的档案保管，在某些方面，也不同于机关组织中的档案管理。除了某些对机关组织关系不能分割而以机关组织名义收发的对外来往文件外，有一些图书馆专门性的公文档案就必须由图书馆本身来办理和保存。这样，就便于工作的进行，可以随时查核。如有关图书报刊预订的文件和证件，图书馆工作学术性研究的文件，书店、出版社的往来函件或供应新书合约，图书的统计资料及图书馆工作总结等等，就必须由图书馆本身备一个档案柜来保存，把这些东西与机关中的档案统一管理是不合乎实际的。管理这些档案可以采用档案夹，夹的大小与公文用纸的标准尺度相同。排列档案的抽屉也要适合于这个标准，按照档案内容主题的字顺排列。所以可用这样简易的办法，是因为机关图书馆不是一个机关组织的单位，档案不致于复杂，而且所保管的是图书馆专业文件或证件，可以不必像机关档案室那样经过档案的登记、分类、编号等繁杂的手续。对于某些过了时的，或者不必要的档案也可随时抽出，予以注销。

当然。关于图书馆的行政事务工作决不止于这一些，这里不多说了。

第二章　采购工作

一　采购范围及其原则

图书馆的实质是图书。图书对象应包括与图书有关的一切资料在内。图书馆没有图书，就不能成其为图书馆，就没有工作的对象，就不能进行工作。故图书的采购工作为图书馆内部一切工作的开始，是最基本的。采购工作包括图书的选择、购买和订定，非卖品和无法购买的图书要去索讨，或者是登报和发函征求，或者是用自己本机关的出版物或复本去调换，或者是稿本和稀本因有需要而向人家传抄，用照相复制等等。这一切，都是属于采购工作的范围。而在机关图书馆中，则应以向书店购买订定为其主要的来源。

但是，采购图书不是一件容易的事情。一方面要照顾到买来的书有用，但不可能断定有用的书就有人用，每每有许多对那个图书馆是适宜的图书，而买了之后没有被读者利用也是常有的事。这样，如果要保证必定有人借阅才买，那末可以购买的书籍就很有限了，遇到读者向图书馆临时急要起来，就无法供应。因此，采购工作虽然是要重视符合图书馆性质、读者对象所需要的书籍，但同时也不宜限制得过紧，要保证采购来的书籍本本是竞相借阅的，那也是不可能的。在另一个方面，如果购买一些没有人用的图书，则不仅浪费了国家资金，而且还要影响其他急切需要该图书者的购买。因为新书的发行是有一定数量的,旧书、古籍的调节也是有一定限度的。也确实曾经有过,在科学研究、文化运动高潮中,图书供应露出脱节现象的时候,有些采购工作者不顾自己是否必要,盲目追求自己图书馆的收藏,造成抢购现象。所以我说,购书是比较困难的事情,不可看得太轻易。看得太轻易了,就难免会产生二种倾向。一种是不及时购买,漏过所需要的书籍,要时买不到;一种是随随便便地买了不急要的书,或者多余的复本,对自己的图书馆不能起作用。因此,在采购范围中,必须掌握一般的原则和特殊的原则,以特殊的要求结合于一般的要求之中。一般的原则是:

第一,马克思列宁主义的经典著作及其研究;

第二,关于政治学习和时事学习的书籍;

第三,文艺作品;

第四,辞典、字典、年鉴、法规之类的工具书、参考书。

上述几个方面的书籍,是在一切不同性质的图书馆都要收藏的,它们是藏书的基础,尤其是马克思列宁主义的经典著作。毛主席的著作,指导我们工作的实践,是政治理论的基础,促使我们革命胜利又胜利,不论选集和单行本,都应充分的准备。经常性时事学习和政治运动学习的书籍,必须及时地购买,这在处于社会主义建设不断跃进的生活中,是非常重要的精神食粮。文艺作品,尤其是阅读苏联的和我国许多作家从生活体验中创造出来的优秀作品,会大大地鼓舞我们政治感情,提高社会主义的觉悟和对社会主义的热爱,这对于我们的思想改造会有很多的启发,所以也是在每个图书馆中必须充实的。工具用书供工作人员随时参考,是解答问题的资料,所以凡图书馆都必备的。特殊的原则是:

第一,必须根据机关的专业性质。机关业务随机关性质而决定,配合业务的需要是机关图书馆采购书籍的重要内容。

第二,要参照机关工作计划。因为它是根据机关性质的特殊任务而制定的。多多采购配合工作人员需要的图书,可以促进执行任务的完成。

第三,必须重视机关出版物的搜集。这种刊物很多是只供对内参考的资料,但不要太广泛的征求,应限于与自己机关业务有关的范围。特种图书资料配合科学研究和业务学习,对机关图书馆特别重要。

当然,其它各门类的书籍,与本机关的业务关系比较少,但科学是有关连性的,为了适应随时需要,因而也应配备些少数代表作。

选购书籍是一个思想性的工作。上述这些方面的图书,是内容的原则,而不是某些具体书籍的好坏。除了经典著作外,不能决定它的质量。同一类书,质量好的所起的作用大,收的效果高;质量不好的,还会导致不良影响,故在选购范围上还应重视质量。重视质量不仅体现国家的社会主义节约原则,同时也减轻庋藏,便于检取。因此,选购图书要求有马克思列宁主义的科学世界观来指导实践,要懂得国家的政策和法令,要有某些科学上技术上的各门各类的知识和历史科学的知识、文学作品的认识能力等等来指导实践。要具备这些要求,就使采购工作成为一种政治性思想性的复杂工作。我们机关图书馆工作者,具有不同的政治思想水平和文化科学知识水平,虽然预料中可能发生一些困难,但也决不致于会因这些要求而干不了的。问题在于能不能从工作学习之中把自己的认识逐步提高,来克服这些困难。

二 藏书补充计划与经费的使用

机关图书馆为了完成自己的任务,就要采购切实合用的图书。这样,首先是拟订藏书补充计划。有了计划,才能有目的地、有系统地来进行。但是,在我们的经历中,感觉到拟订藏书补充计划是比较困难的。计划每每会与实践不相符合。因为,计划添购是由于机关任务的要求而拟定的,而出版社则不可能全部按照我们的要求出版图书。但是,有计划总比没有计划好,有了计划就有目标,就不会盲目采购,就有可能贯彻节约原则。当然,计划不应该是死的,要随机关的需要和形势的发展而随时有所变更。同时,也应与出版社的出版计划联系起来,了解出版社的情况是十分必要的。出版社大都编有出版新书的计划,图书馆有可能讨索得到,但不可能对每个图书馆都分送。可经常注意报章杂志上所发表的有关这方面消息。

拟订藏书补充计划,应首先了解现有藏书的状况。基本藏书情况的了解,是拟订补充藏书指标的依据。补充藏书应从两个方面来进行。一是根据基本藏书的要求,拟订最高与最低标准,有标准地来补充;一是经常性的添购。前者作出各类添购的比例,后者不使缺乏现实要用的图书。经常性的补充,要注意借书处"拒绝率"的纪录,但不能把非正常的书籍借不到也计算在内。基本藏书的了解、检查,不仅在拟订补充藏书计划时需要,而且应列为经常性的工作。平时检查,发现残缺,随时补配,这工作很重要。基本藏书情况的检查,应以书架目录为根据,非新创的图书馆单凭图书收入总括登记是不可能全面的。以分类目录当作排架目录两用的小型机关图书馆,就用分类目录统计出各门类藏书的比重。统计类项的划分,要根据实际情形。藏书少的图书馆,统计类项不要分得太细;藏书多的图书馆,不妨多列几个门类来统计。其中尤以"社会科学类"最为丰富,需要根据本机关性质,分列其中类目统计。比如,在财经机关图书馆,财经方面的书籍必然会占较多的比重,这样就应把有关财经的图书从"社会科学类"中分别出来统计。同样地,在文教机关图书馆须把文教方面的书籍分别出来统计;在农业机关的图书馆,需要把有关农业经济和农业技术的书籍分别出来统计。把这些统计材料和图书收入总括登记册及借阅统计综合起来,作为制订补充藏书计划的依据。

拟订藏书补充计划,要与购书费的使用联系起来。在图书采购工作中,要根据已经编制的预算来处理。分清主要与次要,主要的先购,次要的缓一步。如果开始时放松了,到后来会影响购买更需要的书籍。要从实际需要出发,分期有重点地补充。这个问题,应首先重视机关专业性图书。机关图书馆的购书经费,大都是由图书馆根据实际需要提出意见之后,由该机关会计部门编制的。它是那个机关总预算中的一部分,没有单独的会计预算的。根据已规定图书馆的购书费多少,由图书馆提出具体的意见,分期购买或集中购买某些需要的书籍。各个机关的性质不同,业务范围大小不同,支配各类购书费的比重是不能凭空规定的,应根据机关性质来决定。并要预留些临时需要的,因为这样可以支付购买事前没有估计到要出版的书籍,和预约某些新书。

关于临时性干部学习的文件,或许图书馆要购买很多份,但这些书籍的购买,应划入书报费范围,作为消耗的经费处理(按:在机关的经费预算中,一般都列有购书费和书报费。前者属于购置费范围,是有财产意义的,后者是指消耗的部分)。

三 书目的整理和利用

做图书馆的采购工作,必须利用图书目录。而首先是书店和出版社的目录,因为它们是现实的、及时的。书店和出版社的目录是带有广告性质的,但在我们的国家制度里,它包含有介绍和推荐优良书籍的意义。因为它们的经营已是社会主义的经济。从广义讲,这些书目对人民负有指导选购书籍的责任,因此,图书馆工作者绝不应该以为它是推销商品这样一个概念来理解。书店和出版社的目录,具有各式各样的形式,有活叶的与小册子的,有解题的和分类编排的,有每周每月的新书介绍,也有一季度或三年度的书目汇编,每种形式的目录都有它的作用和它的特点。这些目录是供选购新近图书最好的材料,但因为形式不一,又不是一次收到的,因此,有些图书馆工作者就不够注意,从而没有加以整理,不能充分发挥它的作用。书店和出版社书目的整理,是在采购准备工作中的一个重要环节,必须先加整理,然后才能更好地利用。我想建议用下述这个办法来整理书店和出版社的书目:

制备专用档案柜一座。档案柜由多个抽屉组成。排放书店和出版社书目就利用这样的档案柜。书目用一种约十六开大小的牛皮纸封袋装置,档案柜抽屉的大小与封袋的大小相适应,便于排列。每一个书店和出版社的目录装在一个袋袋之中,多了的时候,又可以按时间、内容、形式等分别装成几个袋袋,以(1)(2)(3)……等区分之。袋的左上角写明书店和出版社的名称,同一个书店或同一个出版社的书目袋有几只的时候,记明年月或属于哪个方面的内容等,以便识别。这样做,需要某出版社的书目或某专题书目的时候,就方便了。书店和出版社的目录除由它们直接寄来外,还应从报纸上剪裁下来。新出版的书籍,很多先在报刊上登广告,剪下来之后,插入相同性质的目录袋之中。这种书店和出版社的目录,在归纳整理时,不要拘泥出版社、书店名称为装置目录袋的单位。亦可以就目录的内容、性质等区分为各式各样的袋袋。方法搞得太死,于找寻是不便的。比如有关科学技术方面的目录(指综合性的),不论哪一个出版社的,也不管它的形式是活叶和小册,都是统一的并入一袋,外标"科学与技术目录"。在科技目录中,如果某一门书目多了时,应单独立袋,如"化学书目"。应以单独专题立袋的情形是很多的,如某种类型的图书馆标准书目、某个专题书目、报纸目录和杂志目录、地图目录等等,都以类此方法处理。但书店和出版社的目录是可能有很多重复的,我们要随时加以淘汰。如每月新书目录收到之后,每周新书目录就可以抽除。报纸上剪下来的目录,该书已买到了,就可以取消。听其积存,不仅不好放,而且会增加检查的困难。这些目录,都不必去作为永久财产的登记,只有像文化部出版事业管理局版本图书馆编印按年度或月份收录的"全国新书目"、"全国总书目"这样类型的目录,才作为书籍单位整理,成为永久的书藏。

目录的袋袋按照左上角所记的名称字顺排列,一字一字排比,用何种检字法听凭自己的方便。

书店、出版社日录的整理,应包括搜集的工作在内。要有目的地主动搜集,单靠它们寄来可能会不完整,要留意检查。不需要的目录就不必去索讨。最主要的是新书目录。在某种新形势下,书店为了适应新的环境,每每会改进新的目录形式来宣传新出版的图书和好书。比如在整风运动以后,随着生产、文化大跃进的高潮到来,新华书店北京发行所为了迎接技术革命和文化革命各方面对于书籍的需要,编印了"出版消息"(周刊)交邮局发行,它的内容就很丰富,有新图书出版的消息和全国新书出版的情况,有好书的介绍和专题书目的推荐,有世界书讯和外文新书简报,有图书预订广告和书店业务介绍等等。用这样现实性的工具来作采购图书的参考是最能解决具体问题的。不过,要随时注意新的发展和变化,书店对于新书宣传的方式是时常会改变的,要及时搜集利用。

上面所述的书店、出版社书目整理和利用,主要的是用在经常性的补充图书,它受时间的限制。如果这个图书馆是新建立,或者基本藏书底子不充实的,那就要搜集和利用另一种形式的书本目录。这种目录的出版,不受时间和地点的拘束,有不同的范围和内容,但有一个共同的特点,它是很多书目的汇编。利用这种书目,与自己的藏书核对,开列那些需要补充的图书。开列了的图书,虽然不可能全部配到,但有了根据,就可以依照这个目标来逐步进行补充了。

比如说,新华书店编印的"1949—1954 年全国总书目"和"1955 年全国总书目"以及现在改由版本图书馆编辑、中华书局出版的"1956 年全国总书目"和"1957 年全国总书目",包括各该时期内出版或重印的由新华书店发行或经售的图书。虽然是综合性的书目,但所收录的内容在各方面都是丰富的,因为经过新华书店发行和经售的图书是在这个时期中出版物的绝大部分。如果用来作为补充中华人民共和国成立以来出版图书的参考，那是完整的材料。在今后，我们知道这个书目是会继续按年份收录编辑并尽量及时出版的。这样，就可以配合"全国新书目"来作补充收藏近时出版图书的根据。如果补充解放以前的旧书，就去利用旧书目。

比如说，补充线装古籍可利用张之洞的"书目答问"和前江苏省立国学图书馆目录；补充1911—1935年出版的图书可参考生活书店出版（1936）的"全国总书目"等等。总之，补充基本藏书应充分参考大型图书馆的书本目录，出版领导机关或出版、发行机关的目录汇编。而机关图书馆最重要的是要参考与自己有关的专业性图书目录。比如搜集地方志就去利用朱士嘉编的"中国地方志综录"。机关图书馆的性质复杂，不可能定出普遍适用的机关图书馆藏书标准书目，只能自己灵活地利用书目汇编的有关部分，及根据与本机关有关的专题目录来检查藏书。书本目录，不可能都是公开发行的。尤其是大型图书馆编印的藏书目录，印数有限，可能只供内部参考，应多方注意搜集。或者利用就近公共图书馆收藏的目录。得到这种目录之后，作基本藏书整理，便于永久保存和使用。

四 选购方法

补充图书需要广泛的知识，并要有专门性的知识。既不能单凭个人的主观愿望出发，亦不能单靠几个人有限的认识能力来完成任务。因此，补充图书应该采取多方面的意见，走群众路线，抱着虚心接受的态度，才有可能较好地完成这个工作。在进行采购书籍时，应该尽量吸收机关组织内各部门的意见。各部门的业务，图书馆工作者不可能都熟悉，图书馆为它们预想所准备的书籍，不可能都符合于它们的需要。因此，吸收它们的意见，容纳它们所反映的内容，是合于图书馆为组织而服务的目的的。同时，也要听取个别工作同志的意见,请他们介绍书籍。同志们各有各的专长,图书馆工作者的见识不可能是全面的,依靠同志们的推荐来补充图书馆藏书是很重要的工作方式之一。同志们的介绍书籍,固然也可能有不正确的偏见存在,但至少是已经表达了他个人的意见,集合拢来就是广泛的群众意见。购书的方法必须遵守集思广益的原则,机关图书馆也不能例外。介绍购书的办法,在公共图书馆是采用一种介绍卡的。这种介绍卡,是由图书馆事先准备好,放置该馆适当的容易引人注意的地方,听由读者自由取拿填写,收集之后由采购部门统一办理。但机关图书馆是应该按照实际情况的,看组织范围来决定是否需要采用这种介绍卡制度。一般小型的机关图书馆就可以节约这种介绍卡。各组织部门及同志们介绍添购书籍,都可以用便条书写,不过所介绍的图书的组织成分(如书名、著者、出版处等等)要写得详细些。由图书馆汇总起来,剔除那些已经有了的,和那些绝对不必要的,列成清单,提出具体意见,请示组织领导同意后购买。办到之后,即须进行图书馆各项的整理工作,及时做好具备可以出借的条件,并通知介绍者。

在这里,我想顺便提一提采购登记卡的作用问题。有了采购登记卡,可以检查出哪本书是否已买,或者已经去买,自有一定的作用。我所以主张不用是指小型机关图书馆,因为那样做对它们说来,未免太繁杂,是比较浪费的。我想建议机关图书馆采购工作者将要采购的图书先制一张书名卡,作为采购卡之用。在读者介绍、或者自动要去采购时就先从出版社和书店的发行目录上用目录卡抄下来。如果介绍来的书籍组织项目还不可能完全,就等到买了之后,在财产登录时再行补上。这张书名卡以书名字顺排列,用以代替采购卡。书籍买到了,就抽出来随同该书送交编目工作者,由编目者加上索书号码,排入编目室的书名目录中。这样,既不会浪费这一张卡片,又可以给采购工作者随时检查,以免漏购和重复。在小型图书馆中,同是一个工作室,可能还是同一个人做这种采购工作,我觉得这样做是节约而方便的。

选购书籍工作,除了要吸收群众意见,依靠政治思想水平和科学知识水平不断提高,并掌握机关性质、读者对象及时事发展的需要等等外,有一些现成的条件也是可供选购时参考的。如出版时间,解放前与解放后的,解放初期与现在出版的,虽然不是绝对的,但在基本上,前者总不及后者。其次是版次,修订版总比初版的好。再其次是出版处,国家出版社出版的书籍,它总是比较慎重。再其次是作者,作者的水平和道德品质对于读者的影响是很大的。固然,图书馆不可能专限于购买优秀作家的作品,不过,作者总究是供图书馆选择购书的标准之一。但同时也要看到,许多无名作家产生出许多优良的作品,如果单以旧眼光来看新事物是不适宜的。至于采购专业书籍,除了请求专业读者介绍之外,更可以利用专科书目来选择,并注意专业出版社的图书目录等。

选购书籍,不能存有主观和偏见,这一点,在一切不同性质的图书馆里都是很重要。往往有些人,选购书籍他不为图书馆的性质着想,不去掌握读者客观的要求情况,只凭他个人所学的或爱好的为出发点,以为别人都同他一样,尽量购买一些他乐意的书籍。甚至于所有他喜爱的书籍都购买,别的需要的书籍因而无力购买,也就不管了,这一点,小型机关图书馆存在的情况比较多。比如,派一个爱好语文、研究语文的人来做图书馆员,当他还没有懂得图书馆服务对象的时候,他就会把大部分购书费用来购买各种各样的语文书籍。在他心目中,认为语文是唯一重要的东西,他没有为客观的要求着想。图书馆各科专家介绍图书是很必要的事情,但请他介绍是要求介绍好的著作,而不是要求有关那一科的书籍因为自己不知道而请他全部开清单来。这样,就要自己去斟酌,假如全部开来,就要权衡购书费和效用的问题,重新再与商量,加以选择,质量和数量都应该自己掌握。

购书的目的是为满足本机关工作人员阅读和参考的需要,借以提高政治思想水平和工作效率,尤其是思想性比较高的那些新出版的文艺作品和翻译本,需要购买适当的复本。但有些情形,在风行时颇不能使供应上满足客观的要求,而在经过一个时间之后,必会预料到这种要求的低落。我们添置书籍时,就要考虑到是不是会造成今后过于积压的问题。不要单凭一股气购买大量一批,这样就会影响其它书籍的添置。同时也会影响其它图书馆或读者的购买。比如,"钢铁是怎样炼成的"、"牛虻"等书,新出版时,大家竞相借阅,就是有很多的复本也还不够供应。但经过一个时期之后,看过的人渐渐多了,就反映出借阅情况的低落,多了的复本就会发生搁置,造成浪费的现象。因为机关图书馆不比公共图书馆,它的读者对象变动是有限的,虽然当时买得少些,不能同时满足读者,但迟早总可看到的,只要与读者说明道理,总说得通的。但这并不是说,有价值的书籍也不要复本,复本是需要的,不过要根据机关组织的具体情况、对象和客观要求等条件,不要盲目地购买,也不要主观地只顾单方面的经济想法。比如,在工程机关中的图书馆,像"远离莫斯科的地方"这样的书籍,就要多一些复本,供应工程人员借阅和学习。总之,采购工作不是单纯的技术问题,是有政治任务的,它要为完成机关组织交给的政治任务而进行。最后,做机关图书馆的采购工作,还应该经常与有关的学术机关联系。

五 购书工作的进行

购书工作的进行,总的说来,应该是根据机关干部的业务和学习的要求,从实际出发。现在图书馆采购书籍有一个很好的条件,即是发行书籍的书店统一集中了。这一个措施,基本上改变了过去各个出版社自设门市部发售的现象。这样统一集中发行,在资本主义国家里是不可能的,我国过去从来不可能有这种理想。这个办法,大大地给予图书馆有集中选择图书的便利。在购书手续

26

上,只要与几个书店发生了关系,实际上也只要与新华书店发生关系,就可以买到大量的、甚至于是全部的书籍了。虽然,文化部曾于 1957 年 8 月 13 日给各地文化局、出版社、新华书店发出通知,出版社可以在其所在城市开设门市部或设邮购科销售自己的出版物,但情况并不普遍,个别销售没有影响集中发行的图书种类。一个中、小型机关图书馆购买书籍,只要与新华书店取得联络,基本上是可以解决购书问题的。我们采购工作者,了解新华书店的业务内容极为重要。新华书店设有为图书馆服务的部门和人员,订有为图书馆服务的新书供应办法。这种办法,随着国家文化事业的发展,适应新的环境,具体手续将会经常地变更,但总的原则,则在执行着计划供应。它曾经采用过与图书馆签订"供需合同"的办法,签约之后就可以按时得到新书的供应,大大地减轻了图书馆分头采购的精力。现在,虽然这种手续已停止不做,但还是继续着执行这种精神的,即新华书店接受图书馆的要求,按期送新书给图书馆选择,或者留待选择。新华书店为了进一步做到准确供应,又采用了一种新的"订货目录"办法,给图书馆选择订定。当然,订货目录不是包括新华书店所发行的全部图书,而是为了借以做好按需要进货、生产的准备工作。用这种目录选订图书,非常适合机关图书馆专业性特点。它除了各地人民出版社综合性书目外,还有很多专业出版社的出版书目,如财经出版社、纺织工业出版社、测绘出版社、畜牧兽医图书出版社,等等。这些目录,都有解题,对书籍的特征说得很清楚。但预订时要慎重,因为这种订货是要做到比较正确的,货到一般都不应该退,如果不需要的东西也预订下来,就会造成国家的浪费。我们有一种经验,即是要把订货目录详细的看,不要草率从事。在"订货目录"上预订了的,要自己留底,否则,就不能掌握购书费。事实说明,新华书店为图书馆服务的组织只不过是供我们选择图书,购买哪些书还是需要自己来决定的,这与苏联为图书馆而设置的"图书供应处"比较起来,还是有很大程度上的差别的。苏联的图书供应处是由上级领导机关统一分配发给的，选书的责任由上级负，购书费也由上级机关统一处理，它的合同也由上级机关与"图书供应处"签订的，其中另有经费留给订购定期刊物和补充其它书籍，或不能及时供应的临时购买和装订之用。机关图书馆，绝大多数是设在城市中的，而在城市中，必会有新华书店的分支店。每个机关各有不同的业务性质，为了使新书供应得更加切合实际起见，图书馆工作者可以事先告诉新华书店发行员，指定要哪些类型的书籍，使引起注意，免致遗漏。新华书店在大城市中，除设有大型综合性的门市部外，还设有专业书籍的门市部。小城市的新华书店如果不能满足自己机关的要求，可以根据书目来选择，请分支店代办，这样对自己可以减少许多手续。设在乡村的机关图书馆，必须紧密地与城市新华书店联系，依靠它来满足新出版的书籍，尤其是有关党和国家的指导性方面的新材料。在今天的新形势之下，不前进就是落后。不这样，就会失去新东西，就会把自己的工作向后退，或者造成错误。当然，小城市的书店不可能有如大城市书店那样现成丰富的内容，新华书店为了满足读者的要求，在大城市如北京、上海等已设有邮购书店或邮购部，可以写信去"购买当地没有的中外文图书"。我想，这种邮购书店可能还会扩大范围，这对于图书馆的采购工作是帮助很大的。购书的汇款和付款手续，各个机关有其大同小异的地方，这应该就各个机关的组织情况而进行。总之，现在的书店就是为图书馆服务的组织，它事实上已为图书馆做了许多征集的工作，而图书的集中统一发行，更是促进发行范围的扩大。

购书有了书店的合作，这是有利的条件。但在此文化革命和技术革命不断高涨的时候，书店业务的发展经常赶不上文化发展和技术革新的要求。我们全体国家工作人员都在工作中不断地学习，书店对图书馆的服务也不能说是百分之百没有缺点的。缺点是有的，而且可能会随时发生，我们图书馆工作者就不应该对这个

28

采购责任完全去依赖书店的服务。而应该自己时常在报纸、杂志上注意新图书的出版和发行情况，把阅读报纸、杂志上的图书评介当作自己经常业务性的工作。比如"读书"半月刊是介绍优良出版物和对出版物进行批评的刊物，它主要的是介绍社会科学、文化教育和文艺书籍。光明日报有半月一次的副刊"图书"；中国科学院和科学出版社出版的"哲学研究（季刊）"中有有关中外哲学著作的评介，"史学译丛（双月刊）"中有有关苏联历史学者的书刊评介等等，都是要时常注意的。此外，还有专门为书刊评介做索引的工具书，如南京图书馆编印的"书刊评介资料索引"是在补充图书时深进一步的参考工具。但是，报刊的内容是经常变化和发展的，我这些举例只能是一时的情况，我们经常注意新的东西才能充实新的内容。图书评介有两方面的意义，一方面是优秀作品的推荐、介绍；另一面是有缺点有错误的批评。我们并非是所有被批评的图书都一律不要了。比如，过去孙瑜的"武训传"、俞平伯的"红楼梦研究"，是可以用来批判崇拜剥削阶级思想和宣传资产阶级唯心论观点的典范的，反而是必须购买以供研究的。机关图书馆应根据实际需要向书店服务部门提出要求，提醒书店，督促书店进一步与图书馆合作，提高服务的质量和扩大范围。在目前，文化发展是空前的了，计划出版的数量每每会发生某些不能满足供应的现象。如果自己不去注意，书店又漏送了，图书馆买不到重要的新出版书籍，这是图书馆应该对机关组织负责的。尤其是那些计划数量预约发行的重要书刊，必须随时与书店联系，实地去了解书店情况，及时地预订下来。

搞好采购工作，固然需要丰富的图书知识，但同时也要留意出版社的全面情况，知道有哪些出版社（如 1955 年版的"全国总书目"中有出版者一览等），并了解出版社的性质。比如说，"世界知识出版社是一个出版国际问题书刊的专业出版社，包括国际政治、国际经济、国际科学文化方面的读物。该社任务是宣传我国和平外交政策,普及和增进关于国际问题的知识,推动国际问题的科学研究工作"。了解了这些内容,就对我们选择图书会有所帮助。经常地注意图书目录和新书公告,及时地订定和购买。而重视与新华书店的合作,接受它的帮助,则是更为重要的。新华书店的服务部门组织和服务的具体措施一定会因社会主义事业的跃进和随着人民的要求而随时变更办法的,我上面所提的这一些仅是目前所了解的情况,可能我这本书与读者见面时,办法已经改变了。因此,我们做采购工作者必须时时与书店联系,掌握书店的发行内容,这才不致于使工作落后,才能得到书店的具体帮助。

自从党中央提出向科学进军的号召之后,机关图书馆自然不能置身度外,要为机关工作人员准备科学研究的材料。这样,对文化古籍的参考也有它一定的价值。但是,有些新进图书馆工作的人员,对这件事情是可能生疏的,可能还不很懂得,没有经验,更谈不到对版本的鉴别问题。现在,大城市中如北京的中国书店、上海的古籍书店,它们是专为读者和图书馆供应古籍而服务的。如果向它们接洽、询问,可以得到帮助和便利。在较大城市中,还有一些专门经营旧书买卖的旧书店,这些旧书店有它的特点,已随着国家对社会主义改造事业的发展,改为公私合营,受国营书店的统一领导,有组织有计划地为流通古籍服务。目前整套的古籍,价格固然还是相当大,但与抗日战争以前比起来,并不算贵。如果想更节约一些,还可以委托书店代买私人旧藏出卖的,通过书店来完成这个工作。比如,购买了一部"四部丛刊"或"四部备要",它就包括有经、史、子、集的内容,十三经、二十四史、诸子百家、历朝总集、别集等等比较重要的文化遗产都具备一些了。自己没有计划的胡乱购买,就会出现一方造成重复,另一方虽很需要而却无法买到等现象。当然,这种古籍的调节是有一定限度的,将来情况是会变的。登报征购,也有作为图书来源的方法的,但我想,一般机关图书馆没有必要这样大事更张,只要把这个需要的情况与新华书店的古籍部门（如北京新华书店的古典门市部、上海的古籍书店等）联系接洽，是有可能得到解决办法的。如果不需要购买大套的，闻中华书局将有计划地整理出版大批古籍，可就自己图书馆的需要来选购。总之，应该与旧书店合作来陆续补充自己所需要的旧书。

有些机关，对于工作或某些专门问题的研究，也需要不同程度的外文书籍。这个工作，在我们逐步踏上计划供应的国家中，已有一个采办比较方便的条件了。国际书店的建立，它是专做书刊进出口业务的；外文书籍在国内的发行工作，则由大城市和省委所在地的外文书店或新华书店外文部办理。这就大大地便利了我们解决外文书籍的采购问题。外文书店也同样有为图书馆、机关和学校服务的组织，我们要采购哪些外文书籍，可与通信联系，没有现货的询明是否可以代办来解决。

机关图书馆购书同一个书店发生关系后，可以解决了基本的来源，但有些书籍还是该向其它书店购买。在大城市中，亲去选购，手续就简单，而需要通邮购买的时候，就必须详列清单，计算价格，并用复写留存底稿。在旧社会中，对邮购书籍常会感到不愉快，书店老板每每会在收到购书汇款而不能按照购书清单发书的时候，就不征求同意即把另外的书籍寄来补凑。于是，书籍价格与汇去的书款也会发生差额而不能清了，所收到的书籍有些是不需要的。在新中国，人的精神面貌在党的不断教育下，每个组织都很负责，对那种资本主义思想的坏作风已有根本的改变。只要自己没有错列和计算错误，邮购书籍必能如愿以偿的。

关于报纸、杂志的订定工作，也是图书采购工作的范围，为了方便，我想留待"报刊工作"一章中来叙述了。

六　购订之外的来源

机关图书馆的图书，除了购订是主要来源之外，征求捐赠也是可以做的，但与公共图书馆的情况有所不同，它不应该广泛去征求。机关团体的出版物，对机关业务上的参考价值很大，机关图书馆应列为搜集图书资料的主要对象之一。但它是非卖品，不可能在书坊上买到。因此，在某种需要情况之下，可以用机关图书馆的名义请求捐赠。这个办法一般是可以达到目的的，除非是那种刊物该机关已用完。但是在发函征赠时，所用的名义必须注意。同等级的机关致函同等级的部门，可以用自己图书馆的名义，但上一级的组织机构仍用图书馆的名义去索讨是不够慎重的。这并非是说，组织等级不同不能随便写信，而是表示对一件事情的严肃态度。这样，就应请示组织，可否用机关组织名义去函索讨，以表示态度的慎重。征赠的标准，应该重视本机关对该刊物的作用有无必要。盲目地征赠，搞些对本机关无关重要的刊物进来，对自己来说是徒增庋藏之苦，对另一方面说是减少该刊物对其它方面的流通，这也是国家的浪费。因此，在请求捐赠之前，必须慎重。发出征赠的函件，在公共图书馆中，一般都有事前印制好的，要索讨的时候临时填一填，但小型机关图书馆就不必采用这个办法。因为小型机关图书馆对这种征赠的函件是不致于很多的，为了表示慎重起见，都应临时拟稿书写（索取书店和出版社目录的函件可以用印好的，但使用不多时，仍应节约印制费）。刊物收到之后，务须及时致函复谢。机关图书馆，我以为一般地不十分必要向私人要求捐赠书籍。

利用机关图书馆的多余复本，或者用本机关的出版物去向别的机关交换书籍，这个情形，我以为与过去的办法应该从本质上去改变了。等值交换是过去资本主义社会中的买卖性质，它们的目的不是在于相互之间调剂有无，使死的东西变为活的应用。而是问你有没有有价值的东西，有了我才拿些东西来同你等价交换，你没有了就宁可让它堆存霉烂，等待将来卖废料。现在情况不同了，这是由于国家的性质所决定的。我们国家的图书馆财产是属于全体人民所公有的，只有为如何发挥它的作用着想，那个图书馆能发挥它的作用更大,就应该无条件的转移,统一调配,决不可以让本位思想来统制。不过,分送多余复本出去,也应有它一定的责任手续。在机关图书馆中,必须经过它的组织领导同意后进行。不要过激地,一觉得图书馆堆积讨厌就自行处置了。本图书馆向别的组织征赠刊物,最好是用索讨的名义,我以为机关组织之间可以不必保留交换原则,交换的意义比较狭隘,因为要互有才能交换。我以为,机关与机关之间,应该是在合理调剂使用的意义上来进行调剂有无的工作。在解放初期,新华书店供应还接不上革命形势发展需要的时候,交通运输还有困难的时候,书籍印制产量还有限制和还没有来得及组织统一发行工作的时候,这个地点买得到这样的出版物,而另一个地方买不到,机关资料室图书室相互之间建立了友谊关系,曾出现过相互赠送以通有无的情形,但这与等价交换的意义是不同的。现在,这些情形早已根本改变了。出版机关也已实行了企业化,交换刊物办法就是在出版机关间也早不流行了。我认为,在机关图书馆之间不必采用这个交换名义来作为调剂书籍有无的形式是有其特殊情形。但这并不是说,所有公共图书馆,如科学院图书馆、大学图书馆等等都不应该有这个图书交换运动。图书交换是有其意义和作用的,尤其是在国际关系上的科学文化交流,图书交换的意义是极其重大的。我这里所指的机关图书馆概念,是指中小型的机关图书馆,不必采用交换的形式。

再次是传抄补阙和照相复制的问题。我以为,在目前,传抄一般已经没有必要,要就是摄影复制,复制比传抄节省。在过去,图书馆曾有过传抄孤本和稿本的历史,但那是在显微摄制技术还没有发明和发达的情况之下进行的,现在情况不同了,这个问题已可因科学技术的进步而解决了。图书资料最丰富的中国科学院图书馆和北京图书馆,它们定有办法,接受委托显微照相复制,时间快,收费低。这样,只要有条件置备"显微影片阅读机"的图书馆,就能充分地利用大图书馆的图书资料了。一般的机关图书馆与带有研究性的图书馆性质不同,其所需要的图书资料主要的是与当前社会主义事业有关的资料,但这些现实性资料可以在各种不同的图书刊物之中获得。传抄补阙是一个浪费人力的办法,在社会发展的条件下已成为历史的名词,我们机关图书馆应该尽量利用公共图书馆来满足。本图书馆中真没有,也找不到可以代替的材料,而又非要不可,这样,都应以利用公共图书馆丰富的图书资料来解决本机关的要求。补抄,除非是遇到某些特别需要的资料,缺一块不能补配,而抄写的文字也是不多的,这样去补抄才合于事实。

再次,接受私人的委托,以寄存书籍来增加书籍供应的来源也曾为一种方式。但在旧社会中,图书馆往往是被反动统治阶级所利用的,他借这个名义寄存,实际上是为他保管书籍。现在,机关图书馆对这个方式更其不必要了,社会的本质已经根本改变了,只要有必要,用组织的力量是可以有办法得到满足的。代人保管书籍,徒多工作的负担,而使用寄存图书时,还要受到许多限制,不如不做这种工作。但本机关中的干部,他有几本书在书店上一时已买不到了的,而该书又为同志们所需要的,他的热心,愿意暂时存放阅览室供大家使用,这就不是像上面所说的那个寄存意义,非但应该接受,而且要竭力欢迎。

我想再提一提,机关图书馆为了满足工作人员的需要,必须与就近公共图书馆联系,建立借书关系(不是互借,是向公共图书馆借)。许多公共图书馆为了发展图书的流通业务,在它的推广工作中是有规定团体外借的办法的。在采购方面,机关图书馆不可能与公共图书馆一样,凡有图书都一律购买。有些可以节约暂时不购买的书籍,或者是已经买不到的书籍,而机关组织中可能有因一时的或个别的需要,尽可以通过公共图书馆的团体外借办法来获得满足。这个工作的进行,首先是阅览部了解同志们的需要,向公共图书馆提出要求,建立经常借用制度,公共图书馆是会欢迎的。至于供应多少数量,期限和调换等等,都必须根据实际的需要来商定,不宜提出额外的要求,超出自己所需要的范围之外,而影响公共图书馆向其它方面的流通。假使没有必要办这件事情,那就不应分散精力,可以不做。但利用公共图书馆藏书是解决机关图书馆藏书不多与需要之间的矛盾办法之一,我们机关图书馆工作者一定要善于去利用的。

第三章 登记工作

一 图书财产登记的意义和制度

图书财产的登记,包括图书、小册、杂志等到馆时的验收和盖章。这是采购工作中的一个重要组成部分。它的意义有:

(1)这是图书馆藏书的帐目,表示着图书馆对国家文化财产的负责。做了这个工作,藏书财产就有根据了。

(2)有了完备的图书登记,就能明了藏书发展的情况;能够回答图书馆有多少藏书,有多少价值,等等。

(3)图书登记是管理图书的技术基础。在这个工作没有做好以前,其它进一步的藏书组织工作是不好进行的。

(4)有了完备的图书登记,可以编制向党和政府的报告,可以拟订图书馆扩充计划。

图书财产登记在图书馆工作中是非常重要的一环,必须及时完成。但是我们也应注意到,图书登记的本身,并不能保证图书就不会遭致损失,而是经过登记之后,可借以看出或者可以检查出图书是否遗失。因为图书经过登记盖章,就标志着这是图书馆的藏书,图书馆工作人员和国家工作人员,都可以随时注意到这个标志,而加以重视了。

我国图书馆藏书财产的登记,过去只用一种图书总登记册。这种总登记册就是现在所称的"图书财产登录簿",即藏书个别登记。这种办法，偏重于个别图书保管的依据，而忽略了一目了然的收藏总帐，因此不能正确地全面地了解藏书和处理藏书（如调拨）。这是不完整的保管图书财产的登记制度。解放后，学习了苏联的图书馆先进经验，大大地革新了图书财产登记组织。克连诺夫著苏大悔译的"图书馆技术"中说："在大众图书馆，必须有两种互相联系的图书财产的登记：总括的登记和个别的登记。"（1958年版第11面）这种优良制度的特点，是具备着藏书登记的完整性和正确性，体现出更有组织地保护图书财产，很多图书馆业已采用。机关图书馆就处理藏书意义上讲，采用这一办法亦不应例外。

总括登记是整个馆藏图书的总帐，是总登记。它表明逐日藏书的动态。季度终了时，可由此作出季度的小计，转为季度和年度的藏书动态总计。个别登记是图书财产的登记，用的是图书财产登录簿。它与总括登记有两种不同的目的和两种不同的作用。总括登记是总的概括的，解答总的藏书情况；个别登记是财产登记，备查某一册具体的图书。两种登记互相配合着，使图书馆的藏书组织更为完整，借以更好地保藏国家的文化遗产和精神财富。

苏联大众图书馆的登记制度，在我国许多图书馆采用之后，事实证明，有很多的优点。过去有许多图书馆，因为图书收藏数量与人手的关系，每有总登记（请注意，这里所说的总登记是本书中所述的个别登记）不能及时清了的现象。又因总登记（同前）不能表达图书类别，因此，每每一个图书馆如果采购统计做得不好（有些小型图书馆就根本没有做采购统计，有的用财产登录簿作统计），就无法报告每个月的进书数量、各类比例及总值等问题。图书收入总括登记的办法，同时亦给图书馆解决了采购统计的问题。它还包括非购买所收进的书籍，图书收入总括登记丰富了采购统计。这两种互相配合的图书财产登记制度，在范围较大的图书馆，应该考虑比较完整地组织起来。

二 验收及盖章

图书一经到馆之后，整理的工作就开始了。在我们收到图书，还未进行登记之前，根据书店的发票、核对册数和价格是必不可省的手续。在我们的国家制度中，书店故意要少发些书籍，多开些价钱，这是不会有的事情。因为国家的书业，已是国营企业。但是，由于社会主义文化高潮的不断增涨，发行书店的工作确实很忙，包装计价等错误是不可绝对避免的。所以在验收时，必须重新核对。现在新华书店有些大型门市部，开发票为了节省时间，只记册数和总值，验收时要仔细计算册数和价值，与发票核对。检查中如有发现多发、缺少、错发及装订缺页、新书已有严重的损坏等情况时，就要及时通知书店，接洽更正和调换。总之，为了避免错误，图书馆本身应有责任复核和检查。机关图书馆不可能有自己独立的会计制度，关于采购图书的付给款项是大都由该机关会计部门负责的，图书馆虽也有付些现款的情形，但这不过是属于现金周转的性质，会计部门它只负付款的责任，对于书籍的缺页和价格的错误是应该由图书馆来负责的。事后会计部门核算发现错误的时候，还是需要图书馆去解决问题。通常，会计部门没有责任审查书籍的好坏，也没有权利来解决挑选购买哪些书籍，它大都只凭发票上的图书馆公章或图书馆负责人签字就付款记帐。因此，图书馆工作者必须在盖章、登记以前，根据书店的发票重视这个手续。核对，是以"√"号记在发票中的书名之上（或发书清单）。总记书价和册数的发票，就只得总的计算了。至于那些机关组织上赠送来的刊物，即根据它赠送来的函件，或所附来的清单一一核对。

新书到馆经过核对验收之后，就要加盖"藏书之章"，作为该图书馆专有的标记，免致与它处书籍发生混淆。盖章是一件很普通的工作，因此对于某些图书馆工作者很可能不去注意。随随便便地，毫无规则地，盖上几个图章就算了事。但我们图书馆工作者应该这样想法,一本乱盖印章的书籍给人看了,必会发生不够严肃的感觉,也必会使读者产生对图书馆不重视的客观影响。因此,我们对于加盖印章,务必慎重端正。"藏书之章"最好是用长方形式正楷,包括机关的全名再加上"藏书之章",或某某机关藏书等字样。我想提出这样一个建议,直行排印的书籍用直行书刻的印章;横行排印的书籍,用横行书刻的印章。虽然用二个要加刻一个藏书之章,但看起来比较适应书籍的组织。用一只横的印章盖直行排印的书籍不好看;同样,用直的印章盖横行排印的书籍,也不好看。今后书籍趋于统一横排是不成问题的,但图书馆非仅过去有直排书籍,而且今后的收藏也不能限制于排印形式。为了看起来顺眼一些,所以建议用二个藏书之章。关于印章的字体,要慎重些,不要怪形怪状,使人看了不严肃。也不要与公务用的图记混杂,不要为了减省一些手续,就以公务图章代替"藏书之章"。"藏书之章"可盖在书名页及书尾页的底面,认为必要时,也可以在重要的附图背面加盖。有些图书馆,为了暗藏的标记,在每册书的固定面数上,如 14、114、214……等面上都盖上"藏书之章",我以为在机关图书馆中可以斟酌,盖起来也要时间。固定面数加盖"藏书之章",每每会把书籍中的文字都盖模糊了,看不清楚。盖章的方法、位置应从书籍的组织状态适合相称来决定,不要把盖章位置太硬化了。硬性规定,就会把书籍中某些好东西盖坏,对好版本的书籍尤宜注意。盖印线装古书与平装、精装的普通用书应有所区别。线装书籍最好用印泥,多一些藏书印记式样我想是可以的。在条件可能范围之内,精装重磅道林纸印制的书籍,可制用钢质硬印。

三 藏书总登记

藏书总登记即总括登记,登记在藏书总登记册上。它的目的,在于明了图书馆藏书的数量、价值、图书来源、注销原因、各类藏书状况及小册子数量和价值、杂志数量等等。它要求有正确的数字。藏书总登记册由三个部分组成。第一个部分是图书(包括杂志及小册,下同)的收到;第二个部分是图书的注销;第三个部分是季度和年度的总计。

图书收到在未进行总括登记之前,须把收到的图书、小册分为二个部分。一部分作为基本藏书的登记,登入第四栏;另一部分要登入小册子登录簿的,登入第十五栏。登入第十五栏的包括两种书籍:一种是复本多,暂时应用或暂时收存的书籍,它不一定限于小册子;一种是临时性学习用的小册子之类,数量比较多的。但这两种书,都要抽一、二册并入基藏图书第四栏登记,其多余部分才登入第十五栏。

图书收入总括登记以一批为单位(如一次的发票),一批的数字可能几百册,也可能是一、二册,不管它的数量和价值的多少,都是以一批为一笔,登记一行。一页满后,作出总数,移于次页第一行。总括登记的第一部分,是藏书收入之部,其格式如下:

机关图书馆藏书总登记册式样
(一)书籍、小册、杂志收入之部

登记日期	登记顺序	来源	基藏图书总数			基藏图书分类									小册子		个别登记号起讫	备注
			总数	杂志	价值	经典著作	哲学	社会科学	自然科学	专业图书及	特种资料	文艺作品	综合性书籍	外文图书	数量	价格		
1	2	3	4	5	6	7	8	9	10	11	12	13	14		15	16	17	18

上表的说明：

在第二栏中的登记顺序号，每年第一号开始。把这个顺序号填在该批书籍的单据上。

第三栏的来源项，记购买书店及发票、日期、收受移交或赠送来的等等。如"7,28 新华书店发票四张"，这就知道是七月二十八日向新华书店购买的，有发票四张。

第四栏内的总数，包括有作基藏图书整理的小册子，也包括作图书处理的杂志的合订本（连装订费计在内）。如厚本杂志，像"收获"那样，不预备装订而作一般图书整理了的，也统计在这栏之内。不定期而有连续性的出版物（特种资料），也并入此栏统计。

第五栏的杂志是指新近收到的零本杂志。新到杂志经总括收入登记之后，再按以后报刊工作章中所述的那样处理。但这里有一个问题，即杂志是要逐日收到的，而机关图书馆购书不可能天天都有，为了避免占用行数太多，自己可以通融办理。合订本杂志则并入图书总数（第四栏）计算。分类统计则各科杂志划各科，综合性杂志划入综合性图书。

第六栏的价值，是指图书总数的价值。不包括新收到的零本杂志价值，而包括杂志合订本的价值。因为前者是一次预订付费的，俟装订后，还要转为后者当作图书收入的，所以零本杂志收入不计价值。先付款预约的图书，在收到时计算登记。

从第七栏到第十四栏的分类统计是就机关图书馆的特殊情形而拟的，各个机关的具体情况不同，可加以变通。比如，第十四栏关于外文书籍的收入统计，较大型的机关图书馆就应归入各原类统计。我这里单独列项是为了小型机关图书馆购买外文书籍不多这样办比较方便着想的。相适应地增删和改变分类统计项目，才能更合实际（参照上章所述检查基本藏书统计类项划分的说明）。

从第七栏到第十四栏的分类统计是第四栏中的总和。即是说,从第七栏到第十四栏数字加起来,应该等于第四栏的数字。

第十五栏是指复本比较多的有时间性的小册子。除抽一、二册作基藏图书统计外,多余的记在这里,并要在小册子登录簿上另予登记。这里,也应包括大本的临时性的多复本图书的意义。在机关里,还可能会收到复本比较多的机关出版物,这种刊物除抽出一、二册作基藏统计外,也登记在这栏,并再转登小册子登录簿,便于一次注销或转移。

第十七栏。机关图书馆购买书籍,经点收之后发票就要拿会计科去凭单付款,一般都来不及将图书财产登录号起讫记在原发票上。此栏及备注栏供今后会计科与图书财产的核对。

总括登记的第二部分,是藏书总登记册的付出之部,也即图书馆藏书的注销。其格式如下:

机关图书馆藏书总登记册式样
(二)书籍、小册、杂志付出之部

登记日期	注销凭证顺序号	注销图书总数			注销图书分类								注销原因				备注
		总数	杂志	价值	经典著作	哲学	社会科学	自然科学	专业图书及特种资料	文艺作品	综合性书籍	外文书籍	读者损失	损坏、遗失不明	落后	其它	
1	2	3	4	5	6	7	8	9	10	11	12	13	14	15	16	17	18

上表的说明:

第二栏的注销凭证,主要是证明书籍注销的原因。如经某次检查,抽除了某些落后的技术书籍,由图书馆列单经机关首长某年某月某日批准注销的文件。顺序号逐年连续,一号限记一种注销原因的凭单,即是说,一张注销凭证占用一行。

第三栏的总数,不计零本杂志在内,但要计算注销的杂志合订本。因为杂志合订本是当作图书处理的。这栏数量等于第六至第十三栏的总和。

第四栏的杂志,要把整理出来装订的也计算进去。等到装成合订本之后,再登入藏书总登记册的第一部分第四栏。

第五栏的价值,不包括第四栏的杂志价值计算在内,但要包括第三栏杂志装订本的价值。

第十四至第十七栏,关于图书的注销原因很多,这里仅归纳为四种类型。

第十四栏读者损失的注销,又有很多的原因,但这是该由读者负责的,无须再分类。本表的意义,是比较为大批的注销,如一次调拨另一机关之类。读者损失可能是经常会有的,这样就要另有读者赔失书籍记录,俟积累一个时期一次注销(如一季)。赔回图书的,登记收入之部,赔偿现金的,不必等待,及时缴给会计部门上缴国库。

第十五栏是指用的时间久,不能再修补,或者修补没有代价,损坏不堪再用了的。遗失不明是指由于自己管理不善,经清查后没有找到,不能虚悬,只好请示批准注销解决的。

第十六栏是指在政治上落后的,或反动的,对读者有害的,在科学上失去价值的,版本很坏会招致引用者犯错误的,等等之类。

第十七栏其它是指调拨出去的,小册子抽出合装的,复本太多抽减的,赠送出去的,等等之类。

藏书经过注销之后,要注意下面几点:

(1)注销凭证,应按顺序号装订保存。

(2)在每一本被注销书籍的财产登录号备注栏或在"小册子和多复本登录簿"中的注销栏记注"注销凭证顺序号"。

(3)在排架目录上,注销财产登记号。如该书只有一本,就把各种目录同时抽除。

（4）被注销后的书籍,如重新发现时,要同新进馆的图书一样,进行各种应有的登记。

藏书总登记册的第三部分是季度和年度总计。格式如下：

机关图书馆藏书总登记册式样
（三）季度和年度的总计

	基本藏书			基 本 藏 书 的 分 类								备注
	总数	杂志数	价格	经典著作	哲学	社会科学	自然科学	专业图书及	特种资料	文艺作品	综合性图书	外文图书	
1	2	3	4	5	6	7	8	9	10	11	12	13
19__年存有												
__季收到												
__季注销												

图书总括登记的三个部分,初看起来,似觉复杂。但它是保管图书财产、了解藏书情况的优良登记组织,从图书馆开办之时就把它做起来,这就容易了。如果在过去是没有的,虽然手续麻烦一些,最好还是把它一笔计算出来,作一次的收入。内中已注销了的就不必再计算在内。但是,如果机关范围较小,图书收藏数量不多,变动性不大,就可以考虑具体情况,把总括登记的三个部分灵活运用,加以缩减。比如说,单用一个图书收入总括登记（第一

44

表），把第二、第三表的付出之部和季度年度总计取销。但总括收入这一部分工作是必须进行的，因为它是藏书总登记的起码组织，它是简单扼要的总帐。有此便于掌握购书计划和运用购书费，便于随时向组织汇报。

关于藏书总登记册的表式组织，可以根据各种图书馆的类型、机关的性质、范围大小等加以变通。不要过分地受着上列表式的限制。如图书馆用品商店目前出卖的"图书收入总括登记簿"，就没有列出杂志、小册二项。如果小册子全部当作一般图书处理的，就可以删除这一项，以小册子的内容性质分入各类之中。

关于小册子的登记，在公共图书馆里已有一律作基本藏书处理的趋势。理由是用小册子登记处理办法会不把小册子的借阅状况统计进去，使一个图书馆反映出来的图书流通率不能真实。但我以为，在机关图书馆里还是分开来好。第一，机关图书馆为了临时性学习用的小册子（应包括大本书的多余复本），是经常会有的。一个学习运动来的时候，很多机关就每人分发一册；但也有些机关是多买些复本，放图书馆备阅备借。图书馆除抽一、二册当作一般图书整理外，与公共图书馆所指页数不多的小册子概念是有作用上的不同的。第二，如果是大家都要学习的书，那就没有借阅统计的意义。如果不是普遍学习用的书，就可用一、二册作为一般图书整理后加以流通，并不妨害借阅统计。而且，一般的说，机关图书馆借阅统计并不如公共图书馆那样重要。第三，多余小册子总是要处理的。如果照一般图书整理，要一一做到图书馆加工，那实在是浪费。所以，我在上表中还是以机关图书馆的特殊性把小册子的总括登记分列出来。

藏书状况，应按照藏书总登记册上的登记，总结在季度或年度的工作报告之中。

四 藏书个别登记

藏书个别登记,登记在图书财产登录簿上。它是一种具体的图书财产目录,所以个别登记号码亦称图书财产登录号。这个工作,在收入总括登记和盖藏书印章后进行。每一本书的登记,都要依照图书财产登录簿的项目详细填载。遇到书籍损失时,可按财产登录号查阅该书的详细记录,作为处理的依据。这个工作,同时也为图书出纳提供便利的条件。书籍出借,在借书人卡上纪录各项书籍要素,如书名、著者、出版处和价格等等,事实上往往不可能。这是因为:第一,工作繁杂,往往不容许出纳工作者有时间来填写;第二,借书人卡上不能有这许多空位。用财产登录号来代替,就能提高工作效率;遇有必要,再查图书财产登录簿。图书财产登录簿是保证清查图书财产的最彻底工具。

登记项目的说明如下:

(1)登记日期,是表达书籍到馆的时间概念的。有了这个项目,能明了每月每年增添了哪些具体的书籍。在范围较大的图书馆图书财产登录簿中,列有登记日期又列有购买日期或到馆日期,在大型图书馆中是必要的,它们书籍到馆的数量较多,不可能一下子全部登记完毕(通过整风后,这种情况已改变)。在机关图书馆中,一般情况范围比较小,书籍增添数量不可能会经常地像大型图书馆那样多,为了便于及时利用,应该随时登记,不要把它积压下来,至多亦应该以一个月内的添书作为登记清了的单位。即是说,一个月的添书不要拖延到下月登记。假如月底到了一批书籍,它是该月经费购买的,但事实上月底已登记不了了,次日即为下一个月的开始,这样的时候,登记日期就可听其暂不改变,次日登记它也当作为上月底登记的。我想,小型图书馆是可以这样变通的。

(2)财产登录号应该采用单一的。即是说,要避免用冠号的多种图书财产登录号在一个图书馆中并行。登录号按照书籍到馆先后,用阿剌伯数字顺序。一册书籍,登录一个号码;上下二册为一部的书籍,登录二个号码,如"静静的顿河"一部书分四册装订的,用四个登录号码。号码写在书名页的天头上,只能注销,不要用一本没有登记过的书籍代替上去。为了便于查考起见,使登录号码与书籍的关系多一层连结,可于登录时在每册书籍中的固定某一面的书眉上,加记一个相同的财产登录号。假使一部书是由多本薄本子所组成的,在未登录以前就要把这部书作出决定,或者把它合装成一册或数册之后再行登录。因为,书籍一经登录之后,再行改装就会增加藏书统计的困难。一面要经过注销,另一面又要重新登录。单薄的复本,而它的内容是有价值的专题材料,需要连同复本基藏的,就要单独一册用一个登录号码。二本同样的书,用同一个登录号码是不符合图书馆藏书登记的组织原则的。在登记工作的组织中,就是书籍本质不同,或者形式不同,如杂志装订本的登录,或外国文字书籍的登录,都应并入图书财产登录簿中,用同一个统一序次的图书财产登录号,作为每一册书籍单位计算。在登录时,最好把财产登录号同时记在发票上,这样,可以供会计部门查核时更为方便。

关于线装书籍的登录问题,意见是不一致的。有些图书馆主张一部书用一个财产登录号,注明册数多少;函套的线装书就以一函作一册计算。有的图书馆主张一册占用一个财产登录号,使与平装、精装等书籍的财产登录号划一。但我以为这里首先要解决一个问题,即视图书馆藏书的实际情况如何来决定。在大图书馆里,线装书籍很多,它根本是与平、精装等书籍分别开来登录的。它们采用一部书一个财产登录号注明一部书的册数函数,它的格式项目也与普通图书财产登录簿不同的,这种办法是符合它们实际情况的需要。但这只有在特别大规模的图书馆才是相称的。一般中小型的图书馆则还是一册一个财产登录号为宜。"引号登录法"虽然要浪费一些登录簿纸张,但为数不大,而册数整齐,符合于我国藏书多少称册的习惯。我以为还是用这个办法好(当然,借书卡就不应每册一张)。有些图书馆为了节省登录簿,简化手续,书籍仍以每册一号,但不以每个财产登录号占用登录簿一条横行。比如说,"十一朝东华录"线装 88 册,它的财产登录号为13511－13598,写在财产登录簿的一格横行上。但这种办法也必须视一部书籍的具体情况的。比如说,四部备要、四库珍本等等大部头丛书,就应改为其中每一种书占用一个财产登录号。

(3)书名,应登记该书的完全名称。有副书名的也要登记上去。如"中华人民共和国第一届全国人民代表大会第一次会议文件";"实践论(论认识和实践的关系——知和行的关系)"。遇到这种书名长,或者因有副书名而长,登记书名栏中写不下的时候,可分做二行登完。合订的小册子,作为基藏登记而没有书名的,应该把它拟定一个切合而能够包括内容的书名。要在登记表上填写的与该书的封面上标写的相互一致。古书有卷数的,在书名后附记卷数,如"史记一百三十卷",卷数的字体比书名的字写得缩小些。上下册的书籍,也在书名下注明。

(4)著者这个名称的意义,包括的范围要比较广。它是指著者、编者、选注者、原著者及以机关团体名义发表的机关团体名称等等。它与编目时审定著者的情况是同样的。翻译的书籍在著译栏内分二行登记(或前后段登记),上层为原著者,下层为译者。如从俄文译成英文,又从英文译成中文的书籍,著者登记俄译名,译者登记中文名。合著合编合译等人数多而写不下的,加一"等"字,即某某等著、编、译等。

(5)出版处、出版期次、开本及面数等等,都照编目时卡片目录上所要著录的那样标准来记载。出版处太长时,可改作大家都一见明了的简写,如商务印书馆只写"商务"二字。出版期,一般的只须记年份。版次与第几次印刷和在什么地方重印都应该分别开来。第几次印刷或在某地重印是没有修改内容的,它不是第几版,这样的时候,就应该登记原来的出版处、出版期和版次。

(6)装订用平装、精装、线装、折装、活叶装、散叶等等字样区分之。函装的书籍,是中文古籍的特殊形式,在装订栏中记明几册函装。盒子形式装置的名画、图表等活叶,以一盒作一册计算,记明一盒有几多张画片或图表。

(7)价格项。在过去有定价和实价,图书馆购书打折扣等等。在反动统治时期,通货膨胀对书价一项最难登记,这种情况还有可能反映我们登录旧书时的困难。现在,图书由新华书店发行,已有一律的价格,方便了。新到一部数册合装后再行登录的书籍,价格一栏要把装订费并计在内登录。没有价格的书籍,应估价登录。

(8)总登记顺序号一栏,记藏书收入总括登记的第二栏登记顺序号码。这样,可以表明这册书是在哪一批书中收进的,需要与会计帐目复核时就很方便。

(9)最后一栏是备注。这栏是供临时需要而在上几栏不能包括的事项。如书籍的来源(只记送赠来的,购来的不记)、注销原因和以后该书所发生的某种变化等等。

机关出版物有些是没有出版页的,在登录时,著者和出版处每每是从书名中取得的,出版期是从序跋或内容中取得的,因为它是非卖品,价格更是没有的。但图书财产登录簿是图书财产的根据,价格一项是不可少的,没有登录上价格就要失去图书财产登录簿的主要作用。这样,就要求登记工作者自行估价,但事情是比较困难的。只能按照它的开本和页数,仿照出版社定价的标准来计算,或者要求会计部门帮助办理,及时予以解决。这种估价的刊物,还另有一个困难的情形,那就是在遇到借出遗失而发生赔偿的问题。因为它是无法购买的。照"苏俄人民委员会 1944 年 841 号的决议",赔偿金要以十倍计算(见苏大梅译"图书馆技术"第一版第25 页)。在登记时,对估价的书籍应加以注明。

登记时,遇到上下同一书名、著者、出版处等等的,只要用"""

号来代表,即"引号登录法"。图书到馆在验收、收入总括登记后,将同时到馆的书籍,先把它们清一清顺,同出版处和同著者的叠在一起,用引号可以减少登记书写工作。但价格与上册相同时,不可用引号来代替。出版期也应重写。登记书写的字体务必正楷、庄重、不潦草,不随随便便地加以涂改。正楷的意思,不是限制不要用简化字,国务院公布的简化字,图书馆的登记和编目都不仅可以采用,而且应该积极地起推广作用。图书个别登记表式样如下:

图书财产登录簿式样　　　　　　　　第　页

登记日期	财产登录号	书　　名	著译者	出版处	出版期次	开本及页数	装订	价格	总登记顺序号	备　注

注:(1)活叶图书财产登录表用较重磅道林纸印制,可以双面登记。每面登记25册,以"活叶装"硬面金属钉钉合(现在图书馆用品商店有现成登记册出售,为了节约纸张,已改为每面30行)。

(2)大小约为39×27(公分)。

按照上表,每面可登记25册,每张为50册,200张就可登记一万册图书。"活叶装"的优点是可以增减移易,遇到大批图书到馆时,可以同时几个人分开来进行登记。但登记表到了足够装订成一册时,应该牢固地装订起来,以后一册一册地接续下去,便于永久保存和查用。

现在,国家还没有规定统一使用的图书财产登记表式。大城市如上海,就有经营图书馆用品的专门商店,有这种现成的图书财产登录簿出售。它称"图书登记簿"。我想,国营的文化教育用品商店对这个图书馆用品的供应问题,将来总能予以解决的。

在某些图书馆的图书财产登录簿中,它列有"门类"一栏,但多数图书馆是没有这一栏的。有这一栏的,它必须多一翻编目部与采购部的往返过程。因为图书的个别登记工作,总是在采购部做的。经个别登记之后,才送交编目部去分类编目。在登记时还不能决定它是属于哪一个门类,因此,必须在分类编目之后,把书退回采购部补登类码。"门类"一栏,在图书财产登录簿上没有多大作用。如果以为可以当作藏书门类的统计根据,那是不科学的。因为,每月每次的藏书补充,不可能都是按照一门一类来采购的。而图书财产登录簿是按照添书的先后序次来决定顺序的。中间各门各类的书籍错综复杂着,要以此来统计就要从财产登录号的第一个号码开始。各类藏书统计问题,已在总括登记中解决了。当然,总括收入登记的分类,统计不可能很正确。这样,也应该用排架目录或分类目录来统计。所以,这一栏在图书财产登录簿中是没有作用的,可以省去。

关于外文书籍的登记,也不能例外,应与中文书籍登记用同一个统一顺序的图书财产登录簿。不管它的文字组织和语系如何,一个图书馆不要用多种不同的登记号码系统,这是一个登记工作组织中的基本原则。有些图书馆,把俄文或英文的书籍藏得比较多的,抽出来单独登记,在登记号码之前加记一个冠号,如加一个字母来识别,另行立册。用意是想求得管理上的方便,或解答俄文或英文藏书的数量问题。这是工作的责任,应该有办法解决的。但是解答各种文字书籍或某类书籍的庋藏多少,则不是图书财产登录簿的范围。外文书籍的庋藏统计,应在分类目录或排架目录中求得解答。假使把某种外文书籍单独登记,那末外文书籍的种类很多,除俄文、英文之外,还可能会有德文、法文、日文等等,图书馆将要不知设备多少种图书财产登录簿和拥有不少相同的财产登录号了。

在过去,有些图书馆曾经采用过分部登记法,但是现在已经没有图书馆去采用。比如说，各种不同语言文字的书籍，各类图书，线装书与平装、精装的，参考书与出借流通的书籍等等，每一类型的图书都单独立册，自起号码，分开来登记。这种登记法，在同一个图书馆中会产生多个相同的登记号码，是违反图书财产登录簿应统一顺序号码的原则的。应该说，这种分部登记法已是过去的历史名词了。

关于善本、珍本，在大多数机关图书馆是不会多的。如有这种珍贵的书籍，在本机关没有多大作用，就应请示上级同意后转移到科学图书馆或公共图书馆去，作为研究之用，或当作文化遗产来保存。在未转送以前，只列清册保存，不要加盖一般藏书印记，不要打图书财产登录号，不要贴书标和制书卡，应重视它的文化价值，使其保持原状。

图书个别登记虽不是什么复杂的工作，但为了对国家文化财产的负责，必须慎重将事，下述几点是登记时要注意的事项。

（1）一个运动，或一件事情，在发生和发展的时候，可能首先有一个主要的文件在报纸上发表。为了供应机关工作人员的学习，有必要购备许多份数（如各种活叶文选），因为它是主要的文件。但不久以后，就有可能对那个问题的资料有单行本出来问世。而这个单行本的专题材料是经过整理的，它具有系统性和全面性。这样，对前一个单独文件而在当时是非常之重要和需要的，多购了一些的，就要失去其重要地位。个别登记要求较为永久性的基藏图书，对那样单独文件登记的数量上就要审慎，俾得减免一些往后注销工作。不要凭当时的想法，登记得太多，最好是把多余的部分移作小册子登记。

（2）关于地图，书本式的予以登记，这样便于出纳。活叶的可以不作个别登记（但要编制目录反映给读者），以免往后注销。因为国家经济、政治的发展，地理面貌常常在改变。如铁路建设和行政区域更改之类，单张地图使用的寿命是不可能很长的。

（3）遇到复本多的书籍，或者它是本机关的出版物，或者它是某处送来的，而该书的内容资料是有其永久保存价值的，但不需要这样多。这样的情形，应该视该书的性质如何，与本机关业务的关系，酌登一、二册或多几册，多余的请示处理。假使全部登记了，或者只登记一、二册而其余的不请示解决，这对图书馆都没有好处。这是徒多庋藏之苦，而发挥不了作用，反而增加书库的堆积和拥挤，造成国家对有用资料的浪费。

特刊和专刊是专门的资料，应当作基藏图书一样登记。但复本同样不可以太多，要符合具体的需要。

（4）在机关的会计项目中，对图书的预算有二种：即图书费与书报费。图书费的性质属于基本藏书的部分；书报费的性质指看了作为消耗而言的。通常机关中所定的报纸和杂志，都是作为消耗品看待的，事实上因为一般机关都不专门管理图书业务，要把它们当作一种财产价值永久保存是有困难的。但在图书馆的情况就不同了，因为它们都是有文化价值的东西，这些东西就是图书馆业务的对象，无形中已积累为文化的巨大财产。图书馆没有理由，可以排除不去登记。

（5）在我们参加的图书馆工作中，不是每一个图书馆都是新建立的。许多机关都已有了它的旧的图书馆基础。但是因为它的工作没有搞好，因而需要重新整理。遇到这种情况，恐怕不仅总括登记没有，很有可能连图书财产登录簿也不完全，或者没有符合标准规格，没有具备个别登记的要求条件。但是，图书财产登记是最低限度保管图书的责任和技术的基础，没有这个基础是不行的。因工作上的需要，也可决定重新组织，但非到必不得已的时候还是不要这样做，尽可加以适当的改造之后来应用。如果决定重新登记时，首先要请示上级同意后进行。重新个别登记是一个繁重的工作，它不是按照旧登记册重抄，而是因为旧登记册有缺点，不能适应要求，完成个别登记本身的任务，所以要重新来组织。假使照抄,就必然会造成错误的继续,因此,它必须从书架上取下来重新检查登记。假使遇到太陈旧而没有科学价值了的书,就要把它们在重新登记时清除出去,以免再作一次注销工作。有留作对内参考资料价值的,仍应加以登记。遇到复本太多,已超出环境(机关组织性质)所需要量的,就把它抽除。遇到没有价格的,或价格不对的,加以重新估价或更正。比如,新华书店某些书籍的价格与从前已有不同,还有一些是从前作定价现在作实价的,或者是价格降低了的,这一些,都要把它们改为目前的标准价格。在重新登记的日期上,注明重新登记等字样。并将原登记册留存,以备日后查考。

图书财产登录簿是很重要的图书财产目录,不要用退色灵,不要删改涂擦。已经登错了的,用红色划线,由图书馆负责人盖章证明。

五 小册子和多余复本的登记

小册子的定义,现在还没有一个统一的标准。一致的意见是认为篇幅少的,及时出版具有现实意义的临时性出版物。按克连诺夫摘自"苏联大百科全书"的定义,在苏译"图书馆技术"书中说:"凡不满48页,普通大小开本的书籍,就称为小册子"(1954年版第一面)。"外文书讯"有一段关于"书"的记载:联合国教育科学文化组织的规定,49页以上的非连续性出版物称之为"书"。在英国6便士以上的小册子也称书,美国对小册子不当书,法国规定64页以上的为"书",意大利100面以上的出版物才称"书"(上海国际书店编印;1957,11,1)。小册子的登录,应用两种办法并行。

一种是与其他藏书一样,作为基本藏书处理。很多小册子内容材料比较专门,篇幅虽然不多,但它的作用很大,能够解决专门性问题,它的价值不一定低于某些巨大篇幅的书籍。复本不多的时候,就应一律作为基藏处理,加入藏书个别登记,登入财产登录簿。假使有几本专题近似的小册子，就加以合订后再行个别登记，另以各个小专题在目录组织中反映。采用这种办法，便于检取，便于管理，便于永远保存。

一种是因为它的数量多，又带有临时性质，没有必要作为基藏的，另立小册子登录簿来处理。但这种处理法仍须提出一、二册进行个别登记，登入图书财产登录簿，作为基藏。没有封面或封面单薄的应加以改造，备作一个历史时期的资料保存。比如党和政府的报告、选举手册及活叶文选之类。在机关学习中，一时因学习用的数量多，事后用不着全部永久保存，把多余的作为小册子登记。小册子登记是暂时的，它带有暂时保管的性质。过了一个时期之后，就要另作处理，如转移或取消。

不管一种小册子的数量多寡，都合用一个编号，记明册数和价格多少。所以多册可用同一个登记号码是因为这种小册子的注销、转移等都是一次解决的。不过，在登记号前要加记冠号，以区别于基藏图书的个别登记号码。也可以再加附号，以明复本的次第。如"小 213/1；小 213/2；……"等。关于小册子的范围比较广泛，如政治性运动的刊物、通俗刊物等，都要视具体情况和估计需要而决定登记办法。用小册子登录簿登记的，盖小册藏书印章，以资识辨。

多余复本的图书，是指一般的用书。它不具小册子的形式，而是大书本，因复本多了，不需要全部基藏，也用这种小册子登录簿处理。所以，用小册子登录簿登记的概念，是要比较广泛的。比如用何干之主编的"中国现代革命史讲义"一书来学习中国革命史，购买得很多，在当时是必要的，事后只要有几本基藏就够了，也应采用这个办法，与小册子复本混同登记。小册子和多余复本登录簿式样如下：

小册子和多余复本登录簿式样

登记日期	登记号	书　名	编著者	出版处	出版期	数量	单价	总价	总登簿顺序号		备　注
									收　入	注　销	

第四章　分类工作

一　分类的意义和要求

图书分类在图书馆中虽然是头等重要的工作,但它属于编目工作的范围。我这里的叙述是为了方便,把它分开来了。

图书为什么要分类,说起道理来并不很深奥,就是要使图书馆的图书便于应用。便于宣传马克思列宁主义;便于宣传社会主义建设;便于进行共产主义教育。一个机关,搜集了若干图书,为了要使用而又能保管这些图书,所以组织了图书馆机构。但是,图书馆有了,书籍有了,一堆堆地堆在那里是不方便的,要什么书拿不出来,有哪些书也不明白,这就等于没有图书馆。因此,图书馆的图书,必须要加以分类,使陈列起来有条有理,便于检取应用。图书分类的原则,是按照图书内容的本质属性排置一处。这样,就能使所有的图书有一个分类排列的系统,就可以把五花八门的图书现象有系统地统一起来,就能按类检取。分类这一概念,是我们国家对图书、资料、档案等管理方法的传统思想。如果图书按照开本大小、装订式样等来分类,那就不是本质属性的分类,那就没有科学意义和实践作用。这样的方法,是不能应用到图书馆管理上来的。

图书分类法必须随社会经济、政治、文化、科学各方面的发展而变更其内容,它是被社会的发展所决定的。旧社会中的分类法,它随反动统治书籍内容的需要而产生而演变,反映出它的阶级本质。在新社会中,分类法必须为社会主义经济建设和文化建设服务。因此,要求合乎马克思列宁主义科学观点的新分类法,使学术的分类系统发挥出思想领导作用。分类法不是单纯的技术问题,它必须具有正确的思想体系,结合着藏书的具体内容。分类法首先必须解决对读者的思想领导问题,其次才是运用巧妙的分类技术,使符合于客观发展规律的序列。分类法问题,经解放以后几年来的努力,已有比较统一的发展目标。这一点,我想在下一节再行叙述。关于分类的技术目的,它就必须环绕着发挥图书更大的作用而进行,如果脱离了发挥书籍作用的原则去搞分类工作,那就会不切合于实际,就会失去分类的意义,进而埋没了设置图书馆的目的。这样,就要求分类工作者,必须时时刻刻注意图书为了应用的目标、应用的方向去做分类工作,不要无目的地、形式地埋着头把书籍分起类来就算了事。

图书分类在技术作用方面的意义是:

(1)把各科各类不同性质的书籍,用一个有组织系统的分类体系,把它归纳起来,使书籍的陈列合于科学化系统化。

(2)图书经过分类,就有一个固定的分类号码,根据这个号码去排列书籍,书籍在书架上就有一个固定的位置。根据这个类码去找书,就可以找到书籍,或者可以知道书籍已经借出去。

(3)有了图书分类,还可以根据分类来统计藏书的比例和出借的情况,这就可以了解读者所需要的比重,作为购书的根据。

(4)图书分类是图书管理上的技术基础,是编制各种形式目录(活叶目录、书本目录、卡片目录等)的根据。分类目录的完成,必须依赖分类符号这一个条件,它能完成顺序次第,它的作用与财产登记(个别登记)的意义有所不同,它的作用是要使书籍的排列有系统地彻底地依存于分类序次。

(5)分类号码也同样是编制辅助目录(字顺目录)必不可缺少

的条件之一,它能把辅助目录与图书排架联系起来,使辅助目录能够达到取书的目的。

二　选择分类法的问题

解放以来,由于党和政府对图书馆事业的重视,经过图书馆领导部门、图书馆工作者、图书馆学专家等的努力,图书分类工作已大有改进。一致否定了旧社会遗留下来的分类法,因为它是为反动社会服务的。对新分类法的编制,业已取得一定的成绩。但是,要能够现成适用于各种性质的机关图书馆的分类法,还是没有。因此,如何选择一个分类法来供本机关图书馆应用,还是新创时的重要问题。这个问题,在进行编目之前,就需解决。因为图书的编目,在一个图书馆中是必须前后一贯的,中途改变分类法就要牵动全部目录工作,更改全部卡片目录或掉换全部卡片目录。所以决定采用何种分类法,事前必须抱着缜密的态度。机关图书馆工作者,有很多是没有学过图书管理的,在技术革命和文化革命大跃进的形势下,每个机关都会对图书资料的供应工作提出新的要求,还会有新的人员参加这项工作,都是要从具体工作中学习的。在我们未采用何种分类法之前,对目前分类法存在的状况,尤其是中华人民共和国成立以来出版的图书分类法状况,必须加以了解。不要拿着分类法就用,不要一时有感动就用这个分类法,觉得有些困难和不妥的地方就又想改用另一个。在起初的工作阶段中(仅是指分类工作的开始),宁可慢些,待考虑成熟、共同讨论、在思想上取得一致之后再来进行。既经采用,就要对这个所采用的分类法彻底懂得,贯彻执行。图书分类进行的好坏,固然需要有好的分类法,但对所采用的分类法不熟悉,对分类工作就不能胜任愉快。熟悉分类法的主要方法是详看使用说明,及各项目之下的个别说明,这些说明是每个分类法都有的。当然,图书分类工作的执行主要的是依靠图书知识的基础,分类技术与基础知识比起来还是后者来得重要,因为分类法的学习比起各方面的基础知识来究竟要容易些。图书知识的增长,只有在经常的努力学习之下才能获得。同样,分类的技术也是要在创造性的劳动中才能积累经验。所采用的分类法是自己分类工作时的底本,对这个底子的保留是很重要的。因为,经采用的分类法对本机关的具体业务上需要,或实际分类工作中发生困难,必然会有陆续更改的地方。为了避免前后分歧,就应把更改或增删的地方随时记录在底本上,单凭分类工作者脑筋的记忆是不够的。

图书分类法的主要形式是分类表。分类表的产生必须依据书籍的内容,书籍内容是社会发展过程的反映。我国古时图书分类法从七略到四部,这是增进了封建统治内容——书籍的要求。到了半殖民地半封建的社会,四部分类法不兴了,产生了许多大同小异的带有封建主义和资本主义色彩的十进法。所以图书分类法的形成,都是被社会的客观发展所决定的。现在我们的社会主义建设事业是跃进、再跃进,非仅是过去的分类法不能适用于今日的图书馆,就是有了目前适用的分类法,也必须是随着社会主义事业的发展而陆续修改增订才能应用。要有一个永恒不变的分类法是非辩证的非科学的想法,这是不可能的。

在解放以后,新建立的图书馆一般都是避免采用旧分类法的。但有许多图书馆不是新办的,而是从旧社会遗留下来继续扩充的。这样的图书馆因为它们已用了旧分类法,全部更改起来有困难,只能多做些增加类码的修订工作,俾得连续着应用下去。现在,假如新建立图书馆,或者重新整理图书,要彻底重做分类编目工作,那末只有采用新型的分类法,这是毫无疑问的。然而,新型的分类法只有在解放后出版的分类法去选择才是正确的。现在,我想就我所知道的分类法情况来说一下,但我的见闻有限,并且是不够深入体会的。

(1)从苏联翻译过来的分类法:

苏联大众图书馆适用十进分类法。托罗帕甫斯基著,舒翼翚等译,首先见于1950年8月份的文物参考资料上。现在已有1956年中苏友好协会总会图书资料室的新译本,时代出版社出版。

苏联小型图书馆适用十进分类法简表。克列诺夫著,舒翼翚译,1951年人民日报印刷厂代印。

图书分类表。安巴祖勉主编,北京图书馆文敏等译,1958年中华书局出版。

从苏联介绍过来的这几个分类法,它的基本类项目组织精神是相同的。苏联是先进的社会主义国家,我们必须学习它。但是书籍的内容究竟还有我们国家的特点,它的分类表有些不能彻底符合我国书籍容纳的具体情况。比如说,历史和语言部分的类码,就不能满足我们的需要。因此,我们如果采用上述分类表时,就要适当的加以增订。如果一丝不动地搬用,分类时就会发生困难。

(2)中国图书分类法。刘国钧先生原编。这个分类法还是在抗日战争以前出版的。解放以前出版的分类法很多,因为这个分类法在过去大家认为比较好,又为我国最大的北京图书馆所采用,它经北京图书馆陆续修订之后,解放后还为某些大型图书馆所采用。在解放初期,许多图书馆老人员谈起分类法来,还是念念不忘这个分类法。现在,这个分类法已有1957年的北京图书馆修订本。修订最大的变动是增加了"马克思列宁主义部",这样,就解决了最重要的马克思列宁主义经典著作及其研究图书的分类问题。移"总部"于末尾,不仅不会影响其它类号,且符合了大家已认为综合性图书应列最末的意见。因此,大类变动虽大,它并不会使采用这个分类法的图书馆发生很多改类码的困难。修订的目的是想使"改正其中思想上、政治上有显然重大错误的地方并使新出的图书有类可归",求其实用,"在原有体系上加以改造"。因此,这也说明这个分类法还不是"完全符合于马克思列宁主义思想体系"的(见该书"修订本表的简单说明")。1958年"图书馆学通讯"第六期有两篇比较深刻地批评此法的文章。北京图书馆、上海图书馆等亦已开展了对这个分类法的批判。

(3)东北图书馆分类法。这个分类法是解放后编印的。东北解放比较早,它能容纳新出版的图书,因此被解放初期新建立的许多图书馆所采用。它曾于1951年出过增订本,听说现在已经停版了。

(4)山东省立图书馆图书分类新法草稿。有1950年的油印本。

(5)普通图书馆图书分类表。发表在1954年第一期的浙江图书馆馆刊上,是金天游先生编的。

(6)图书分类法。范世伟编,1958年西北农学院图书馆出版。

由于我的见闻有限,解放后的图书分类法状况决不止于这一些,如华东师范大学图书馆分类法是自己编的;云南大学图书馆亦已编制了图书分类表,等等。

最后,我想谈一谈下面几个比较重要的新型的图书分类法。一个是"中国人民大学图书馆图书分类法";一个是文化部社会文化事业管理局公布的"中小型图书馆图书分类表草案";一个是最近公开发行的"中国科学院图书馆图书分类法"。这几个分类法对我们做图书编目工作的人非常重要。照我的见解,新建立或者重新编目整理图书的机关图书馆,最好是从这几个分类法中来选择。

(1)中国人民大学图书馆图书分类法

这个分类法是在解放后整理图书工作的实际经验中创造出来的。我们应该承认,分类法只有从实际经验中产生的才能更合于实用。但我们也不能说,这个分类法是没有缺点的了。有它的优点也难免还有些缺点,问题在于我们运用时如何充分地发挥它的优点作用,并想法克服它的缺点(如无法归纳时增加子目)。要彻底了解一个分类法的好坏,不可能只看了一些形式就能想象出来的,必须凭实际经历才能深刻体会。因为我对这个分类法还没有深刻的经验,所以体会不多,下面所说的意见,不可能是全面的,也不可能是完全正确的,我只把它提出来。

第一,这个分类法组织的思想性强。它是以马克思列宁主义的科学思想体系为根据的。"首为马克思列宁主义,次为社会科学,再次为自然科学,最后为综合图书"(见该法增订版简略说明)。它把"全部类目分为四大部分,排列十七大类(1—17.):第一部分(1—2)马克思列宁主义、毛泽东著作和哲学是科学知识的概括与总结;第二部分(3—12.),属于社会科学;第三部分(13.—16.),属于自然科学,以上部分是科学分类与图书分类的相互适应与结合;第四部分(17.),综合参考是图书的概括与综合"。这个分类法把马克思列宁主义关于自然和社会的发展规律贯彻到图书分类法中去,正是我们国家由社会主义向共产主义社会过渡所需要的科学分类法体系。

第二,这个分类法不仅是依据目前图书内容的发展而编订,能够充分地容纳解放后出版的新图书,而且还适合于资料的分类。在机关图书馆中,资料工作是一个重要的部分,图书与资料的统一分类,更可以发挥图书资料的互相参考作用。

第三,这个分类法的类码,新旧图书——即先进的与腐朽的图书,序列分明。现实性的类码列前,非现实性的类码列后;先进图书的类码多,陈旧图书的类码少,这正是合于机关图书馆所需要的。在机关图书馆中,我们是主张把解放前陈旧的和反动的书籍分别开来整理的,这个分类法可以把资产阶级理论及其批判的书籍归纳在同类属之中,列有专码。如有必要,可以把某些资产阶级理论的书籍归纳到解放后出版的批判性书籍一道,这对于科学研究就可以得到更完整的材料。

第四,这个分类法能"依照藏书数量和可能发展的前途,可以灵活地自由伸缩使用"。机关图书馆的大小规模是相差很大的,采用时可以斟酌本机关的实际情况,伸缩某些类别之下的项目或细目。

第五,这个分类法所采用的分类符号虽然不如十进法那样具有易懂易记的优点,但它是合于社会发展规律的。因为它是形式(类号)服从内容(图书)的,类、项、目的数位多少可随图书内容自由发展,不受任何拘束;而十进法虽然有技术上的优点,但内容一定要服从于形式,把图书分类的科学体系捏死。

第六,这个分类法已有一个好的条件。在目前,新出版的书籍,均已印有统一书号,这个统一书号是按照这个分类法的大类的。这虽还不能满足各图书馆具体编目的要求,但已有初步的基础,不能说是对分类工作者没有帮助的。这一点,是任何其它分类法所不及的。

第七,1957年的修订本已在许多类目之下加有从理论说明的注释。这对于我们图书知识水平较低的人,在图书分类的具体工作中有很大的帮助。

第八,更有利的条件是这个分类法不是静止的,它将会陆续修订和增订,使之逐步完善。比如说,在新民主主义革命史11.36条目之下,列有第一次、第二次国内革命战争,抗日民族解放战争和第三次国内革命战争等细目;而在332党史之下也同样有这几个历史阶段的细目。大家知道,新民主主义革命史与中国共产党历史是分不开的,像这样交叉性二面可分的类目而没有较具体的说明它的分书范围是会使分类工作者发生困难的。在1955年版中,没有应如何分的说明。1957年增订版中,增加了大量注释,若干类此交叉类目的分类也就能够明确了。

此外,这个分类法也有其它分类法同样的优点,如附列各种复分表和编排表、供使用时引导分类的索引等。当然,这个分类法还是有它的缺点的,问题只在如何去克服它。

第一,容纳我国文化古籍的类目太少。这个分类法的产生是在解放以后,解放初期,大家都注意新出版书籍的安排,未有较好地照顾到古籍的统一分类。而目前有些机关图书馆,确也收藏了不少古籍。这样,分类时就要发生困难。比如说,中国历史跨越各个朝代的除通史之外,还有用其它体裁编写的各种史书,如纪传、编年、纪事本末、年表、书志等等,就没有列出它们应有的分类号码。但我们相信这个分类法是发展的,将会陆续随需要而增订类目。比如说,先秦诸子哲学的细目,在1954年版是没有的,1955年版就加列了;春秋经传在1954年版是没有类目的,1955年版也增加了。

第二,对分类号码的概念搞不清楚。这首先有一个问题,即我们过去用惯了十进法的号码,对号码难免有些成见,其实我们仔细领会一下,再去运用,这个问题也就容易解决了。其次是数字号码之间夹杂"( )"、"－"符号,初看起来是会觉得复杂的,但用惯了也就不致发生困难。

第三,有些问题是不同的意见,而不是缺点。如文学先以体裁再分国别,中央社会文化事业管理局和北京图书馆召开的"中、小型图书馆图书统一分类法"座谈会时,也曾激烈争论,最后确定先以国别分类再分体裁。假使自己不同意这部分意见,自然也可以局部的修改应用。

第四,有些子目分得太细的问题,这确在具体排架排卡中会引起混乱。这个原则当然要首先服从详细分类的作用,有作用的就必须分得详细。如果分得非常之细,完全理想化,对实际效果不大,甚至没有效果,那就不是十分必要的。图书分类究竟与理论分类有所不同(并非排斥根据理论的原则),图书分类主要是使处理书籍中发生效果,例如能表现某个问题和检取方便等等。但是,这个缺点已在逐步改进,如中国小说的分类,在1955年版的10317类码下那样细分,是不必要的。在1957年版,就只加说明,类码删除了。以我的意见,中国小说的类号还可以再缩减一些。分为

"五四"以前、"五四"以后至中华人民共和国成立及成立以后三个部分也就够了。因为有许多小说题材背景是跨越时代的,不能分得那样清楚。如果以写作时期为标准,那末有些作品找不出是什么时候写的,就是现在以过去背景为题材写的也还有。分得太细最大的缺点是把同一作家的作品分散。如果还是刚开始采用这个分类法的图书馆,我建议自己修改一下。

第五,新华书店总店编印的"1949—1954年全国总书目"中编辑者说明指出,在具体分类时,发觉有些书籍没有适当的类目,因此在三级以下的类目作了若干调整。我们认为类目不够用这是事实,只有在不断的经验积累中陆续增订来使之满足应用,我相信中国人民大学图书馆是会注意这个问题的。至于有些类目还没有适当的出版物尚是空白的问题,我认为这对于我们分类工作是不会有影响的,每一个图书馆藏书的情况不同,任何分类法都会在各种不同性质的图书馆中多少要暴露出空着不用的,空白的号码我们就让它空着不用也没有关系。

第六,是有些类码实在太长。类码的长短,固然是被分类表的组织所决定的,但在许多分类法中,有的也可以运用分类的方法使它缩短一些,而这个分类法某些地方所发生的使分类工作者确实无法压缩。比如关于"鸟类"的类码是"13·813·14·23",虽然只有6级组成,而它的号码数字是一长串,一个也不能减略的。同时,在这个分类法中也有用"1"、"2"等一个数字来代表书籍的,看起来总觉相差太悬殊了。但是,这是整个分类法组织结构问题,我想,虽然类码长一点,只要它的等级性清楚,在图书馆工作者是自然会明白的。只不过有些读者会觉得图书类码太复杂些罢了。

第七,所附分类表索引还有缺点。分类表有索引是好的,它能够帮助分类工作者找寻类目。但索引的编制原则,最主要是反映主题。这样的分类表索引才能发生更大的作用。这个分类表的索引,基本上是采用机械的类目编制的,其间没有依照一般的索引法来组织。比如在 1955 年版的索引中，有"自我学习"这一条索引，而没有"工农联盟"这一条。前者并不需要，而后者这一条多么重要。又如有"中华人民共和国宪法"一条，而没有"宪法"这一条，这是说明没有主题索引。这一些，1957 年增订版已增删了。增订版反映了类目注释中能够归纳出来的标题索引。但缺点还是有的，我们相信它将会陆续改进。比如，"掌握政权时期"、"恢复国民经济时期"、"使用牌照税"、"展览——图书馆学"等条目，作用是不大的，分类困难时不可能会想到这些字顺上去找索引，因为它们不是图书内容的主题。在索引字顺的某些情况之下，有许多是不要用较多的篇幅，只要加以注释，反会比多列条目更为清楚的。如在"中国共产党"、"党"等字顺之下，就可以这样办。此外，也还需要适当的加一些"相互参照"条目，如在"牙齿"与"齿"的二条索引之间。总之，这个分类法会进步，它的类表索引也必然会随之而改进，今后采用这个分类法的图书馆，困难是将会逐步减少的。

第八，没有一个统一的国家排列表，这对某些应以自然区域来附加细码的书籍会感到困难。这样，我想是可以参照其它分类法增加"世界地区复分表"的细目来解决的。

第九，这个分类法的类号虽然可以自由发展，但类号与类号之间没有预留空号，这样，遇有近似图书无类可归时，不能在接近地位加码。要调整子目，就会牵连全局。好在，今后采用的是增订本，问题也就不多了。

总之，运用图书分类表是要与自己图书馆的实际情况相结合的。比如，上海第一师范学院（现改上海师范学院）图书馆就改换了这个类表的第一级类号，使类码缩短，并为自己的需要改进了复分表和增订了相当的类目。我们相信，这个分类法是会陆续修订的。这有利于今后采用这个分类法的图书馆。但对已采用这个分类法的图书馆，除有利的条件可借以改进外，修改类目后也带来了一些困难。尽管修订时"类号基本上不予变动"，但在藏书较多的图书馆,就是改变一些子目也是需要人力的。因此,在有些情况之下,就不能不在某些部分仍延用旧版本的类表。

(2)中小型图书馆图书分类表草案

"中小型图书馆图书分类表草案"是1957年8月22日由文化部社会文化事业管理局正式公布的。国家正式公布图书分类法,标志着我国图书馆事业发展的远大前景。这个分类表草案的编制经过是很慎重的。它是组织多位图书馆学专家和图书馆工作者拟制的。编制时间经过一年多,先后召开了三次图书馆学专家会议,并吸取各地方图书馆工作者的意见,和参考了多种中外图书分类法,吸取它们的优点而编成的。其中,尤以苏联国立列宁图书馆的新分类表类目和苏联图书馆学专家的指导对本表的编成帮助最大。

这个分类表草案的公布,虽然还不是明令规定为各图书馆的统一分类法,但我们可以意味到,它是具有全国图书统一分类法的意义的。尽管各专家的意见还有分歧,而优点是很多的。

第一,分类的体系有高度的思想性。类表以5部21个大类组成。马克思主义是关于自然和社会发展规律的科学,所以列在5部之首;哲学是自然知识和社会知识的概括和总结,列为第2;阶级斗争知识的社会科学和生产斗争知识的自然科学放在第3、第4;综合性图书列为最后。这个分类体系充分地体现了毛主席关于知识分类的理论。

第二,这个类表目前虽然还是草案,但类目范围相当广泛。既照顾过去,又适应目前,并且还预计将来的发展。类号之间留有很多的空号,既便于随需要而扩充,又不会影响牵动全局。

第三,类表富有伸缩性。图书不多的图书馆,可以缩减类号,"简化为小型图书馆图书分类表";藏书丰富的图书馆,"也可以扩展为大型图书馆图书分类表"。如经适当调整类号之后,可以改变成为专业图书馆之用的分类表。这一点,很切合机关图书馆的要求。

第四，大多数类目之下附有注解。这些注解对图书具体分类时的帮助很大，这就会使图书分类减少错误和分歧。

第五，类目的数量和安排是从实际出发的。它除了重视图书分类的等级性之外，还根据图书现实性的要求，改变了单纯追求理论体系而把类码拉得很长的缺点。因此，它的类码能收纳图书的种类尽管多，而是简短的。我们知道，有些分类法在分类符号上因为过分地重视理论系统，把一部分类码增加很长，用起来不方便。而另一部分类码则因为没有图书内容，空白着搁置不用。这个类表的编制技术是合乎实际的。

第六，分类符号采用拉丁字母与阿剌伯数字混合编制，类目的等级性分明。拉丁字母定为我国的拼音字母，汉语拼音方案推行之后，大家自然就能学会。所以分类符号虽是混合组成，仍不失却简单、明了、易记、易排等优点。

总之，到现在为止，这个分类法的优点是比较多的。如辅助表中的世界地区表，结合自然区划和政治区划二方面的标准来编制，这样做，很合于实际。又如，用括弧加注不使用的参照类目，这对分类观念犹豫不决时，就能得到具体的帮助。这一些，都是这个分类法的特点。

这个分类表能适用于藏书十万册以内的图书馆分类。固然，它主要的对象是县、市图书馆，但不是藏书特别丰富的绝大多数中小型机关图书馆是适用的。现在，许多图书馆已纷纷采用或拟采用这个分类法，采用它，可以得到具体的帮助。预计在图书馆学的杂志中，亦将会陆续讨论这个分类法的具体问题。自然，各个机关的具体情况不同，因它的业务特点可能收藏某些方面的书籍多些，运用时困难是会发生的，正如该分类表草案意见中所说，"在实践中再为改进"，可随需要加以扩充来克服。大家知道，已有藏书基础的图书馆，它们有旧分类法的目录体系，改用新分类法是有困难的。但新建立和不得不重新改编分类法的图书馆，就可以考虑采用这个分类法的问题。大家都看到，这个分类法的前途是发展的，它将会根据实际使用的体验，陆续加以修改和增订（按：现已有修订本，可向"北京图书馆科学方法部"购买）。

（3）中国科学院图书馆图书分类法。

它是"根据马克思列宁主义的思想体系结合图书馆的实际需要"而编制的。共分5大部25个大类，内容丰富，是一个大型图书馆和专业图书馆的分类法。此法不只是组织系统思想性强，在每个类目中都反映出马克思列宁主义的立场、观点和方法，与资产阶级的理论分开，并且还解决了过去未解决的中外图书用同一个分类法的问题、专业图书馆有关专业图书集中分类的问题。分类符号用单纯的阿剌伯数字，细目不受位数限制，不"严格要求号码代表分类的等级"，这样，分类号码都可大为缩短。这办法是一种新的创举，既能打破十进法内容受形式限制的缺点，又能保持着排架排卡的便利。此外，还有丰富多彩的复分附表，及在各类目下多种帮助具体分类的注释。总而言之，这是一个新的社会主义型的好分类法，只可惜我还是在看本书的校样时才见到，自己还没有好好学习，不能作出较多的介绍。

机关图书馆的图书分类法，就结合实际的意义上来说，根据本机关的业务性质和需要来进行编制，在原则上和方法上讲都是对的。因为，机关图书馆有它一定的专业性，与它专业有关的类目，在一般分类法中都不能集中突出，对专业类目不够用，而无关的类目就普遍庞大。但是机关图书馆的人力有限，甚至有的只有一、二人兼管各种事情，而且又不是专业人员，要自己来编制分类表应用是有困难的，尚不如选择一种现成的分类法，增损自己所需要的专业类目，这是比较实事求是的办法。

关于图书分类法发展的情况很快，我们有限的见识总是落后于客观变化的，尤其是在党制定了社会主义建设总路线以后，各个战线上的劳动人民都在鼓足干劲、力争上游、多快好省地建设社会主义的现在。上面所述的这些分类法情况，很快的就会成为过去。我们要求编目工作者时时注意进步的分类法，就是我们使用中的分类法虽然落后，但不能不继续用下去，也应该学习新分类法，这样对我们工作有帮助，否则就会愈来愈落后的。

三 分类的符号

每一个图书分类法，都必须具有代替类项目的标记——分类符号。这个分类符号，就是通常所称的分类号码，它代表着书籍内容的排列。如中国人民大学图书馆图书分类法中的"1—17."的阿剌伯数字，就是分类符号。分类工作者对于分类符号的运用，必须十分熟悉它的组织系统。分类符号搞错了，就会造成分类目录的混乱，书籍排架也会跟上混乱。比如，助记表运用错了，就会把书籍和分类目录的排列放到毫不相干的地方，造成错误，颠倒系统。

作为排列书籍依据的分类符号，乃是图书分类工作中占着重要部分的技术工作。这个符号，没有运用恰当，就会影响排架和排卡，就会影响图书的抽取和检查，就会影响时间和书籍的使用。因此，我们不应该把图书分类符号视作无关重要的东西。它必须适合我们思想意识的感觉，求得排书取书的方便。因而，图书分类符号就要求有下列这些原则来构成。这些原则是基于供读者利用分类目录、图书馆工作人员排书和取书的方便而产生的。

第一，分类符号要求单纯化，最好用单一形式的，不要用几种符号联合起来很复杂地组成的。

第二，分类符号的形象要普通化，使人看了一目了然。

第三，分类符号的概念必须包含次第性和部分对于总体的依存性的逻辑意义，而且要有很大帮助记忆的可能性的。

第四，分类符号要服从内容的需要，不像十进法那样先把符号来扼死内容,内容丰富的也限制于九项九目之内,内容稀少的也虚设九位。当然,我们也不能否认十进法易于记忆、书写、排卡和排架等的优点。

第五,分类符号要有高度伸缩性。既要便于科学内容的发展,又要便于不用时的压缩,压缩后不影响排列序次,而分类符号是取之不尽,用之不竭的。

根据上面这一些原则,以阿剌伯数字作为分类符号是比较理想的。因为阿剌伯数字合于上述标准,就是文化水平较低的图书馆工作人员也能体会,并且容易书写和记忆。实际上,我在上一节所说的那几种图书分类法,都是采用这一种形式来组织分类符号的。

图书分类的意义本来就是要把自然的和社会的发展现象和总结(书籍)利用符号来排列,图书分类的符号本身并没有阶级性,它与语言文字一样,可给资产阶级用来作为唯心主义的宣传、作为麻醉人民的工具。同样,我们也可把它当作宣传马克思列宁主义的武器。但这仅仅是指分类符号本身没有阶级性,而不是指整个分类法的组织系统。分类法的思想体系是必然为其国家的政治制度服务的。我们认为,只要符号简单明了,能有系统地表达图书内容,就是符合采用的条件。如果把分类的符号搞得复杂化,自己不能控制,就会混乱排架排卡,颠倒学术系统。这样,就不能单看分类符号是纯技术的问题,而是与思想意识有密切联系的。在分类工作中,应该得到重视。

上面所述,分类符号要单一化,用阿剌伯数字组成是合理的,这是针对我们国家汉字组织的具体情况而言,因为汉字在形式上是不适宜于装配做分类符号的。但是,用字母拼音文字的国家,如苏联、英、法等,它们的字母就不同于我们的汉字,它们的字母,不仅可以采用为分类符号的一部分,而且能帮助记忆和辨明类别。如上节所述的"中小型图书馆图书分类表草案"和苏联图书分类法草案的基本大类就是用汉字拼音字母和俄文字母组成的。这二种分类法以字母为大类,再用阿剌伯数字混合组成展开式的分类号码,这就不能理解为多种符号复杂的组织。正如"中小型图书馆图书分类表草案初稿"中所说明的,字母还可以用数字号码去代替,这又可以改变为单纯的数字号码组织了。当然,汉语拼音方案推行以后,大家都会一目了然拼音字母的顺序,这种改换数字代替的问题就不必要了。

四 复分排列表

复分排列表是补助分类表之不足的一种附加分类符号。它有很大的伸缩性,既可伸展类号,又可缩短不用。复分排列表有很多优点,能帮助记忆分类号码,能使同一类目之下的书籍对于体裁、地域、时间等的概念区分得清清楚楚。所以,每一个比较好的分类法组织,它大都有复分排列表的组成部分。复分排列表是一个总的名称,它是多样性的。因为它能帮助记忆,所以又可称之为分类的复分助记表。复分排列表(或编排表)不是各个图书分类法都一律的,而是随各该分类法的需要组织起来,附列在它的分类表后面的。复分排列表最主要的是包括内容形式的复分表,也有些分类法是称之为参考资料复分表、总论编排表等的。其次是国别复分排列表,关于国内行政区域的复分细表属于这个表的系统,它表现出了主题内容的地域成分。再次是历史时代排列表,包括中国历史和世界史的时代排列次序。它不可能是用一个统一适用的时代排列表来适应各个国家的,而是按照各个国家历史发展的需要,去附列各个国家的历史时代复分排列表。但各个国家对我们来讲,不是十分需要,因此各个分类表附列外国时代排列表就不多,有的甚至于没有附列。上面所说的这三种复分排列表是最主要的,差不多较为科学性的分类法都是附列的。新中国成立后的分类法,为了符合书籍内容的需要,陆续修订和添进一些必要的复分排列表。如中国境内少数民族排列表、苏联各共和国排列表等。中国人民大学图书馆的分类法是把国别附表分开为：中国地区排列表、苏联各共和国排列表、国家排列表之一（人民民主国家）、国家排列表之二（资本主义国家、殖民地、附属国）、世界地区排列表等五种附表的。这种划分，显然是就实际的需要而划分的。这些复分排列表的运用，在各个分类法中都有使用说明，每个复分排列表都有它的个别意义。我们担任编目工作者必须学会正确使用复分排列表，发挥每个复分排列表在分类法中的积极作用。

内容形式复分表是类法中具有科学性的组织。它差不多可以应用到每一种学科分类的主题之下。这其中，当然也有一些复分名词是适用于这个学科的主题而不相称于另一个学科的主题的，这在运用时自然会体会到。在分类的时候，辨别书籍的形体是主要的前提，意思就是首先要弄清楚书籍内容的主题与形式。比如化学史，"化学"是主题，"史"是复分的形式，形式复分符号都应该是加附在主题类码之后的。形式复分从属于主题，形式复分符号不能单独成为分类号码。

国别复分排列表是应用在先以学科分类为主体而需要更进一步表达其图书内容的区域性的时候的标记。在图书分类法中，除了历史、文学（中国人民大学图书馆图书分类法是先以体裁再分国别的）等的分类先以国别为主体之外，绝大多数的类目是以学科主题为主的，区域观念摆在次要地位。但是，这种以学科主题为主的图书资料如果是限于某一个国家的，或某一省市的，为了使分类系统更加细致，排列更加合理化、系统化，因此就需要有一个国别复分表来进一步区分。在图书分类法中，因为需要这样附加国别的类项目很多，如果在每一个类项目之下都详细地附列出来，那就太繁杂而不科学了，因此，要附列一个国别复分排列表供灵活使用。中国行政区域复分表的意义和用法与国别复分表的意义是相同的，但在分类表中没有特别说明，用时都要附在国别之后。故国别复分表亦可总称为地域复分表,把国别与一个国家内的行政区域都包括在内。这种附表,我们要注意国家的情况变化,及一个国家之内行政区域的变革,地域复分表随新的改变而及时更改过来。在事实上,采用的分类法所附列的地域复分表总是会落后于现实的。

复分排列表是一种细致的分类附加号,它能促使分类号码更加系统化,所以我们在分类工作中要灵活地利用它,当作排列分类目录和书籍的一种手段。但是,亦不应呆板的去理解,在某些情况下是要变通的。如果都照我们所想像的那样仔细,把附加复分符号理想化,这样,反而会把书籍排列得非常分散。因此,复分符号也应在某种情况下缩短运用,甚至于只用主题的类码而不附加。比如中国历史时代复分表,采用时如果自己图书馆认为不需要照附表中所列的那样详细,它就可以采用上一级的号码。又如"教育学论文",这在藏书不特别多的图书馆中,就可以不加形式复分表的"论文"复分号。再拿实际例子来说,如有关蒙古文学的书籍不多,"蒙古文学发展史"这样一本书就可以不必再添史的复分号。总而言之,复分符号的意义是对被分类的书籍求其归类、排列更细致的一种工具,而不是一种点缀的装饰品,要根据实际需要而增加的。

同时,我们还要注意,每个分类法所附列的复分排列表都有它一定的工作经验积累,我们运用时觉得有不妥当,并不是神圣不可侵犯不能更改,但必须慎重。没有预计的改革号码,就会引起往后附加号码的冲突。

五 分类工作的一些具体问题

在图书分类的具体工作中,首先要领会一般的图书分类原则。一般的原则是运用分类技术的基础,不是按照该机关业务性质具体要求的,或在所采用的分类法中特别列目的,一般都须遵守。

第一，分类要明确等级性。因为学科内容丰富，图书分类需要采用多分法。同一类之下的项，或同一项之下的各个目，都应该是上一级母项的总和。如果划分成的各个项与目，不能在上一级的概念中包括，那就是违反图书分类系统化的原则。

第二，要细分。图书分类要从最高的一级分到最低的一级，从最高的类分到最细小的子目。要分得彻底，才能成为展开式的图书分类体系，使每一个项目、子目都能在这个系统中有其不变的稳定的地位。有些图书馆因为藏书不多，不使图书分散起见，类号就采用较高的一级，这种做法，很会引起以后图书增加时分类的困难，除非有把握不会如何增加图书的才可那样做。我以为，遵守图书细分的原则还是重要的。

第三，分类要前后一贯，始终一致。在进行后如果中途变更，方法不统一，那就要造成混乱。比如在那个项目之下是以地区细分的，中途把它更改为依形式细分，那就系统混乱了。

第四，分类应以内容性质为主。同性质的书不分到两个地方，内容与性质应有所区别。因为同一个内容，写书的目的和作用不同，就变更了性质，所以同性质的书放在一处是主要的方面。

第五，分类要有实践的意义。即是说，要重视实用。分类的形式，自然可以采用任何属性，但是如果采用那种没有实用的分类，就会失去图书分类的意义。如前面所谈到过的，图书分类如果采用大小开本为标准，那就只能便利于装箱和搬运，对科学研究、指导阅读都毫无作用，因此这种分类法是非本质的，没有实践的意义，不能采用这样的分法。

第六，分类必须找住内容主题。在图书分类工作中，有些书籍除掉了主题类码外，还要加上内容形式的复分，这样可以反映出更具体的内容。在我们决定类码时，首先注意的是主题，而不是形式。忽略主题而仅仅注重形式，那就是错误的了。形式究竟是次要的东西，或者是不要也可以的，有些细小的子目之下，因添用了形式符号反会造成不集中而分散的现象。但这个意义与彻底细分是并不矛盾的,这里所谈的是原则,在实践时自然要看具体需要来决定。

分类的一般概念:第一是类,第二是项,第三是目。目以下的一律称为子目及细目。有的分类法称为第一级、第二级、第……等,虽然名称上不同,意义是一样的。比如哲学、社会科学、自然科学是大类。自然科学中的数学、天文学、物理学、化学、地质学、生物学、植物学、动物学等等是大类之下的项(亦有称为数学类、天文学类等等的,但并不破坏它的系统性)。物理学中的力学、热学、电学、光学等等是目。分类时,大纲小目必须谨严。亦即是说,下一级要从属上一级。我们在执行分类工作时,第一先决定大类,再决定项及目,即先决定第一级,再第二级、第三级……,找寻到最细小一级的子目。分到不能再分那一级的时候,这就肯定它的分类号码,作为该书排列的标记。上面所述,是图书分类的基本方法,某些特殊情况如何分类,以后将再叙述到。

分类的过程是先看书名。因为绝大多数的书籍在书名上已具体的反映着内容和性质。如物理学、统计学等等,我们一看就会知道。但是,有些书籍,就不能完全依赖书名为唯一的依据,因为有些书籍的内容是根本与书名无关的。这样的时候,就不要为书名所吸引。总的说来,在分类过程中,书名究竟还是确定书籍内容的一种主要条件,事实是如此。其次是看书籍内容的目次,看凡例、序言或导言,必要时看全书内容梗概、作者的略历、出版社的性质(如某某专业的出版社)等等,这都是可以帮助理解书籍内容性质的,即帮助分类的。再次是参考其它图书馆目录或出版社、书店等的目录,看它们是分入哪一类的,虽然它们所采用的分类法与我们所采用的分类法不完全相同,但该书分入哪一个类项目的基本精神是可给予分类上参考的。书目提要对于分类工作者是必须利用的工具,现在出版的书籍差不多都已有内容提要附印在书名页内面。同时,出版社和书店还有各色各样的解题目录,我们都要充分地利用它。图书分类除了新出版的用书和参考书外,还有浩繁的古籍,参考书目提要来解决分类归纳问题,是十分必要的。我国几千年来的文化典籍浩如烟海,而文字的演变与写法也与今日不同,如我们水平较低的人,可能会看原文而找不到挈领。如不去利用书目提要(如四库全书总目提要),在分类工作中非仅要发生困难,而且可能还会造成归类的错误。随着社会主义文化事业的发展,我国许多文化遗产将陆续被翻印,新参加图书馆工作者年龄一般的比较轻,对这些古时典籍不可能一看就都了解,因此养成利用工具书的习惯非常重要。如辞源、辞海等书,虽然出版已经陈旧,而且还有些条目的立场是完全相反的,在目前已不符合要求,但查看某些简要的记载,如有一些古书的概括解说,还是可以给分类时解决一些问题的。

在决定一部书的分类号码后,必须检查已制成的分类目录底卡,因为它是陆续分类图书的具体依据。即是说,分类工作不能单凭分类法来决定,要和已经编成了的分类目录相结合。新添的书籍进行分类,除了那些是新近出版者和确认为是尚未收藏者外,遇到过去年份出版的书籍,或者是防止著者号码的雷同,一律都应该先查原有的分类底卡,已经有了还是没有。这其中,应该利用编目部的书名目录为引导(当然,小型图书馆不可能都有这种条件),否则,单查分类底卡还可能造成分歧的。如果这个查底卡工作不做,把同一著者同一本书因版次不同或同一版本前后到馆分成二处或二处以上是很有可能的。经验告诉我们,分类工作者可因一时观念的不同,而产生分类思想的前后不一致。分类应该是客观的,但有些书的类码是为偶然的主观因素所决定的。

下面是分类工作中的一些具体问题。

每一个图书分类法,为了归纳综合性图书起见,它都列有一个总的类,使内容涉及各科而不是专属某一个主题的图书资料都放到这里来。在旧分类法中,这个类称做总类,都放在最前面,这是受了杜威分类法的影响。现在大家一致的意见,把它列在各类之后,如"中国人民大学图书馆图书分类法"和"中小型图书馆图书分类表草案"都是这样的。在综合性图书的类目中,如辞典、年鉴、丛书、论文集、目录、索引等等,在形式细分表上都是有的,在我们进行分类工作时,就要以综合性的还是属于各专科的来作分类的决定。比如化学辞典就应入化学,铁道年鉴就要入交通下铁道项目,文艺丛书就要入文学,政治论文集就要入政治,有关教育书籍的目录就入教育,有关自然科学论文索引就入自然科学。只有它的内容包括各科各样的,不能放入某一个专题之下的,才能分入综合性图书的类码之中。

二个和二个以上主题的书籍,包含有二个和二个以上的意义。二个主题的,分入比较说得多的或者说得重要方面的那个项目。有必要时,把比较说得少的材料部分做一张分析副卡。分类分析副卡的编制,将在编目工作中再来叙述。另一种是包含有多个主题的书籍,如果它的内容是同一项中的目、或同一目中的子目,在它上一级类项目之中的类码就可以包括多个从属主题的内容,这样的情形就不必再去制分类分析副卡,只要采用它上一级的类码就可以了。因为它是同一属性依存于总体之中,可以用总体性的分类号码去代表的。这样的意思是说,包含有多个同一属性细目内容的书籍,分入上级之目;包含有同一属性几个目的内容者,分入上级之项;包含有同一属性几个项的内容者,分入其类。如果是包合有多个不同属性的项目者,则按其书籍内容所占的重要部分归类。

一部包括有多方面内容的书籍,所以要放在内容偏重的那一类,是因为一部书的分类只能放在一个地方的局限性所决定的。但有时也要看自己机关的性质如何,那部书虽然内容所占部分比较少,为了丰富本机关业务性质的参考资料起见,应把它分入比较内容所占少的类项目中。图书的分类目的是为实用而服务的,机关图书馆是为推动、促进机关事业而服务的,所以在分类法上虽规定了若干分类原则,但仍然要根据实际上能发挥最大作用为准则。比如铁道运输方面的书籍,在铁道机关图书馆中,它可以归入交通项目;而在财经机关它就应归入经济一类。铁道工程方面书籍,在工学院图书馆中,它是需要归入工程类的,而在交通机关图书馆,那就可以归入交通类了,这都是根据实用和在技术上的看法而必须加以变通的。

分类虽然在许多情况之下是可以集中表现的,但有些地方也是不能绝对根据主题的。它的主题虽然是同一的,内容是相同的,但写作的目的、方向、作用各有不同,因此就不能把同一主题而有各方面作用的书籍集中在一处了。比如原子能的物质原理是属于物理学范围的,全世界爱好和平的人民要求禁止使用原子武器的保卫世界和平运动(它也附带阐述原子能的威力),就需要分入国际政治类中了。关于帝国主义国家的原子武器制造就又要分入军事化学工业中了。

图书的分类,依照书籍内容的学科性质,这是原则性。但也有某些学科是需要以地域为主的。如文学与历史,很多的分类法是在以地域为主题之后再区分体裁和时代的。资料(指剪贴资料)分类,先以地域为主题的要求就更为重要。报纸剪贴资料,为了使一个国家的材料集中起见,便于管理和检查,便于装订成册,这种种都是依据分类符合实用的原则而需要这样做的。但是国内的资料,就不能依照地域主题了。因为检查资料的人,对省市县的观念是没有对国际间的国家观念那样明确的。

有许多学科,包含有理论与实践二种意义的,在分类的一般情况下是都分开来的。比如历史唯物主义是研究历史的哲学基础,各国的历史记事是具体的史实,不过写述各国的历史要以历史唯物主义的观点、立场来进行,才能反映出各国历史的真实状况,史事与史学是二件事。又如化学,应用到工农业方面就变为具体的东西了,所以各个分类法中都在自然科学类列有化学一项,应用到工农业方面的记载就归入工农业中了。又如统计学与各科的具体统计材料,都是类此情形,分入各该学科的实践项目中。

关于某一部书的编写、节本、索引等,应与原书分在一起。分类号码与原书相同,在著者号码上想办法(节本、缩本的著者号码,可以用不同版本的号码区分),使它恰能跟在原书之后排列,中间没有插杂其它书籍。如"西游记"、"钢铁是怎样炼成的"节本、缩本之类。

关于对某书的研究、阐释、分析、解说、学习等等,与缩节意义有所不同。其中有一些书,是可以附在原书之后的,如有关研究"史记"的书籍,归入史记同一类目,但不是统一的规律。有许多特殊著作,就要考虑具体的情况分类。比如,毛主席的著作是集中排列的,有关"实践论"、"矛盾论"的研究、解说等,就应分入辩证唯物主义类目中的原著作的分类互见目录之后。关于毛主席著作综合性的研究,就要另行集中,分排在毛主席全部专题单行本著作之后。即是说,要使毛主席的原著全部排完,再按照原著的次序排列有关研究原著的书籍。不这样,就会在原著作之后庞大,经典著作集中分类的意义就会受到影响。又如关于研究"红楼梦"的书籍,把它集中跟在原书之后,在小说类目中就会庞杂许多研究小说的书,类此情形就应归入古典文学研究的类目中(人大分类法1954年版有过这个缺点,1957年版改正了)。在文学作品中,类此情形比较多,应看具体情况作出决定。

分类对象的客观事实不是永久一成不变的,它与历史的发展有深切的关系,而须更改其分类的号码。如苏联的伟大卫国战争,我们的抗日战争与解放战争,许多书籍的内容、性质,在当时来讲,都是属于军事性的。以当时的观点,把它一一分入军事科学的项目,这是无可置疑的。但现在看起来,我们就觉得应该转移到历史的项目中了,给它在历史的类表之下设立一个适当的有历史发展顺序的细目。这种类属变化的发生,与社会历史的发展是分不开的。比如我们国家的镇压反革命运动、三反五反运动等等,这样的社会政治改造运动是历史的阶段,在当时的情况认为归入政治社会类是对的。但多年而后,已成为历史的一部分,应该转移到历史的项目之中。这样的一个问题,亦反映了分类法体系的本质。资本主义国家的分类法把社会政治与历史的类码远远地隔开,而以辩证唯物主义观点编制分类法体系的是把历史归入社会科学系统的。一个国家的政治纪实与历史资料仅是时间的分别,其实质是统一的。一个国家的政治活动,经久之后也就是那个国家的史料。我在这里所提的问题是分类工作者应该随时注意检查分类客观要求的变化而去适应历史发展的要求,加以转移和更改。

关于丛书的分类问题。大部丛书,尤其是古籍丛书,这是不可以拆散的。但在目前出版的有许多丛书和丛刊,就要看具体情况,有些是为了排列和检查上的方便不必拆散的,也有些是为了实用的方便,使那个主要类目中不失去这本书籍的机会,因而需要拆开来分类处理的。有些丛书的出版,并不事前有所规定,要出哪些种类,它是在收集到了些内容后配合当时的需要陆续出版的,类此情形,多半是可以分开来处理的。但是某一人的全集,如鲁迅全集,那是非集中不可的。不过,它如果以单行本发行的,那又可以分入各该类项目之中了。

一部书分册陆续出版的如何分类的问题。如三联书店出版的列昂节夫等著的"政治经济学教程",它不是一个人的著作,而是好几个著者分著各个分册陆续出版的。这样情况,既可以总的分在政治经济学类码之下,但也可以分入政治经济学类目之下的各个更细的子目之中,这自然是集中为妥。但某个图书馆如果对这部书不完全,只有一、二本分册的,把它分入更细的子目之中是对的。当然,对这样的书籍,以一个图书馆的藏书来讲是应该配购完整的,或者注意出版后的合订本。

在小型机关图书馆外文书籍不多的处理问题。有些小型机关图书馆,把外文书籍按照内容性质分别放在中文图书之中,这种办法不能说是不对的,而是不大合于实际,在一般的机关图书馆中这样处理是不很适宜的。这里所指的是并非高等学术机关图书馆(高等学术或科学研究机关图书馆它都有庞大的外国文图书分类体系),而是指一般比较小型的机关图书馆。因为这些机关的组织成员不可能普遍能够运用外国文,因此外文书籍并入中文同一分类处理只有便于少数精通外文的工作人员,对于多数工作者所受的影响则是混乱的。但也不能绝对这样说,如果只有几本专业书籍,它是为少数专业人员采购来参考的,单独处理起来却不方便,那末统一分入那个专业的类目中也并非是不可以的。总之,要看具体情况。机关图书馆藏书的内容应该是根据这个机关的需要而搜集的,这样,机关图书馆对于外文书籍的收藏就不可能都有广泛的范围。同样,也可能要用外文书籍的工作人员比较少,因此,在一般的机关图书馆,虽然外文书籍不多,我以为还是分开来处理的好。至于用什么分类法,与中文同一个分类法还是采用另一种分类法的系统,这就要斟酌收藏外文的实际情况和它增加的可能性来决定。如果是不多的话,与中文用同一个分类法是不会发生困难的。但著者号码则因文字结构的不同,以采用外文的著者号码表为好,在排列方面也把它与中文图书分开来。如果必要与中文图书混合排列,那末著者号码必须采自原著者的译名,与中文著者号码同一个系统,否则是不能混排的。此外,还有一种虽然含有外文的内容,而目的是为本国人学习外文之用的,这样就要并入中文图书分类。如俄语教科书、俄华辞典之类,它的内容虽有很大俄文成分,但这是供不懂外国语文的人学习之用的,使用它的目的在于外文学习,所以要并入中文图书中整理。在各个图书分类法中,语文类目之下都列有各国语文的项目。为了使用的方便,以外文注释中文的辞典字典也要同样集中一处。如俄华辞典与华俄字典分入一处,英俄辞典与俄英字典分在一处。遇有一些文艺作品,它为了帮助学习直接阅读外文作品,用中俄或中英对照的形式出现的,都应归入中文图书的原著者文艺作品之中。

中华书局出版了一本"图书怎样分类"(刘国钧著,1953年),这本书根据了实际经验解释了分类技术上的若干实例,这对具体做分类工作的人是有参考意义的。

六 对各科分类的一些体会

第一是关于马克思列宁主义经典著作的分类问题。马克思列宁主义经典著作需要集中一处,这是大家所公认的。在目前,各图书馆所用的分类法虽然还没有统一,但在这个问题上,并没有原则性的分歧。不过,对于专题单行本还存在着两种不同的意见。一种意见是:既属经典著作,就是专题单行本也应全部集中反映,否则就不能完全表现经典著作的整个体系。而且有许多经典著作虽是专题名称,但所涉到的政治上根本问题是多方面的。如列宁的"论粮食税",斯大林的"苏联社会主义经济问题"。另一种意见是:经典著作集中的目的是要表现思想体系的完整,专题单行本已在全集、选集中包括了进去,如果不把专题单行本归到各专门类属去,就会失去那个专门问题的理论根据。如列宁的"论民族自决",毛主席的"在延安文艺座谈会上的讲话",不把它们分入各该门类之中,就会失去该门类的崇高的理论指导思想,对各该门类的内容来讲,是缺少最主要的资料,对于那个问题的真理的反映,会失去最重要的部分。又如苏联共产党历届代表大会的政治工作总结报告,如不依照主题归入苏联共产党之下,而分别归入列宁、斯大林经典著作之中,就不能把苏联共产党的整个历史文献成为有系统的序列。比如说,列宁做的报告归入列宁的著作之中,斯大林做的报告归入斯大林的著作之中,而赫鲁晓夫的报告则归入苏联共产党历史之中,使苏联共产党历届代表大会的伟大历史性文件不能有顺序的排架系统了。现在,多数人的意见,并不反对专题单行本在各主题类目中的重要意义,而是主张另制互见卡分别排入有关各门类来解决问题。这样,既可以把全部经典著作集中,专题门类之下又有反映,是两全其美的办法。人大法和中小型法都是主张这样的。但有一点很重要,编制互见目录是必须切实做到的。

第二是关于中华人民共和国成立之后的各个巨大的政治运动的图书资料,不依内容性质分类,而集中于中国历史之下,依照时代排列。我这样的主张是:使它有用不完的类码伸展下去,不拘性质,按照年代绵续着。因为这种资料虽有其性质上的不同,但究竟都是中国革命运动的一部分,是具体的史料,集中于中国历史之下是合理的。如伟大的土地改革运动、抗美援朝运动、镇压反革命运动、三反五反运动等等,并在卡片目录上记载运动进行时的年份。

第三是关于学习方面的书籍有二种意义。一种是学习的制度、方法、经验等有关学习本身组织的书籍。这样的书籍,应该集中放入所采用的分类法所规定的学习类目。另一种是某一个问题或某一个运动、事件、法令、政策等等学习运动的具体资料,这样的情形就必须把它分别归入原主题之下。如有关中华人民共和国宪法的学习材料、党的整风学习文献等,应归入宪法和党的主题之下。

第四是关于先进的工作方法和工作经验的书籍,其内容是叙述某一种工作的,如郝建秀的细纱工作法、苏长有的砌砖工作法等等,应归入其专科的类目之中。但以论述社会主义劳动方式的普遍真理为原则的,就要把它归入先进工作法总的类目之中。

第五是历史与地理的分类。在大多数的分类法组织上是把它分列开来的,但有些分类法是把各国地理列在历史同一主题之下再行复分的。如"中小型图书馆图书分类表草案"就是这样的。我们在具体的分类工作中所得到的经验证明,往往有关某些国家的史地书籍其所包括的内容历史与地理是无法分别的,遇到这种情形,我们感觉到对各国史地的分类在历史主题之下同一表现是比较好的办法。比如"伟大的苏联"就是这样的书籍。国别之下先排历史的体裁及各个时代的历史,顺序而下,再排地理、游记及杂记,这样就可以把某一个国家或某一个地方的材料在同一个类目之下全部反映出来了。我赞成这样组织的分类表。

第六是关于传记的分类在各个分类法之中都有两种分类的方法:一种办法是集中传记为一个项目,项目之下再行复分。另一种办法是分入各科类目之内,各国各地方的多数人合传,或者各科各类的合传,或者不能分入各类的传记和传记的作法等才归入传记专设的项目。前一种办法又有两种不同的分法:一种是在传记专有类目之下附加某一类目的类码,为同属传记类码的排列顺序,整个的分类号码之前所列的主要部分是不变的,这种分法是把各该科传记统一集中。另一种方法是在传记总类码之后加上地区号码,使某一地区(主要是国家)的传记集中一处。此两种办法按照索书号码排列起来,都能够集中地表现传记这一主题。后一种办法是在各科类码之后附添传记专码为该类形式的区分,所以排列起来它是潜伏在各学科或各类属之中的。在我们机关图书馆中,一般以采用后一种办法为宜。理由是:传记的内容核心与其学科的研究和发展有紧密的关系,不论是在哲学、社会科学和自然科学诸方面都是一样。比如高尔基、米邱林的传记不能与文学、生物学分裂开来。只有总传才归入传记的专题类目,传记专设类目的作用也只限于这样。各科的传记归入各科,应限于它的科学范围。如包括有数学家、天文学家、物理学家、化学家、生物学家等等者,归入自然科学家传记;只包括物理学者,就归入物理学之中,这种传记细目是附列在该科学史之下的。此外还有对于特殊人物的传记处理问题,他在创造历史和对人类生活的改善作了巨大的贡献,他有宝贵而丰富的经典著作,他们的著作是集中分类的,他们的传记作品虽然为后人所撰述,但他们的生平事业与著作是分不开的,因此,特殊人物的传记应与他们的著作集中。还有一种是学校图书馆对于传记的处理办法,它把传记当作介绍学生科学知识和改造思想的工具,它为方便起见,所有传记均不分类,只用一个特定的标记去代替分类号码,所有传记不分国籍和科别,一律依照被传者姓名(著者号码)排列。这种办法,是从教育的目的出发的,机关图书馆虽也负着教育干部的责任,但情况与学校究有不同,机关图书馆对于传记的分类应放入各科各类的主题之下为宜。

第七是关于文艺作品中的报告文学和小说,在公共图书馆中,一般可以不采用分类号码,只用一个统一的标记去代替,按照著者号码排列。这是因为读者的要求不同,公共图书馆的对象是群众,他们所需要的只问某某作者的作品,为自己想阅读的对象。但机关图书馆不同,它的对象为机关工作人员,文化水平一般地比较高,也有些是为了自己业余想作某些文学系统研究的,所以除询及某某人作品之外,还要问到某某国家的作品和它的体裁等等各个方面。因此,它的分类首先需要国别来表示它的特征,从而再表现它的时代和风格。这就是说,分类应以国别为主,然后再采用体裁加以区别。当然,这个办法对分类工作者就要比单纯按照著者号码排列的办法仔细些,如果把著者的国籍搞错了,就不仅找不到,而且埋没了作品的作用。文艺作品还有另一种分类上的技术问题,即是关于某一种科学的描写,或者某一事件的记述,为了激发读者兴味起见,用文学的体裁来反映真实状况,应该分入文艺作品之中抑是分入某种科学或事件之中呢?以我的意见,应该是归到它的科学或事件之中,亦如科学家的传记分入科学项目中一样。理由是:机关图书馆不比学校图书馆,读者阅读和参考多半是以学科和事件为主的。在前者的目的是引导和推荐读物,带引他们在有兴趣的书籍中转到科学知识的增长;后者的目的是在解决问题。而且关于这样的作品,也只有对于研究该学科和该事件的人才能发挥更多的作用。同时,这种主张也是符合著作者的目的的。因此,用文艺体裁描述学科事物的作品,应分入该科该事之中。但是,作品如果是描写工农兵生产岗位上的积极性方面,或者在抗美援朝的前线斗争中自我牺牲的爱国主义精神,或者是解放战争中的英雄事迹,或者是社会主义竞赛中的劳动模范等等,以一种故事的形式出现的,以现实主题来描写的文艺作品,那就不需要分入各个主题之中,仍是用文艺作品的统一类码再按照著者排列。因为同一作家的作品,虽然有各种各样的主题,却是一个统一的整体,不应依其描写不同的主题而分入不同的类目。而且文艺作品的内容方面是牵连性很大的,过分依照主题细分会分得散乱。还有一种文艺书籍,内容相同而体裁不同的,如巴金的"家"是小说,曹禺把它写成剧本,电影摄制厂又把它摄制成电影,这样就要分别分入小说、剧本和电影的各个类目之中,集中一起就要造成混乱。但也有从剧本写成小说的,应同样地依照体裁分入各个类目。还有一种文艺书籍,它的内容虽然以一件事情为描写的对象,书名也很符合其内容,但它的性质、写述的目的是文艺作品,就不能按其内容性质分类。

七 怎样搞好分类工作

要做好图书分类的工作,首先要善于运用分类表,并陆续改进分类表。分类表是分类工作者最主要的工具,我们要很好地利用它。表不应该是视作呆板的,要当作活动的来运用。同时,也应随时有所记载,把分类工作中的某些经验随时添记说明,使往后的分类进行取得一致。有时发生自己所用类表中放置困难时,应参考其它分类表,不管它们的分类表组织系统怎样,对于工作都会有所帮助。各个机关图书馆因其性质不同,图书收藏的内容必然是各异的。一般的说,总是与自己业务有关的书籍来得多些,与业务不相干的内容来得少些,甚至于没有。因此,决定类码时,应该把书籍内容较多的类项目分到较详细的子目;而在收藏稀少部分,为不使图书分散起见,不必采用最小的细目,采用其上一级的项目。但这种估计不应该是主观的,确实认为对该类书籍不会如何增加的才可这样做。在机关图书馆中,亦可以依据机关业务性质去扩充类目,不一定要受所采用分类表的限制。可根据自己的要求,把某些有关方面的书籍适当地集中起来,达到分类工作是为了应用的目的。

分类表的组织系统和分类符号的运用也不是各个子目都永恒不变的。分类表的变化亦随社会的发展所决定的,必须陆续加以更改。这在地域附表中就表现了很明显的例子。比如殖民地国家得到了解放,或者资本主义国家政权经过革命运动而归无产阶级掌握,这样就要修改原分类表的若干部分。

社会在不断地进步和变化中,新事物的发生与发展,新的科学技术的发现与发明,真是一日千里。不论如何思想性强而又科学化的分类法,也都不能把发展的分类项目预先规定下来。如果分类工作停留在过去的水平(甚至于是昨天的),就会反映出落后的东西,而失去上层建筑推动经济基础的作用。因此,要求我们时时注意新鲜事物。我们要在所采用的分类表中拣其性质最近似的项目下添加新的类码,并把它记录下来以备往后应用。在这样新添类码的时候,最主要的是必须了解学术内容的属性和事情的本质,及与它有相互关系诸学科。遇有不十分明了的时候,翻查参考书和请教专家是非常必要的。在机关中,应该主动地争取有专业知识的人的帮助。

运用分类表是应该灵活的。有些类目的书籍内容特别丰富的,就要把它分到细小的类码,这样可以使排列时不致影响细小相同的东西前后混杂。这就要结合具体的机关业务内容。比如在化工厂,有关化学工业和化学理论方面的图书资料就要把子目分得细些;在农业技术研究机关,就要把有关如何发展农业生产方面的书籍分出细小的子目。就是同一个性质的机关,而在业务上有所分工的,也应视具体的要求作出不同的处理。比如出版社,虽然同样出版书籍,但出书的内容是有分工的,这就要把与它出版内容有关的图书资料做到详细的分类,以符合编辑部的要求。书籍及分类目录的排列(除该书目录分类号与排架分类号不一致者外),一般都是依照类码的次序的,类码采取如不依据丰富内容的要求,就要影响同细目书籍的排架排卡不能将细小问题集中。反之,某些方面内容不多的,或者太专门的书籍,与本机关性质的关系不深,收藏不会很发展的,那就不必过分用细分的类码。

　　各个图书分类法类表的编制直到发表,大都是以一般普通图书馆为对象的。因此,它所列细目的精细和简略都偏重于普通图书馆内容的经验。除非是标明某某性质图书馆的分类法,才对它所属的对象列得特别详细(如中央教育部图书馆新图书分类法教育类,1950年文物参考资料第八期)。因此,采用现成的分类表不可能是对本机关图书馆十分合适的,这就有赖于自己在实践中积累经验,加以补充和修订,使之完善。

　　其次是进行分类工作时要虚心去了解书籍内容,粗枝大叶的分类是会闹出笑话的,过去曾经有过,以后也难免不会发生。我们必须对每一本书的分类都要抱着负责的态度,才有可能少犯分类上的错误。我们的图书知识有限,不会分错是不能保证的。但如果能够仔细一点,至少总可以避免一些可能避免的错误。

　　再次是,要充分利用参考工具用书。利用参考书的重要性不止一次地提到,对一个图书馆工作者来讲是不论哪一个部门,利用参考书和熟悉参考书都是非常重要的。图书馆藏书的内容包罗万象,上下古今中外四面八方均有,而一个人的知识究竟有限,担任分类工作者随时会遇到困难,因此我们要想尽办法,利用参考书工具来解决问题。假如不去利用这种丰富经验的积累,那是愚蠢的。但是,利用参考书要有运用的习惯,习惯的养成很为重要,养成习惯之后就有可能更进一步地熟悉参考书。各科词典、百科全书及专门问题的小册子等等，都是帮助理解问题的，参考书虽然有一些规格，但不是绝对定型的，只有随时注意才会不断地解决问题。假如一个分类工作者对运用参考书不感兴趣，单从一部书的本身去找寻理解（这并非是说不要从本书上去理解，从本书上去理解书籍内容自然是最主要的方面，而是说有困难时应该借助于参考书），有时竟会费去很多的时间。或者只凭主观想像，大约是这样或那样，这也是必然会造成错误的。

最后是还要利用分类法索引。在各个分类法之中，多半是会附列分类索引的，这对于初去运用分类表时是有很大的帮助的。在分类时，往往会碰到对某种学科不够了解的时候，就不知道应放何处。或者是一个主题有几处地方可分的，但事前不知道有哪几处。如果利用分类索引，这些问题就可解决了。分类索引是以主题形式编制的，它能指示同一主题在二个及二个以上可分的交叉类目，指导分类工作者自己去处决。比如有关铁路一类的书籍，它指示着交通运输方面的类码，也指示着铁路工程方面的类码，因此，善于利用分类法中的分类主题索引也是分类工作中的一种手段。但是，不可完全依赖索引，太依赖了索引就会迟缓了对分类表体系的掌握，这也是对分类工作的进行反而有阻碍的。

总而言之，图书分类的目的除了要有科学系统之外，还要使书籍排架排得合理。分类目录卡依靠类码去排列，使这个目录给读者用起来有系统的感觉，因此分类工作必须做到精密、正确。如果一本书分错了，分到不应分的地方去，这就使它在书架上所占的地位不能给人利用，同时也影响分类目录的混乱，这是分类工作者的责任。在我们机关图书馆中（我指的是小型机关图书馆），分类编目排架排卡等等工作都是集中少数人手上，对分类如有发生错误的问题我想是易于改正的。比如一个人经手了几种事情，就易于发现错误的所在，从而也可以及时地改正。图书分类工作是细致的工作,我们要搞好这个工作就必须耐心地劳动,细致地进行。

八　几种分类号的区别和作用

前几节中曾经述及,有些书籍在分类目录中要编制分类分析副卡,有些书籍要编制分类互见(互著),而原书只有一部,不能分开排置。又因分类目录要求详细的分类号码才能把细小的同一个内容主题的图书资料集中,而分细了的类码,在排架工作上会增加困难。为了解决排架技术与分类目录的矛盾问题,就产生了几种具有不同作用的图书分类号了。这几种不同作用的图书分类号是:排架分类号、目录分类号和完全分类号。

排架分类号是索书号码的主要组成部分,它是分类字顺排列法所依据的主体。目录分类号不同于排架分类号,前者是排列分类目录时用的,后者是排列藏书所用的。在许多情况下,排架分类号不一定要同目录分类号那样详细。比如说,关于小说的分类,在目录中可以细分为笔记小说、话本小说、章回小说;或者细分为"五四"以前小说、"五四"以后到解放前小说、解放以后小说,等等。这些进一步细分的类码,就是目录分类号。这样,用在排架上的分类号就可以减短为上一级小说的概括类码。不过,这个办法对开架陈列科学类目的图书是不甚好的,因为这样会影响科学中细小问题资料集中在架上反映。这种概括类码与进一步细分类码代表着排架分类号与目录分类号的同一情形,还反映在图书分类法的辅助表上。有许多同内容性质的书籍,因其写述的体裁、地区范围或时代概念等等不同,在排架上依据了类的主要内容排列已可表达藏书的系统性,但分类目录的排列需要更为详细的区分,在主要分类号后加用体裁、地理、时代等等辅助表的附加号,即运用前一节所述的复分排列表号码,成为目录分类号。这种附加复分号的目录分类号,其意义是与在比较概括的类目排架下再添细码为目录分类号的性质是相同的。

此外,尚有一种关系分类号,即关系辅助号。在某种类目主题之下,用":"号连接与所关系的类目,构成为详细区分的目录分类号。这种关系分类号,实质上是一种辅助细分的号码,等于该门类之下细分的子目。比如说,为了书目参考资料的集中,为了图书馆工作的方便,把有关专门性的图书目录集中,用关系辅助号联系该专门学科的类码构成为各科专门图书目录的目录分类号。例如托罗帕夫斯基编的"十进分类法"(见安巴祖勉著刘国钧译"图书分类目录编制法"第177页,下列"016"是专门图书目录类码,关系分类号后所加的是各科主题类码):

016 :3　社会政治书籍目录

　　　:33　　政治经济学和经济书目

　　　:34　　国家与法权诸问题书目

　　　:355　军事书籍目录

　　　:37　　文化与教育问题书籍目录

　　　:4　　语言学书籍目录

　　　:5　　自然科学书籍目录

等等。此种关系分类号的附加,同样也是属于目录分类号范畴的。这种关系分类号的运用与否,要随所采用的分类法有否规定来决定。

但是,我们实践证明,绝大多数书籍的分类目录是根据索书号码排列的。即是说,很多书籍是不需要有目录分类号的,因为分类目录与排架分类号相一致。目录分类号表现在除上述概括分类下较详细分类外,用在分类分析目录和分类互见目录上比较多,即分析目录分类号和互见目录分类号。

根据上面所述,分类号码是有主要的和附加的。主要的分类号码是该书所归类的号码,即索书号码上的排架分类号码,它是图书分类的基本标志。附加的分类号码是指目录分类号,除上述要细分的目录分类号外,还有该书与另一个知识门类有关,或者其中一部分材料是与另一部门的内容相同而在分类目录中须同时反映所产生出来的排列目录用的目录分类号。即上面所述的互见目录分类号和分析目录分类号。比如说,毛主席的著作是集中归类排列的,关于农业合作化问题的著作就要在农业合作化的类目中附加互见。这样,主要分类号是在毛主席著作集中下的类码,即组成索书号码的那个排架分类号。互见目录分类号是农业合作化的类号,排这一张分类互见目录的时候,根据这个类码,这样就能把毛主席有关指导农业合作化运动的著作在农业合作化的主题类目中同时反映了,仍不影响毛主席著作的集中排列。

其次是分析目录分类号。比如说,在马克思恩格斯全集的第一卷中,有马克思的"黑格尔法律哲学批判",为了提引研究黑格尔哲学和法律学的人增加资料起见,在黑格尔哲学和法律学的分类目录中,编制分类分析目录。这个经典著作的索书号码是全集的号码,排列分类分析目录就要附加上黑格尔哲学和法律学的分类目录号。这样,在全集中的资料就可以同时在后两类的目录中反映了。

分析目录分类号和互见目录分类号不是所有的图书都具备的。绝大部分图书不需要附加这两种分类目录,因此,大多数书籍是没有目录分类号的。它只有排架分类号,即索书号码上的类码。

此外,尚有特种图书资料。这种资料,由于它的制造形式特殊性,不能按照一般图书(平装、精装)排架规律,这样,索书号码就具有分类目录号的性质了。因为,它们的索书号码只能作为排列分类目录之用,它们的排架已不能按照真正的排架号码(索书号码)。比如说,线装古书不便于混同一般图书统一排架,它们以"图书财产登录号"(个别登记号码)的顺序排列。这种做法,乃是适应于具体情况的要求,因为线装书与平装、精装书的组织形式不同,不能混排;如果单独以线装书按照索书号码排,也颇有不便之处,增加书籍就要牵动多个书架。如照图书财产登录顺序号排列,随补充图书而伸展下去,陆续添架,这就比较方便。由此可见,索书号码、分类目录号也是在某种情况下假定的,而不是绝对的。尤其如上所述,书籍排架的办法就实际需要变通了,它原有的索书号码就只能存在排列分类目录的作用。原有财产登录号,则扩大为索书号码两用了。但是,我们也应该重视,上述的索书号码、排架分类号、目录分类号的解释,这是基本的概念,如果过分地随便变更这些号码的基本作用,那就要混乱了。

完全分类号所标志的是目录分类号,是目录分类号的总称。是由多个(或一个)目录分类号组成的。编制哪几张分类目录完全取决于完全分类号,即以完全分类号作为编制分类目录的根据。同时,也是往后注销、抽除卡片目录和更改类码等的根据。完全分类号表现为下列几种形式:

第一是,完全分类号与排架分类号相一致的,它只有一个共同的分类号。因为,那个分类号恰巧符合于那本书的排架、排分类目录的要求,而不需要在另一个类目中分析和互见。

第二是,分类排架按照上级类就可以了,而分类目录的反映,还需要进一步下位类的区分,这个完全分类号的形式,就是细分的分类号。

第三是,由目录分类号加上分析目录分类号。

第四是,由目录分类号加上互见目录分类号。

我们试举 1957 年版的"中国人民大学图书馆图书分类法"中所附的完全分类号为例:毛主席著作"矛盾论"的完全分类号是"1532/37·8 + 21 + 3323 + 11·363"。"矛盾论"写于第二次国内革命战争时期,以毛主席著作集中归类的原则,主要分类号是"1532","37·8"是书次号。"21"是辩证唯物主义的类号,因为"矛盾论"是唯物辩证法的名著,所以要加这个互见目录分类号,以便排列分类互见目录卡之用。又因为这个著作对中国共产党历史的发展和中国革命取得伟大的胜利都有深刻的关系,所以同时在中国共产党历史和中国现代革命史类目中互见。再附加互见目录分类号为"3323"与"11·363"。但是,我们应该注意,分析、互见目录的编制,不是千篇一律的,首先要决定于图书的价值和具体图书馆环境是否需要。没有价值的图书,不能使读者发生作用,或者是作用很少,这就不需要编制。这一点,在进行分类确定类码时就要决定,写成完全分类号。

九 著者号码

图书分类之后,把分类号码用铅笔写在书名页的右上角(直行排印的写在书名页的左上角),分类工作就完成了。但是,同一内容性质的书籍,分类号码是相同的,为了使书籍排列上更有层次,使图书排列在书架上有一个绝对的位置,使同一著者同一性质的书籍得到紧密地接在一处的机会,因此,书籍除了有分类号码之外,尚需加上著者号码。自然,同类书籍按照著者号码定其先后是有缺点的。因为按照著者字顺,不能把同类书籍中比较优良的著作排列在该类目录的前面去推荐给读者,它受着著者姓名字顺次序的限制。如遇某些好的作品,著者姓名是被列在所采用的著者号码的检字法的后面的,这些优秀的作品就要排列在同类书籍的后面了。但是,采用著者号码排列法尚有它一定的优点,在没有更好的办法以前,还是比较好的。著者号码是排书和取书的方法和手段。分类号码(排架分类号)与著者号码上下折叠起来,构成为索书号码,亦有称作书码的。

著者号码的编制,中文图书还没有一个统一的办法,这是因为汉字组织复杂的关系。英文(包括法文、德文等采用拉丁字母的文字)书籍的著者号码大都是采用卡特的著者号码表,俄文书籍有哈芙金娜的"三位数字著者号码表"(中华书局版)和"二位数字著者号码表"(中国人民大学出版社版)。但是这些著者号码表不能适用于我国的著者。著者号码的组织形式是用数字号码来代表著者的排列序次,因此,著者号码表的编制就要按照文字组织的特点。中文的著者是汉字组成的,英文的著者是拉丁字母组成的,俄文的著者是斯拉夫字母组成的,是不同的语系,因此,中文的著者号码,必须要符合汉字组织的特点。汉字姓名的著者号码,它与汉字检字法结成了密切的关系,必须依赖一种汉字检字法去完成编制著者号码的任务。因为汉字组织的复杂性和特殊性,现在还没有一个大家所公认为好的统一检字法,著者号码的产生也就有各种不同的意见。有的主张把中文的著者姓氏先用拉丁字母拼音,用它为首的拉丁字母来代替,附编一个著者号码表;有的主张把著者姓名的汉字形象折替号码数字来作著者号码;有的主张直接把著者的姓名采取笔形角数号码来作著者号码,等等,方法不一,还没有一个统一采用的著者号码表。汉语拼音方案的制定,语音就可以逐步推行统一,使编制拼音的著者号码表具备了前提条件。现在,已有上海社会科学院图书馆编印的"汉字拼音著者号码表";武汉大学图书馆汪柏年编的"汉语拼音著者表";汪家熔先生还在搜集大量姓氏资料来作实验,计划编订"中国著者拼音排列表"(见"图书馆学通讯"1957年4—5期合刊),等等。由此可见,著者号码表的前途,是从这个方向统一发展的。

著者号码的采取,必先决定该书的著者。著者号码采自著者、原著者和编者,数人合著合编的书籍取其列为首要的著者和编者,著者号码不能从二个姓名中混合取来。同一本书的缩本、注释、阐述、研究等,不是在分类法中有特殊规定者外,均须采用原书的著者号码,再用附加号的办法去区别之。同一作者用各种笔名发表的,均应采用同一的著者号码。关于机关团体名义发表的著作,以该机关团体名称采取著者号码。总而言之,采取著者号码的原则是应该与编目规则中决定著者的原则相同的,亦是一个细致的工作。如托尔斯泰就有好几个,不重视审订著者,就会张冠李戴。

关于译书的著者号码的采取,应遵守采取原著者的原则。但原著者的姓名与我们的文字组织不同,先套一个字母与中文著者就不能混同统一序次排列。因此,有的人主张把俄文字母和英文字母都列成一个表,用阿剌伯数字对照,遇到译书的原著者就根据那个对照表对出四位号码来,这样可以与中文著者统一排列了,有些图书馆是用这个办法的。有的是直接用中文译名采取著者号码的,这个办法简单直接,无须查表记数字的手续,但是目前还没有公布统一的标准译名,如果编目时不小心注意和考查,就容易会把同一个著者因译名不同而当作二个人看待,取出二个不同的著者号码来。我的意思,在范围比较小的机关图书馆,直接采用原著者的译名是可以应用的,但要谨慎一些,注意著者的译名不要把它分歧。不同译本同一著者的译名有分歧的时候,自己把它统一起来,采取同一个著者号码。北京图书馆编印了一本"俄文著者译名表",它给图书馆编目工作帮助很多,我们图书馆工作者应该经常注意和利用类此的工具书,作为编目时采取著者号码的参考。这本书,收录二千余个姓氏的著者译名,除苏联著者之外,还包括了其它斯拉夫语系国家的著者。此外,这本书还可以供作排列译名著者字顺目录的统一根据,使同一著者不因译名的差异而分排在二处。

有的图书馆主张把同一类的书以进馆先后的次序或者以图书财产登录号代替著者号码,称为书次号。这在手续方面是比较简便的。但它不能把同一类属同一著者的书籍排列一处;也不能把一部包括多册的不同时出版、不同时进馆的书籍排列一处;也不能把同一本书的复本前后进馆的排列在一处。如果是把以后进馆的同一部或同一本书的复本跟最先一本到馆的号码集中起来排列,补救同一部书分散的缺点,那末,在手续上仍然是复杂的,不如仍以采用著者号码为好。

著者号码的作用是把同一人著作的同性质书籍放在一起,如果违反这个道理,著者号码就要失去它的本意。这个道理,包含有同一人的材料使之集中的意义。在传记类目中,著者号码不能采自著作者,而应采自被传者,就是具体地说明了这个道理。比如,关于鲁迅的传记有十种著作,有十个不同的著者,如果采用著者号码是根据著者,那末,它们之间就有十个不同的著者号码,依照著者号码来排列书籍,就会间隔着陈列十个不同的地方。因此,凡是传记著作的著者号码均须采取被传人姓名为著者号码。但这也不能死板的,如马恩列斯毛的经典著作和传记是集中有专码的,那就又要改用作者编者为著者号码了,这个道理是不要再说也可以臆度得到的。只有各科各地方多数人的总传或作传的方法等才用它的著者或编者为著者号码。由于传记以被传者为著者号码的理论推广衍义,在某些分类项目之中也有需要以书籍内容主题作为著者号码的要求。这个意见,有编目实际经验的人已经提出来。我在过去编目工作中,也曾经试用过这样办法,很能发生辅助分类号码不足的作用。比如在分类时,把有关传染病的书籍集中一处,而传染病的病种很多,如果把分类法每一种的传染病名都列出详细的分类号码,这是不可能的,许多分类法中都只列一个总的传染病类码。这样一来,如果依照著者号码排,则同一种传染病的书籍有数册的时候必定会前后夹杂着分开排列了。如果采用传染病名如伤寒、霍乱等主题为著者号码,则它的排架排卡的序次更为合理集中了。在这样的情况之下,每种传染病书籍集中的重要性就超过了同一著者多种传染病著作集中的意义。

由于著者号码是要使同一性质的书籍排列得更合理的一个原则,所以把同一著者的同性质书籍用著者号码来联系,使便于紧密接在一起。但是,同一著者已列有独占的分类号码的时候,因在那个类目之下都是同一著者,著者号码就会失去作用。比如说,鲁迅著作集中于一个特定的类目,那末这个类目之下的著者均为鲁迅,所有这类目中的作品均是相同的著者号码了,这就不能发生排列上的作用。因此,这种情况就要改用单行本书名或篇名的字顺排。

但这也不能绝对一律的,应视实际情况和具体内容来决定采用哪个顺序更为合理。比如说,马克思列宁主义经典著作专题单行本集中一处,除了以书名字顺排列的办法外,也可以用著作年代(或发表年代)来排列。这样,在技术上不会发生号码的雷同,且能反映出革命历史发展的伟大意义。这种运用,应注意只能是集中一处的才可以。如果专题单行本分入各类主题中的,那就只能用著者号码,不能以著作年代来代替,否则在该类目中就要发生冲突。比如毛主席"在延安文艺座谈会上的讲话",分在文艺理论中的,就只能用毛主席的著者号码,而最好是如何使之排列在该类目的最前。这是在经典著作集中一处而另制分类互见卡时,应该注意的。

总之,著者号码这个含义不应限于同一人著作集中,而且要广泛地、灵活地在各种情况下运用,以辅助分类号码之不足,使书籍排架和分类目录排列得到合情合理。比如:

(1)高尔基的三部曲,巴金的家、春、秋等作品,既是单独的又有连续意义的,就应在著者号码中间把它列成秩序,避免倒置。

(2)辅助一部书的理解和学习的,除在分类法中有特别规定者外,著者号码应用原书的号码。如关于辅助学习"政治经济学教科书"的书籍,应采取原书的著者号码,再用附加号码区别原著,不用编著者的著者号码,使能与该原书紧接一处。

(3)各种按年出版的年鉴、法令汇编、工作报告、各种会议等等,它们有年份、次第、地区等出版的特点的,都应预计到照顾地区、年份、次第等的顺序。

(4)关于对某一个具体的人的思想批判,决不可能每一个人有一个专用的类码,而批评他的人很多,这样就应如传记一样的原则来采取著者号码。其它如遇到事件名称、地理名称、动物和植物名称等等,都应视具体情况和具体需要可用来代替著者号码的排列(不是绝对的),使著者号码这个意义更能在分类目录中发挥作用。

（5）关于一部书的多卷多册及复本的区分，在卡片目录上是没有的，在一本具体的书籍的书标上那就必须有所区分，那就是在著者号码一行之下再加标记。如果该书书脊已有册次标明了的，自然可以不再加了。

著者号码的采用也和分类法一样，决定了采用哪个办法之后，就得一贯地采用下去，中途更改也等于改换分类法一样，所有的卡片目录和标签都要重新变动，所以在采用前也要慎重考虑。在目前，有许多图书馆采用了四角号码编制著者号码。方法是：著者的姓取左上右上两个角，名各取左上一角，连成为四位阿剌伯数字。如果是单名的，名也取左上右上两个角。双姓双名的就各取左上一个角。机关团体为著者的名称长，三个字的照单姓双名取法，三个字以上名称的取四个字，以后不管，但是这种取法发生左上右上两角相同的数字太多，比如叶、黄、蒋、苏、万、樊、莫、韩、华、荀、葛等等的姓是很多的，都会反映到著者号码的相同上来。各个图书馆为了减免一些著者号码相同，就改变了一些办法。有的姓取左上左下两角，有的姓取左上右下两角，变换在姓上的取角，名取左上角不变。但是，这种取法毛病也是有的。比如取左上右下两角，第四个右下角的"0"字就很多。因为它从右上角拖下来是"0"，从左下角拖过来又是"0"，这样就要来一个例外。即从右上拖下来和左下拖过来的角都不取"0"，而取右上左下所被拖过来的原角，这样，著者号码第二位相同的"0"字就减少了。左上右下的取法是：如郭沫若的著作，"郭"字的左上角为"0"，右下角为"2"，"沫"字的左上角为"3"，"若"字的左上角为"4"，因此郭沫若的著者号码即为"0234"。如果只有单名的，那就名也取左上角和右下角，如王力的著者号码为"1142"。照原来的办法，王力的著者号码应该是"1042"的，但因为运用上述的例外，"王"字的第四个右下角从左下角拖过来，改为"1"了。总而言之，采用四角号码为著者号码的,各个图书馆都在编制上有它自己的一些规定。这个办法有简单容易的优点,但也有它的缺点。比如说,方、高、商、席等姓,不论采取哪二个角都是相同的,第一个角相同的字那就更多了,因此,每每会有不同姓不同名的著者采取出来相同的著者号码。这种情况,在文艺作品方面显露得特别多。因为文艺作品数量多,如在小说类码中,许多部小说都是同一个类码,因此著者号码相同的机会也就多了。其它类目的著作中,这种著者号码相同的问题比较少些。补救著者号码相同的方法各个图书馆的情况也是不同的,有的是在规定的四位著者号码之后再加书名或译者等的首一、二字之角,有的连成多至七、八位数字,这是根据同著者以书名或译者等来区分的原则处理的,在不同情况下遇到需要的时候增加。这种办法,在编目工作者自有一定的规则,但利用目录写索书号码的读者总会感到过于麻烦。然而,号码虽长,仍不免有相同的地方。在机关图书馆中,一方面不能把著者号码拉得太长,但相同的著者号码是不能不区分的,尤其是不同姓名的著者。采用四角号码编制著者号码,最大的缺点就是上面所述的不同姓名的著者会编出绝对相同的著者号码。问题不在于号码的不够用,四角号码四位数字可以编至九千九百九十九,同一个类目是会够用的。问题在于四角号码数字不能平均表现,而且这个缺点的关键在于汉字组织的基本因素,还没有找到改变缺点的办法,因此,有的号码要重复,有的号码空着不用。

关于不同姓名(应包括同姓异名或异姓同名)著者号码相同的区分问题,我想提出下面这个办法来商榷:在编目查分类底卡时,知道那个号码已用过了,再用上去就要相同,这样在采取相同的第二个著者号码时,即不同姓名著者号码相同时,就加上(2),如0227(2),第三个著者号码相同时就写作0227(3),第一个0227不加(1)号,到了同一个著者第二种同类码的书籍编目出现时才加(1),即凡是不附加的均代表第一个著者。绝大多数类码中是没有同著者号码的,因绝对相同类码的书不多就不大会发现不同姓名的共同著者号码。没有相同的时候就不加,编目查底卡发现有相同时才加,这样加的机会就少了。亦即是说,著者号码在有相同需要区分的时候才拉长,绝大多数的著者号码仍是四位数字。这种形式附加号码,虽然有比较少数的著者号码要长些,但数序分明,排检起来不会困难的。但是这样做缺点也是有的,即同一著者可能与另一类的书籍中所采取的著者号码不相同了。即是说,在这一类的书籍中有不同姓名的著者产生相同的著者号码,在另一类中可能没有这种情况,这样,在编目时没有加附码,甚至于有些附码是(2),而有的是(3)。这种分歧的原因是因为加附码没有规则,而是有相同的需要时才加的。这个缺点,我以为不十分重要。第一,一个作家著多种不同性质的书籍究竟是少数,但不是没有,如郭沫若先生就著有各种各类多种著作,我们在编目时应注意这个问题,使他的著者号码在各类中均划一起来。第二,附加号码是按编目时临时产生相同的需要而增加的,这样有可能在这一类是加(2),而在另一类是加(3),我以为它的基本号码并没有改变,而且这种情况并不普遍,虽是不科学的,但并没有方法上的抵触。在还没有统一的著者号码法出来以前,就试用这个办法来克服不同姓名的著者号码。我也曾经想过,在编制著者号码时就查分类底卡,比一下著者号码没有相同的就算了,如有相同就把这个著者号码推进一位或缩减一位号码,如0227已有,新编的就改为0228或0226。这样,虽然不规则不科学,但可以缩短著者号码,然而这是会发生占用另一个著者的号码的。不同姓名著者号码相同附加的关键在于先查底卡,这样就不是一律的著者号码规则了。

其次是同一著者,又同一类属的书籍,著者号码相同的区分问题。这是任何著者号码法都不能避免的,不是因为采用四角号码而特有的问题。因为它同性质,又同一著者,理应相同,否则就会失去索书号码的意义,不过就是用如何办法在相同之下来区分。

这一种区分,应该使它有足够的号码可采用,既要求号码不太长,又不致雷同。这其中包括二个问题:一是同著者有两种不同以上的著作;一是同一种书的两种以上不同版本的区分。版本不同包括有:增订本、修订本、缩写本、节译本、通俗本及同一本原著有几个译者的几种译本等。此外,出版处及装订和排版形式不同等亦属版本不同的范围。这种种,都与重印本是有区别的,重印本不能算是不同的版本。兹将不同姓名著者而著者号码相同、同一著者二种以上的著作及同一著者同一种书有几种版本(包括几种不同的译本等)的区分的排列关系举例如下:

0227　　　　　　第一个著者号码,第一种进馆的书籍。

0227－2　　　　第一个著者号码,第一种进馆书籍的第二种版本。

0227(1)2　　　　第一个著者号码,第二种到馆的书籍。

0227(1)2－2　　第一个著者号码,第二种到馆书籍的第二种版本。

0227(2)　　　　第二个著者号码(与第一个著者不同姓名而著者号码相同),第一种到馆的书籍。

0227(2)－2　　第二个著者号码,第一种到馆书籍的第二种版本。

0227(2)2　　　　第二个著者号码,第二种到馆的书籍。

···

　　此外,还有传记的著者号码附加,应用(2)(3)(4)⋯⋯来区别。比如有关鲁迅传记的书籍多种,第一本到馆的为"2633",第二本"2633(2)",第三本"2633(3)"⋯⋯。这样,如果第二本到馆的那个著者后来又著作一本有关鲁迅的传记,那就可以用"2633(2)2"的著者号码了。当然,这也会有可能恰巧遇到被传者的著者号码相同的,但这种情况我还没有遇到过。这个办法,同样还可

104

以用来区别关于某一个问题研究的图书。

采用四角号码编制著者号码有下列几个方便之处：

第一，这个办法不要先查著者号码表，其它的办法都是要先查表的。一本书拿在手上编目，一见到著者，脑子中就会反映出著者号码数字。

第二，用单纯的阿剌伯数字为著者号码，顺序明显易看，不要事先学习，容易排也容易检。

第三，无繁杂的体例，方法简单，只要知道取那几个角连成，一说就会，不像其它著者号码法还有一些体例。

第四，它能便利于书库工作者。在熟悉分类系统的情况下，有些书籍就不要先通过目录也能检取。因为知道著者和那一类的概念，就可以在头脑中形式一个索书号码来，能增加取书的效率。

我说了上面这一些，并非是想宣传四角号码用作著者号码是唯一的办法。而是在我国还没有改用拼音文字以前，尚有待于拼音著者排列表编制技术问题的进一步解决，我们只得实事求是。关于四角号码检字法问题，我想在以后"检字法问题"一节中再来叙述。

最后还应注意那些不用四角号码组成代替著者号码的使之统一问题，虽然这是形式上的，但与排架排卡的统一有关系。比如马克思恩格斯的单行本集中以写作年代（查不出写作年代即用发表年代）排，即以年代代替著者号码，就可以用下列形式把它固定下来。例如：

1848	"一八四七年的革命运动"的著者号码
1848（2）	"共产党宣言"的著者号码
1848（3）	"论自由贸易"的著者号码
1848（4）	"德国共产党的要求"的著者号码
1848（5）	"执政的自由派"的著者号码
1848（6）	"资产阶级与反革命"的著者号码

这样,它的排架与排卡形式就可以与采取四角号码为著者号码的形式相统一了。如果照"中国人民大学图书馆图书分类法"的说明,为了缩短号码,把"1848"中的"18"两字省去,如果想使之统一,那当然是可以不受此限制的。

第五章　编目工作

一　编目的意义

图书馆的目录,是揭示图书馆藏书的摘要。编目工作,是编制图书馆目录的基本工作。就技术意义上讲,图书馆藏书很多,所占的空间面积大,要把藏书的内容给读者们看,断不可能把所有的藏书搬来搬去——搬在读者们面前听任挑选,主要的办法只能是通过目录来给读者挑选图书。因此,要揭示全部藏书的内容,只能是用编目的办法来解决的。目录反映了具体的藏书,因为目录能压缩空间,把藏书编成简明扼要的条目去代替藏书的本身,给读者可以"一目了然"。总的说来,目录是揭示藏书内容必不可少的工具,是供读者选择图书的主要手段,以图书馆来讲,这是最重要的工作。

除此之外,图书馆编目还有另一个意义。图书资料的形象不一,虽经过分类之后,因受形式的限制,仍不可能是绝对依照类属排列的。但经过编目之后,就可以以目录组织的形式来解决这个问题。尽管庋藏是分散的,目录却能集中地加以反映。

此外,还有大部头的丛书,或者一部内容材料丰富的巨著,通过分类的或标题的分析目录,就可以对某一个性质的图书资料集中地反映出来。即是说,可以用编目的技术编成各种分析目录来代替图书资料本身的排列。假使只有图书资料的分类而没有编目

107

的组织,那就不可能把整个所有的图书资料在每一个主题上集中表现出来。

图书馆的编目工作,不仅是限于对读者的作用,同时也是图书馆本身管理技术的重要组织。图书馆有了若干图书,如何把它流通到读者面前,如何把它保管,都要求编制目录作为在这两个方面开展工作的依据。图书馆如果没有编目工作,有哪些图书连管理者自己也不知道,工作就无从打开,也无法供应读者使用。因此,图书馆要有为读者服务的读者目录,要有为管理上应用的公务目录。

图书馆的图书需要目录的目的是为了揭示读者和自己管理上应用这两个方面的用意已经明白。但它不等于是图书财产登录簿,它同财产登记簿是两个不同的范畴。因此,对编目内容就提出客观的要求。即是说,图书编目的内容,要符合读者所要求的客观条件。这些条件的原则是把图书的内容性质记载得清清楚楚,使人看了目录就会对那本书的观念有一个轮廓,有一种印象,作为提供取舍的标准,它包含着有了目录的指导可以得门而入的涵义。对目录本身既有这些要求,但书籍本身是一个不动的东西,一定要通过编目工作者的思想活动才能揭露出来。如果毫不思考地把它抄录下来,就会等于杂乱的帐单,这与目录的目的和要求是不相符合的。因此,编目工作首先要把书籍进行分类,然后再去缮写条目,编成目录。经过这些阶段,才能完成编目的任务。

如上所述,目录的意义有两个方面。第一是,图书馆的书籍很多,馆员不可能一一以口头的方式告诉读者,因而要准备图书目录去代替口头上的宣传和介绍。这样一来,目录的任务就不单纯是限于供读者选择书籍的工具了,其中还包含着对读者推荐书籍和介绍书籍的重大意义。目录组织的内容,也就不是单纯的方法问题了,而是负有政治思想指导的意义的。亦即是说,编目工作要有思想性,要政治挂帅。目录是宣传马克思列宁主义、宣传社会主义事业和指导读者阅读的主要工具。第二是,内部管理上所用的公务目录。这种目录,内容包括藏书的总和,不负图书对读者推荐的责任,负着所有图书应有保管用的目录的责任。因为其中有些对内图书,是只能供应有关方面参考的,它不能编入读者目录中,因此,图书馆就需要做两种不同的目录。

由此可见,两种不同的目录是因两个不同的目的和要求而产生的。读者目录,必须是反映最真实可靠的版本,即最近的修订本和标准的翻译本等等。公务目录则是单纯的管理上所应用的各项记载。因此,这里就应该掌握一个组织目录的原则,读者目录是指导阅览的重要工具,它不能不管思想内容,它不应把失去现实性、真实性和没有价值的科学书籍也反映在这个目录里面,迷乱了读者去选择观点正确和新近科学知识的书籍。因为这个目录的任务,已不单纯是用作对某种藏书查考有无的问题,而是要对读者负有教育责任的。

上面所述两种不同作用的目录,在较大型的图书馆中,是必然并列存在的。但我们也应该注意到,许许多多小型机关图书馆,它们比较单纯地只负对干部教育的责任,而对那些在研究问题方面可供参考的旧图书资料并无多大用处,我们自然不应人为地硬把它编成两种目录。相反地,可把读者的分类目录与公务目录结合起来。在比较小型的机关图书馆里,为了节省不必要的人力和物力,就只做一套目录,也可以了。但这并不是说,把陈旧落后的图书也不分皂白一并编入读者目录中。而是说,那些书籍既对本机关发生不了作用,就应另作处理,没有再存留在本机关的必要。如有必要留存的,可在目录上加记特别标志,书籍另排,以免影响读者。

总而言之,图书的分类是为了达到供应读者可以依类检查的目的,那末,编目的目的也就是为了使这个目的更加具体化起来,这在机关图书馆里也有同样意义的。这一章所述的编目工作,主要的是指读者目录的编制工作,而非指保管图书上用的公务目录。公务目录虽然也必须具备目录款目的条件,但它没有如读者目录那样包含着推荐、介绍和指导阅读的意义。以后所述的除排架目录外,各种形式的目录都是指读者目录而言的。

二 目录的种类

上节说过,图书馆就需要而言,应有读者目录和公务目录。现在这里所说的目录的种类是指读者目录的种类。读者目录就它的基本体系讲,分为分类目录与字顺目录两种。分类目录是基本的目录组织,在所有的图书馆中都必须首先完成这个目录。不论图书馆的范围大小,性质如何,这个目录都是不应缺少的。分类目录是依照科学知识内容的门类排列的,它具有科学思想体系的庄严作用。图书在排架上,除特种图书外,大都是采用这个系统的。字顺目录没有科学内容的思想系统,排列起来是杂乱无章的,它依靠一种检字法的次序排列,内容是非常之混杂的。但它是辅助检查书籍很方便的工具,在大型图书馆中,对于读者的需要来讲,也占着重要的地位。字顺目录包括有书名目录、著者目录、标题目录等,把它们混合排列起来,如同一本辞书一样,所以称之为字顺目录。因为这两种目录都是读者检查的工具,所以总称为读者目录。

读者目录就形式而言,亦有三种。即卡片目录、书本目录及活叶目录。图书馆为什么大多数要采用卡片目录呢?这是因为图书馆要陆陆续续添进书籍。新的书籍有各种各类不同的内容,书本目录和活叶目录都是印死了的,到了新书不能随时加插进去。因此,要采用卡片的方式。卡片便于一张张抽插,新书到馆经过分类编目之后,就可以把新书目录卡陆续加插在各种目录之中,及时介绍给读者,可以达到为图书馆供应方面争取时间。卡片目录,除此之外还有另一方面的作用。大凡书本目录的形成,在编目录的技术上讲,是必须先经过编制卡片目录的阶段的。因为书籍的总体包括有各科各类的内容,书本目录不能无类次,随便抄录。因此,编制书本目录也要首先分类,必须在分类目录卡的基础上才能完成书本目录。图书经过分类之后,记下书籍的款目(书名、著者等等的条目),缮写成卡片目录,经过了这样的阶段,就编成类次,具备了书本目录的条件,才能抄录及印刷、装订成为书本的形式。书本目录排列的方法,一般都是依照书籍内容性质分类的。但也有按照字顺排列的,它包括书名、著者、主题等等。这种办法,骤看起来是比较复杂的。不过,如果指定了要查某种书籍的时候,还是比较方便。活叶目录是介于卡片目录和书本目录之间的。它具有前两种目录的优点和缺点,它是中间形式的目录。这种目录为书店、出版社和流通图书馆用得最普遍。因为卡片目录不能携来携去,为了使某些部分的目录可以分送到各个部门,那就只能把某些已编制成的卡片目录抽印为活叶目录。以后陆续进馆的图书,也可以在排卡以前先印新书活叶目录。这样,虽不能把书籍细小的内容与从前的活叶目录集中一处,但大类可以集中,仍旧具有书本目录作用的特点。总的说来,以目录作用的基本意义说,卡片目录只能是书本目录的准备阶段,完成卡片目录之后才能发展为书本目录,检查书籍的效用是不及书本目录之大的。卡片目录只能一张一张地翻阅,一张卡片只能是一部书的目录,而书本目录及活叶目录都是一下看去可以看好几行的。即是说,查书时书本目录比卡片目录来得快。但因为书本目录只能适用于一时,编制成一本书本目录是要经过相当长的时间的。如抄写、校对等也不是简单的事情,又要印刷、装订,因而所耗的人力物力大。新出版的书籍是不断地在发展着的,等到书本目录问世的时候,若干新书已来不及加进去,再经过一些时间它就不能满足客观形势发展对于读者检查书籍的要求。尤其是在目前向科学进军、文化建设高潮即将到来的时候,新书的出版一天丰富一天,不论书本目录编印的速度如何快,总是赶不上客观形势的发展的。为了符合多、快、好、省的原则,又能解决实际需要,我认为图书馆还是应该采用卡片目录为主。卡片目录既方便于随时加插新书目录,同时也可以抽除过时的书目,在机关图书馆来讲,编制卡片目录还是基本的工作。

除此之外,就目录的内容而言,还有普通书目与专题专事目录之分。就编制的方法而言,还有简明目录和解题目录的区别。前者,专题专事的目录是就本机关业务和学习的需要而编制的,当然也要具备人力物力的条件。如在商业贸易机关的图书馆,它可以经常编制有关商业贸易的专题目录。如配合某一个时事或者某一个运动的学习,也可以编制学习上参考的专题、专事目录。但是,类此专题、专事目录,决不应局限于书本形式的资料,而应包括书本以外的报章、杂志上的某些材料,这样才能发挥相互配合的作用。以内容讲,报刊上的材料是比较精彩而扼要的,很能帮助解答学习上不易解决的问题。如果能够把报章、杂志上的资料索引反映在专题、专事的目录之中,就可以使专题、专事的参考资料更加丰富起来,在某些机关图书馆里,这一点是很重要的。但另一面也应注意到,它必须是有价值的,因为它是要推荐给国家工作人员的。我们大家都知道,专题、专事的资料在报章、杂志上披露,经常是风云一时的,很广泛,因此,收录时要精选,注意不要太重复。至于它的编制办法是:书本的材料就从有关的分类目录中把它的卡片目录抽出来,经抄录之后把它插回去。再加上报章、杂志上的资料条目,连同书本的目录,依照内容性质排列起来,加上适当的标题,抄录或印刷成为活叶(或书本)的形式,去供应读者。后者,解题目录,亦称书目题要,是目录中最优异的目录。它对读者来讲是迫切要求的。我们在采购和阅览各章中都有提到。它用简单扼要的文字在目录上解说书籍的内容和作用,并述及著作者的生平略历、优缺点等等。这种目录,使读者看了能够更明确书籍的内容,是指导读书、帮助选择图书最好的工具。如中国人民大学出版的"马克思列宁主义原著介绍",它是指导阅读经典著作的好目录;

商务印书馆出版的"科学技术参考书提要"是供读者选择有关科学技术书籍的好目录。在我国浩如烟海的古籍之中,解题目录在我们机关图书馆工作者对古籍理解方面有很大的帮助。如"四库全书总目提要"就是一个例子。像"四库未收书目提要"我们还可以了解少流传和失传古籍的梗概。书目提要工作在古时受了时代环境和历史条件的限制,是有许多偏见和歪曲的。在现在,许多出版社和书店所做的这个工作是做得还好的,一般是正确的,面很广,收罗很丰富。但是还没有做到范围比较大的整理汇编工作,都是比较零碎的小册子和散页。如像人民出版社和新华书店等等的以活叶形式和小册子形式的书籍介绍(主要是新书),绝大多数是做了书目解题的。许多新出版的单行本书籍,在内封面编印内容提要也已日见增多。总之,提要目录是指导读者认识图书的良好工具,做这个工作要有比较高的文化知识水平,我们机关图书馆工作者一般忙于管理上的事务性工作,最好是要充分地去利用现成的材料。

除了上述这些目录外,尚有报刊、善本、舆图、拓片等目录。报刊目录为了易于说明起见,将放在以后的报刊工作中来叙述。关于善本、舆图、拓片等特藏,在机关图书馆中一般说来是不会多的(当然,文、史、地等机关图书馆要除外),因为我写这本书的目的是想解决一些小型机关图书馆的具体问题,关于那些带有目录学研究性质的就从略了。

三　分类目录

分类目录是主要的目录。它是以马克思列宁主义的科学分类为基础的。在苏联,已有"分类目录是宣传图书、指导阅读的最主要的工具,在图书馆中具有主导作用"的结论。在我们国家,重视分类目录也是优良的传统习惯,目录学的文化遗产,实际上也就是分类目录。所以在这里把它单独分开来叙述了。分类目录的特点是:能够彻底地集中地从学科内容这一个系统来揭露图书馆的藏书。关于某一门类的学科知识,在分类目录中能表现出科学系统的逻辑顺序。它在一般机关图书馆中,基本上已可完成供应读者检查的任务,尤其是在范围不大藏书不多的机关图书馆。因此,我们称分类目录为读者目录的基础,是目录体系的核心。机关图书馆,很多是人力配置有限,如果每个图书馆都要有条件完成字顺目录事实上也是困难的。固然,有了字顺目录可以增进检查书籍的速度,但在人力消耗的比重上,远不及分类目录的效果。我认为,在藏书不多的机关图书馆,最好先做基本的分类目录。这是非常重要的。它一面可以作排架典藏、编目底卡的依据,一面又供读者检查之用。

分类目录的编制是以一部书的内容为单位的。一部书有装订成一册或二册以上的,或者一部书有不同的版本、不同的译者等,都单独列为编制一张卡片目录的单位。在重要的总集、全集、选集中,要著录各集的子目。一张卡片不够缮写的时候,可以用"接下卡""承上卡"的说明方式来解决一张卡片不够写的问题。不要去限制一部大书所用卡片的多寡,应就著录内容子目的需要,一张一张连续下去,并在卡片的右上角记明卡一、卡二等等。因为左上角的索书号码是相同的,这样可以不使排卡时与另一部书的目录片发生混乱次序。但要注意利用这种大部头书籍随书编印的现成目录。比如人民出版社的"列宁全集目录",在全书没有出齐以前,这个总目录已出来了,我们如能利用它,在分类卡片目录上注明另有详细目录可供调查,这样,既能减轻一些编目工作,又不致使读者失去检查的机会。

在分类目录中,包括有多种情况的分类分析目录和分类互见目录。这两种目录在排架目录中是没有的。因为分析和互见的作用是要在书籍没有分到的那一类关系中反映其内容,书架上是根本没有分析目录和互见目录的那部书籍的,那部书籍已被列入原

114

分类的序列之中了。这两种目录因为不是主要的分类目录,是附加的,所以也称分类分析副卡和分类互见副卡。马克思列宁主义经典著作,尤其是毛主席的著作,党和政府的指导性文件,这是编制分析、互见目录最主要的对象。经典著作内容编制分析、互见目录是在任何不同性质的图书馆中都应该重视的。其次是,其它各类有价值的著述,这就要与具体的机关性质、任务、读者对象等等的需要结合起来。编制这两种目录的目的,在于帮助读者解决实际所需要的图书资料问题,而不是一种形式。因此,编制分析、互见目录要从实际出发,第一是图书内容的价值性,第二是读者对象实际需要的程度,用这两个原则来决定编制这两种分类附加目录的数量。

分类分析目录就简单的意义来讲,是把大部头书中的一部分材料分别出来做一张目录卡插在这部分材料相同的类目中去(所以亦有称"别出"的)。它表现在下列几个方面:

第一,总集、别集、全集、选集、丛书等等大部头书籍中没有单行本的,或者有单行本而本馆尚未收藏的来进行。尤其是马克思列宁主义经典著作的全集和选集。比如斯大林全集中的"论土地问题",在土地问题的分类项目中制上这个分类分析副卡;"论中国革命的前途",在中国革命问题类目中编制分类分析副卡。

第二,表现在一部书包含有二个主题以上的书籍。对于一部书包括二个主题以上内容的分类,它只能归到比较重要的一个方面去,在另一个主题的类目中认为有需要编制分析目录的时候,就以分类分析副卡把它反映出来。

第三,表现在各科丛书中。这些丛书不限定要整体发行的,可整部也可分散流通的。如商务印书馆出版的"化学工业大全",作为一个整体编目的时候,应在必要类目中编制分类分析目录。具体的说,如在橡胶企业图书馆中,可以把第 24 册的"橡胶工业"制上分类分析副卡,排入橡胶工业类目中。

第四，表现在一书中的一章一节。因为某些资料没有专书，如能在总述的书中反映出专门性资料，这是很有价值的。

其次是分类互见目录。这种目录，在各类目中反映经典著作最为重要。比如毛主席的专题单行本是集中编目的，就必须在各该主题有关的类目中编制分类互见副卡。说得更具体些，"实践论"是集中在毛主席的专题单行本类目的，在哲学认识论的类目中就必须添制这一张分类互见目录卡。其次是关于政治指导性文件、正确的政治理论书籍、新的科学技术书籍、各个生产战线上大跃进情况的书籍等等，这些书籍遇到有交叉类目可分的时候，都应视具体需要用互见的办法去充实各该类目专题的内容。这些政治指导性的图书资料，进步的科学技术知识和新的东西，在读者分类目录中反映，便于机关工作人员充分利用，这就是促进机关事业发展的力量，同时也是表现了目录工作的党性原则。

分类分析目录和分类互见目录，都是反映有关类属中的内容，而在有关类属中的书架序列上是没有这部书的。因此，为了排列分类目录和找取书籍，在分类分析副卡和分类互见副卡上就必须著录两种分类号。一种是取书用的排架分类号，即索书号码；一种是排分类目录用的目录分类号，这在分类工作章中已叙述了。编目时，把完全分类号记注在目录底卡穿孔处的右边，根据这个完全分类号来编制分类互见目录和分类分析目录。互见目录分类号和分析目录分类号各写在互见目录卡和分析目录卡的左下角，排这两种卡片目录时依照这个附加的目录分类号排。同类号的，参照索书号码上的著者号码定其先后。

这里我想说明一下分析和互见的区别和关系问题。分析是从一部书中的某一部分材料编制出分析目录在有关的类目中反映；或者一部书有二个以上内容主题，要从这部书中编制出分析目录反映到另一个有关的类目中去。互见是一部书只有一个主题，但有交叉的类目可分；或者一部书包含有二个相互联系的主题，也有交叉的类目可分,这两种情况都用互见的办法在双方面目录中反映。前者如中国现代革命史,在中国共产党党史下可分,在中国现代史下也可分;后者如教育心理学,教育、心理学两个类目都可分。但是,在有些情况下,又可作两面的解释。比如毛主席的"矛盾论",单行本的著录应说是互见;如目录的著录款目是反映选集中的,就应称为分析目录了。

关于分类分析副卡和分类互见副卡的编制问题,应取决于是否需要,掌握多、快、好、省的总路线精神。在编目法中,有分类分析目录和分类互见目录是一种编目技术上的理论,这种技术上的理论在我们实际工作中是否需要实行,就要看我们编制这种目录对于读者客观环境在这个图书馆能否起作用。即是说,要根据机关的性质和对象,那些类目方面要多做分析副卡和互见副卡,那些分析副卡和互见副卡是可以缓制的。亦即是说,要顾及人力和物力,不要把分类分析副卡和互见副卡变成目录上的一种理论形式,专去追求目录的理想化,不一定能发生实际上的作用。

在上面所述的几种情况的分类分析目录之中,总集、别集等是一部前后相连接的书籍,不能分开拆散编目的。一部书有二个以上主题的,也是不能把书拆开来编目的。只有许多不同情况的丛书,它可以集中编目也可以拆开来编目。它与分类情形一样,一部有多册的丛书,可以集中编一个索书号码,著录在一份卡片目录上;也可以编制多个不同的索书号码,分别排入各个类属之中。这一个原则,是随分类工作而决定的。分类时拟作如何处置,编目工作也就跟着怎样做。即是说,丛书的编目要取决于丛书分类的前提条件,分类与编目是统一的。如果丛书作为整体编目的,就以丛书的总名称为书名,内容种别列为细目。一张目录卡不够著录的时候,可用二张以上,不受限制,必要时还可以编制如上面所说的分类分析副卡。如其拆散分入各个类属编目的,就将该丛书的每一种著作名称作为书名,丛书总名称(题上项)用圆括弧附记在附注项地位。每种书编制一张分类目录,分别列入各个类目之中。为了检查方便,可以在辅助检查的字顺目录之中制上丛书索引片(见"卡片目录的式样"11)。关于丛书的分类编目拆散与集中的问题,应该重视该丛书的目的和我们编制目录后所能起的作用而定,不应采取一律的办法。这个问题,就全靠编目工作者不要主观、用智慧来取决了。

与分类目录同一属性的是排架目录,排架目录是公务上用的目录。在小型机关图书馆里,如果受到人力的限制,可以利用分类目录或者目录底稿来完成这个任务。这个目录的目的是专为书库(包括参考室等)的排架皮藏而备的,它反映着书在书架上的排列地位,它记有每册图书的财产登录号,供图书的清查、统计、移交等之用。如果在范围较大的图书馆,书库、编目已与阅览部隔开来了的,排架目录就必须单独编制。编制排架目录用的卡片,通常比读者目录卡要低一些(12.5×5 公分),但是这种排架目录卡现在已很少有人采用了。每一种书用一张卡片,不管有多少复本(不同的版本要用另一张卡片)也是同一张卡片。它的著录款目不需要分类目录那样详细,只要索书号码、书名、著者、出版年代等就够了,但财产登录号是必不可少的。因为排架目录的作用就是借着财产登录号的记载来正确地说明藏书的数量。

四 目录的著录

目录的著录是编目工作的中心,有了著录才能揭示藏书的内容,才能使具体图书用另一种方式与读者见面,才能使读者便于了解藏书,才能宣传马克思列宁主义,才能宣传党和政府的方针、政策、任务。这就是目录著录的重要意义。

"著录"两字,就它的方法过程来讲,是把书籍的那些款目记录下来。图书馆的编目,是把那些款目著录在卡片之上。卡片目录在没有著录书籍的那些款目以前,本身是一张白纸卡片,没有意义的。只有在经过著录书籍的款目之后，才能称为目录。因为读者目录的目的是要负起把图书馆的藏书向读者推荐的责任，那末一本书籍的组织形状和内容概略就要告诉给读者，这些借目录形式告诉读者的材料，就是在目录上必须记载明白的各项款目，即目录的著录。著录，在这里来讲是记录的意思。但在另一种场合时，又有收录的意义。比如说，"松溪文集"四库有存目而无著录。这里我们应当明白，目录的著录与在书名页上照抄是不同的，著录款目在许多情形下须经过考查的工夫。著录的款目，包括书名、著者、出版、稽核、附注、提要和索书号码等项。在编目工作的开始，首先应搞清楚这几个著录名词的概念，了解它们之间所包括的那些记载内容。自然，这几个名词对于读者来讲，并无多大作用，而对编目人员来讲，是经常工作中要用的手段。除此之外，我们在分类工作中曾经说过，分类号码与著者号码折叠起来成为索书号码，索书号码是目录与书籍联系的关键所在。通常读者查目录，实际上也就是查出那个索书号码，有了那个索书号码就可借以取书，所以卡片目录左上角所记的索书号码也是目录的著录款目。目录上有了这些著录，就可以使读者看了能了解书籍的大概情形。一般的情况，机关图书馆的藏书跟国家图书馆兼负保存文物职责的藏书是有所不同的。在机关图书馆中，绝大多数的图书是目前出版的书籍，在目录上著录各项款目是比较麻烦不多的。现在，图书编目的统一著录法图书馆的领导机关还没有公布或推荐，即是说，还没有统一规定的编目条例。不过，编目法的不统一没有像分类法的不统一大家感觉到那样明显。编目法主要的分歧是以书名为主要的款目还是以著者为主要的款目，即是书名写在卡片上的第一横格还是著者写在第一横格、目录卡上的著者线与书名线（第一直红线与第二直红线）的对调问题。这一些，在读者看来，都不是顶重要的，因为他们还未注意这一些东西。因此，编目法的不统一，图书馆工作者也还不如有分类法不统一那样迫切的感觉。但这并不是说，编目的统一规则不重要，或者是次要的。现在许多新成立的图书馆，大多数已采用书名为主要款目，这一点，我是赞成的。我国人民的习惯，一般都重视书名。比如说，水浒、红楼梦，一般读者他不大会问施耐庵与曹雪芹的。因此，以书名为主要款目，以书名卡为主卡去揭示读者，我认为是符合读者的要求的。关于图书统一编目条例问题，闻中央已在拟订。这个条例公布之后，不仅大家在编目工作时有所遵循，可以达到目录格式的统一，而且还创造了全国统一编目的一个重要条件，使出版社或其它机构统一编印卡片目录就能更顺利地进行。我们图书馆工作者，确实欢迎这个办法早日公布，这就可以大大地提高图书馆卡片目录的质量。

目录的著录，首先是书名。决定书名是最重要的。书名要能代表该书内容的完整，即要记录完全的书名，不要节略。如"中华人民共和国发展国民经济的第一个五年计划1953—1957"，这是完全的书名。遇个别副书名特别长的，也可以移到附注事项下著录。比如于光远、王惠德合著的"政治经济学讲话"，副书名是"关于政治经济学垄断前资本主义部分若干问题的通俗讲解"，把它著录在附记事项中。书名的取得，绝大多数书籍是根据书名页或版权页的，但遇到有些极个别的书籍没有书名页及版权页的时候，就得从该书的内容目次及其它部分中取得。有些称卷的书籍，在书名之后应接记卷数。这种情形，在古书编目时经常会遇到。如"史记130卷"。有一些书籍，它在正书名之下附列副书名的目的，是想更具体地说明那本书籍的内容。实际上是对于那书籍的一种简单的解释。比如列宁著的"社会主义与战争"，副书名是"俄国社会民主党对战争的态度"；"真正的战士"的副书名是"董存瑞的故事"。这种副书名是必须随正书名之后加以著录的，通称为题下项，不过字体可以写得比正书名缩小一些。题下项不只限于副书名，凡是辅助解释书名的，都属题下项性质。题下项这个名词的由来，是因为它题在书名下面的意思。因为有些书籍，单看正书名是内容还不够清楚的,必须著录副书名之后才能更为清楚。比如说,人民出版社出版的"希望的骑士"一书,如果不加记"路易斯·卡尔洛斯·普列斯铁斯的生平"这个副书名,那就很不容易了解这本书的内容是传记。但这种副书名与内容提要是有区别的,如上述这本书的内容提要就必须说明普列斯铁斯是巴西共产党的总书记等。此外,还有一种书籍,它是分几部分写的,在总书名之下还有部分的书名。这种情况,就应在总书名之下著录部分的书名,它的目的和作用与副书名是类似的。如高尔基的"克里·萨木金的生平"和安德烈·斯梯的"第一次打击"就是这样。

关于副书名这一个问题,固然我们在编目时要注意著录,但绝大多数的书籍是没有副书名的,这也不是说硬要去找出一个副书名来装配的意思。

还有,一种书名雷同,内容性质含糊不清,应在著录书名时用方括弧附记简单的注释。如家〔小说〕:家〔剧本〕。

还有,一种书名单以它的字义来理解,就会误认为毫不相干的东西。这种情形,在文学作品中表现得比较突出,著录书名时也可加以注释。如:农业机器站〔小说〕。

还有,一种书有二个书名并列的,以其中一个书名为目录的著录,另一个书名则在附注项注明。如高尔基的"俄罗斯的童话、意大利童话"是这样的。这种情况很多,但并不都是如此形式,将二个书名并列印在封面之上。我们在编目时,就不管它是否这样,都应在附注项中记明。不过又要注意,这与集刊是不同的。有许多集刊,它选集许多文章,拣其中一篇的名称为代表该集刊的书名,这与二个书名的意义是有区别的。这种情况就不可能把所有被采集的篇章都在附注中著录,这样就会变成详细的内容目次,编目者的精力也是不可能办到的。

关于书名的不同,或者前后改易,情况很多,都在附注项中把它说明。在书名项则著录新近的,或者经审订的书名。

如遇书名中夹杂有标点符号的,应依照其原样著录,如列宁的"做什么?(我们运动中的迫切问题)"。

第二是著者。在图书目录中,对于著者的著录是极其重要的。在字母文字的国家,是以著者目录为主卡的。它们视著者比书名更为重要。在我们国家里,书名对于人们有深刻的印象,如易、诗、书、礼、春秋等等,所以我们把书名著录列为第一项,而把著者列为第二项。但这并不等于说,著者对于目录的著录是次要的。著者的范围,包括有:著者、原著者、编者、译者、辑者、补撰补编及增订者、校订者、插图者、注释注疏者及节译节辑者等等等等的意义。著录时要用这些不同的字样来区别。以机关团体名义发表的书刊,就以该机关团体的名义为著者或编者。但官书中如方志之类,有纂修人姓名的就应以纂修者为著者。集体创作的书籍,与机关团体名义发表者不同,集体创作应著录他们之中比较首要的为著者,如某某等集体创作。合著、合编、合译等,尽可能地写得清楚一些,但人数在三人以上时(包括三个人的),可简写为某某等著、编、译等。

此外,还有如全国人民代表大会制定的宪法,中华人民共和国公布的法令等,应以制定的机关和公布的政府为著者。

总而言之,著者这个涵义很广泛,许多情况都应就其原题著录。如单页的地图用"制",板画集用"刻",格言语录用"辑录",讲演集用某某讲、某某记、某某整理,等等。此外,还有就其编著的特殊名称题署的,如"殷虚文字缀合"一书就著录郭若愚"缀集";"诗集传"就著录朱熹"集传"等。

关于翻译的书籍,在原著者的译名之后,尽可能地附上原文,用圆括弧记明。如:尼·奥斯特洛夫斯基(苏联 H. Островский)。因为我国目前还没有一个统一的人名译名对照标准,而且还有原著者同姓的,如托尔斯泰就有三个(A. K. 托尔斯泰;A. H. 托尔斯泰;Л. H. 托尔斯泰),因此原著者的原文著录就有其必要性。并应在译名后括弧中的原名前附记著者国籍,如:屠格涅夫(俄 И. С. Тургенев1818—1883),古典作家还应附以生卒年代。但我以为,这种附记著者原文和国籍也不必是绝对一律的,如列宁、斯大林的经典著作也附以著者原文和国籍,我以为是不必要的。这仅是提出我个人的意见,因为这会影响整套卡片目录的格式不能统一。苏联的著者,在十月社会主义革命以前逝世的古典文学作家,如普希金、果戈里、契诃夫等,其国籍应著录"俄",而高尔基是1936年逝世的,那就著录"苏联"而不著录"俄"。

在确定著者的时候,有一个要发生困难的问题,即有许多作家用各种不同的笔名或别名来发表。这种笔名和别名的统一审订工作,确实有些编目工作者的见闻是不够的,尤其是在机关图书馆中,各种工作都集合在少数人身上,不可能用很多的时间翻阅各种书籍来下这种工夫。因此,只能是尽量搜集大图书馆或其它刊物上的现成材料,来充分利用,使著者的名称得到统一。当然,编目工作者自身也应经常注意文学史、文学批评和研究之类的书籍来充实这方面的知识。著者名称的统一,亦应包括原著者中译名的统一,虽然在全国还没有统一的译名,但一个图书馆中的著录就必须用统一的译名。

在编目规则中,一般都以真实姓名定为著者,而以各种不同的笔名、别名用制见的方法统一起来,这样就能使同一个作家用各种不同笔名、别名发表的著作集中统一反映在著者目录中。但这个编目原则必须要重视实际情况,有许多作家,他的笔名是特别著名的,在读者群众中的印象很深,许多读者都只知道笔名,有些人还不知道原名,这样的时候,就应该以他的著名的笔名为著者。如鲁迅先生就是最具体地说明这一点的例子。

关于著者的审查问题,在有些古书中是比较麻烦的。有些古书不题著者,有些伪托,也有些是虽题有著者,但不是他著的,情况很复杂。还有和尚尼姑的著作,姓用"释"和"尼",名用法名等等。

但在目前机关图书馆遇到这一些情况不会很多,如果真考查不出著者来,就把它在著者项下暂时空着,或者不十分确定的就先用铅笔记着。如果没有把握的著者随便著录上去是不好的。也有些古书的著者,不署真实姓名,而题山林隐号的,查不出来时就可以用原题为著者。

关于原著者的国籍问题必须著录,前已提及。关于著者的年代问题,著录也是很重要的,这种情形表现在各国的古典文学作家,尤其是在我国古书的编目上。一般的,本国著作在辛亥革命以后的著者不著录年代,在此以前的著者,用括弧加记朝代在著者姓名之后,如司马光(宋)、王夫之(清)等。同时,还要记他的年代,如:李白(唐701—762)。如遇著者姓名相同时,还应在姓名之后附以里籍字号等识别之。

著者的审定,与著者号码的采取有着密切的关系。同时也可以促进排架排卡的合理。比如说,文学或科学书籍的缩写本,首先是应该著录原著者,把某某缩写或编写者放在次要部分。即是说,某某人原著,某某人缩写,这样,不仅表达了该书的原作者,而且采用著者号码也能按照一般的原则采自原著者,这就能使缩写本与原书得以并列。

第三是出版事项。包括有:出版的时期,出版的地点,出版社的名称,印书的方法,等等。这些出版事项的著录,就目前的许多出版物来讲,是比较单纯的,因为它已都在版权页上印明。如遇到古书,就要比较麻烦些,因为这些情况在古书中是比较复杂的。在编目时,我们必须重视其它现成的目录,利用来作为参考。这不单是出版事项这一个问题。比如说,我们在编制地方志目录的时候,如能利用"中国地方志综录"(商务印书馆版,朱士嘉编)一书,则对于纂修的年代、纂者、修者、版本等,该书已把过去的都下了专门的研究,比自己个别去考查,当然要省便得多了。这自然是不过随便想到的一个例子。

关于版期的著录，是对于出版物内容材料所包括的时代反映，是给予读者对书籍内容材料的一种新与旧的观念，出版时期的著录在编目中应占重要的地位。版期的著录，应用西历纪元，不必记月份。重印之书，记重印的年份，但必须记明是重印本，或第几次印刷等。因为重印与再版是有分别的，再版必须包含有增补、修订等意义，而重印是同一个纸型再印而已，中间并没有修改的。我国过去的书局，许多重印的书籍亦称再版，这是不妥的。版期的查考，在目前出版物中是记载得很明白的，但不能说在整理旧书中也不会遇到一些困难。这样，我们就得在序跋中，或其它目录上去找，没有出版年的就以序跋之年代替出版年。年份要用公元，这是为了使读者易于明白。在雕刻的古籍中，版期的刊载也是复杂的，先有国号，又加帝号，如清光绪三年。而且还有用天干地支记年的。遇到这种情况，编目时都应用圆括弧加记公元年份，如清光绪三年（1877）某某刻本。现在有许多比较大部的书籍，分卷分册出版，全部书的各个分册版期是不相同的，这样，也应分别载明。

关于出版社的地点，目前出版的书籍都是在版权页上有载明了的。在古籍中，如果遇到刻书地点与今名不同，应附记现在的地名。过去书籍的出版者与发行者是往往不分的，出版者也就是发行者。现在情况不同了，出版社只负出版书籍的责任，发行工作则归新华书店统一进行，目录的著录，只要记出版社的名称，而不需要记发行的新华书店。

关于版本的考查，有版本学专门的学问。版本的种类，在古籍中是很多的。因为古时印书没有像现在活字排印的方便，是用雕刻板片之后来印刷的，每一种版本都有它的专门解释和专有名称。好在，我们目前所编目的书籍，尤其是小型机关图书馆，绝大多数是活字铅印本，易于理解的。但是，我们究竟是做了这门工作的人，一些普通的常识还是需要的。比如陈国庆编辽宁人民出版社出版的"古籍版本浅说"一书，说得简单清楚，看起来容易，如果看一看就会使我们对这门知识有一个概念。当然,如要进一步研究就得看叶德辉的"书林清话"、潘景郑的"著砚楼书跋"之类的书籍了。目前编目,对于著录版本一项,一般都主张省略"铅印本"字样。即是说,除铅字排印本以外的,如影印、油印、石印、手抄、稿本、木板(这是概括的名称,著录时应记具体的,如明毛氏汲古阁刻本)等等的本子,则加以说明。比如说,北京文学古籍刊行社1955年出版的"世说新语",著录为"根据日本影印宋本影印"。

第四是稽核事项。稽核事项包括著录一部书的卷、册数,面数或叶数,所附的图表,书籍面积的大小,装订的式样等等。著录这一项的目的,是告诉读者对那部书籍的形式和数量有一个总的概念。

册数和面数的著录,大多数书籍是一册成为一部的。这样,就只要用阿剌伯数字记它的面数多少,记面而不记页(刻印的线装书记叶)。序跋只有一、二面的,就不必加记;如果序跋、插图、附录等的面数多了,也就加上去计算。如中国科学院考古研究所编辑的"殷虚卜辞综述"一书,则著录"674面加插图10面图版24面"。如果一册书的面数前后不相连接的,又不便于加拢计数的,那就只记一册。二册及二册以上为一部的书籍,各册面数是相连接的,就记几多面几多册,如"宋史纪事本末"著录"939面四册"。一部书有好多册,各册面数自相起讫的,只记册数。用布套子装藏的线装书,记几函几多册。如"金文丛考"记"一函三册420叶线装"。篇幅的计算,它的著录应与有些用特别形式装藏的图表、画册之类的名称相适合,视具体的情况著录其适当的名称。比如苏联共产党历史画册第十册是"布尔什维克党为实现国家的社会主义工业化而斗争",共有图表27幅,它是用纸函装置的,就应著录为"一函散叶装27幅"。

关于图表的著录,种类是很多的。单图一项就有插图、冠图、图版、夹图、画像、地图、图解等等。表格的格式也有各种各样的,

"图表"两字只是总的名称,在著录时要按照具体一些的名称著录。图表在许多情况下与附录是分不开的,但附录的著录在编目法中说是属于附注事项的范围。

书籍的大小面积,一般都讲开本。但是,单以"开本"两字的概念还不能说明书籍面积大小的问题。因为印书的纸张有大有小,开出来同样开本的书籍也就有大小不同了。"开本"两字的意义是按照一张印书的纸,折叠几个重叠成为开本的形式。如一张白报纸折叠四次,即有 16 个页,中间折成装订线之后,即有 32 个页,这就称之为 32 开本。通常称报纸为对开报四开报也就是这个意思。开本的计算是以一张 43×31 吋大小的纸作为标准印书纸来计算的,43×31 吋即 1092×787 公厘。我们编目时的开法是:先量一量书的高度和宽度。比如书的高度是 7 $\frac{1}{8}$ 吋,它除 31 吋是 4;书的宽度是 5 $\frac{1}{8}$ 吋,去除 43 吋是 8,那末那本书的开本是 4×8 等于 32,即 32 开本。但是,实际上开起来每每是没有那样标准的,除尽 43 吋和 31 吋的数字不能十分准确。这可能是书籍切边的影响。所以过去许多图书馆关于书籍大小面积的著录就用多少高乘多少宽来表达的。比如那本书的高度为 18 公分,宽度为 13 公分,那末著录的办法就是"高 18 公分×宽 13 公分"。现在新出版的书籍,在版权页上均已印有开本的大小,比如版权页上所印的"开本 787×1092　1/32",这就是说,这张印书的纸有 787×1092 公厘的大小(31×43 吋),这本书是 32 开本。但是在另一本书的版权页上,又会看到"开本 850×1168 1/32",这就是说,这本书也是 32 开本。这样,就产生出大 32 开和小 32 开的名称来了。这原因是白报纸或道林纸的面积除 31×43 吋者外,还有 30×42 吋、33×45 吋等等面积的。由此可见,开本的开数还是不能绝对地说明书籍面积的大小的,开本大小的本身还要决定于印书纸的大小。现在,许多图书馆的编目已不著录书籍的开本了。我想提出我的保留意见,书籍面积大小的概念给读者的了解是需要的,单是记明面数(或册数、卷数等)还不能说明书籍的分量问题,所以我想还是仍用高乘宽的公分来表达比较好些。这个办法只要在编目时用一支米突尺来衡量,手续简便,而对于有些不了解书籍开本观念的读者反而易于理解。总之,目录的著录可能将趋向于更详尽的记载,目前出版书籍的版权页上已将几张纸印成和多少字数都印上了。

书籍装订的形式,我们目前编目所遇到的,绝大多数是平装。精装和线装当然也不少,但与平装数量相比,就在其次了。我们在著录装订形式时,平装的书籍一般都不著录。即是说,不著录装订形式的都是平装。在平装以外的书籍,就一律加以著录。如"马克思与恩格斯文选"著录为"二册精装"。书籍装订的形式也是很多的,我们经常看到最普通的就是上面所述的三种。除此之外,还有折装、活叶装、散装,等等。折装是长幅折叠的,如"折子"的形式,顾名思义,就是书叶相连接,也可以打开,可以折叠。活叶装是书叶和封面都有孔眼,用线穿连;或者用金属螺旋钉钉合的。它的优点是可以随时移易和增减,如活叶文选之类采用这种装订的形式。散叶装是指图表画片之类的装置形式,如上面所述的"苏联共产党历史画册"是这样的。因为它们不便于装订成册,只能用盒子或袋袋等装藏。总之,装订形式是多样化的,编目时都应视具体的形式而著录其适当的名称。

第五是附注事项。附注事项的目的是为了要使读者更进一步地了解书籍的情况,凡编目时对上述各项目中未有提及的,或者未有说尽的东西,都可以在这里加以补充。

比如,那本书是属于某某丛书的,用括弧把它附注注明,如"中国现代史资料丛刊"。假如一种丛刊性质,以一辑一集等为主分开单独编目的,就附注它的丛书丛刊等的名称,如束世澄编辑的

"原始时代"，用括弧注明为"中国通史参考资料选辑第一集"。在一般著录法中，亦称丛书项，因为有些丛书名称印在书名的上面，所以又称题上项。

比如，"中华人民共和国宪法"，附注注明"1954 年 9 月 20 日第一届全国人民代表大会第一次会议通过"。

比如，斯大林著的"中国革命问题"，附注注明"苏联共产党中央所批准的给宣传员的提纲"。

比如，叶丁易著的"中国现代文学史略"，附注注明"著者原提丁易"。

比如，邵循正等编的中国近代史资料丛刊第六种"中法战争"，现已由某某出版社出版，附注注明"本书前为神州国光社所出版"等字样。

比如，列宁著的"无产阶级专政时代的政治和经济"一书，附注注明"本书是根据莫斯科外文书籍出版局 1950 年中文单行本排印的"等。

比如，徐仑编写的"什么是原始社会"，这是一本小册子，附录也只有一张，但编目时不能因为它的篇幅少，就不注明它的附录"恩格斯对原始公社制社会历史阶段的划分"的。

上面所说这些附注情况是很多的，很复杂的，编目时认为有必要的，即是说，要能够突出的，用圆括弧著录在附注事项的地位。

此外，还有某些书籍，经读者提出批评，但是它还继续发行的时候，为了使读者更了解该书的内容起见，也可在目录中反映出来，供读者参考。如对华岗的"辩证唯物论大纲"的批评，出版有"评华岗的辩证唯物论大纲"一书，应在该原书的卡片目录上著录进去。当然，如果某种书籍对读者有害，已经不再发行了的，那末自然是应该把它的卡片目录全部抽掉。

关于编目的附注事项，并不是每本书都要具备的，而应视其是否需要而著录。即是说，要考虑到著录的效用，对于读者检查时是否需要那些东西而决定。书籍的价格一项，是否需要反映在卡片目录中，过去是没有这一项的。但有些人曾主张，觉得在某些读者自己必备的书籍的卡片目录中，加以记载是认为有意义的，因为这样可以供读者参考自备。但是，在我们这样的国家里，每会因制书的成本降低而减轻书籍的定价，同时，也会造成目录格式的混乱，究竟怎样标准的书籍要著录价格呢？这是很难定的，现在许多图书馆的卡片目录还是没有这一项的。

总之，目录的著录，不是死板的。上面所述的这些著录法是一般的规则，此一般的规则当然是主要的，但有些应该活动一点的就不要过于迁就。比如遇到有连续性的刊物，如学报、集刊之类，就把它著录灵活些。著录款目看得不够清楚的时候，就应该想尽一切办法，用简单词句去说明书籍的内容和性质。在机关图书馆中，应与机关性质、要求相适应。一个编目工作者不是抄写书籍的清单而已，他必须具有领略读者的要求和指导读者的思想性。上面所述的这些格式和办法，仅是通常遇到的例子，在具体编目工作中，必然还会没有包括上面所提到的著录方法。所以对某些书籍，还必须加以注释。重要的总集、全集或选集，必须详列全书的子目。如"列宁全集"每卷包括哪些内容；毛主席选集各卷的细目必须详尽地列出来，等等。否则，编目工作者就不能完成其应有的任务。有一种书籍的编印，它除了重要部分的材料之外，还附录比较次要的材料，而所采用的书名就是重要部分材料的名称。遇到这种情形，编目时就应把次要材料的名称列为附注。在编目工作中，遇到一些单凭著录还不明了意义的书籍，编目工作者有责任加以注解，要能够掌握著录是为了使读者明了书籍内容这一原则去灵活地运用，说明的方法尽管不同，但格式就要尽可能统一。

第六是内容提要，或者说内容介绍。编目的目的，是为了想把书籍介绍给读者，上面所述的各项著录，都不过是对书籍的表面的记载，究竟对书籍的内容是没有作详细介绍的。编目做了提要工作,那就是最完善的目录了。我们如果对目录的要求高,那就必须著述提要。但是,这个工作是很不容易的,要有比较高的政治水平和比较多的图书知识,而这两个条件都必须经过长期的修养才能获得。我们应该实事求是,第一应考虑小型机关图书馆的人力问题。第二应考虑拣其重要的做,次要的不做。第三,应参考各出版社、新华书店及其它图书馆等的现成解题目录来进行编制目录的提要。目录提要是不可能每种书籍都编制的,其实有些书籍也没有这种必要。

在编目工作中,有些著录还不能决定的,都应暂时用铅笔记写。因为这样做,一方面可以表示自己对这个情况还没有检查清楚;另一方面,也可节约卡片,免致重写。

目录的著录事项,最后是索书号码。索书号码是目录与书籍联系的桥梁,没有这一项,目录不论编得怎样好,也会找不到书籍的。在著录索书号码的同时,要附记参考书的标记。没有单独设立参考室的图书馆,参考书目录总是不另单独排列的,为了使混入普通书籍卡片目录中的参考书卡片易于识辨起见,有些图书馆用淡红色的目录卡片来编制参考书的卡片目录。

编制卡片目录之所以要有完备的著录,是因为想把书籍的内容概括地完整地揭露给读者。但在机关图书馆中,想把所有辅助检查的目录都搞得符合这个要求,是人力方面所不可能办的。固然,详尽的著录对读者来讲,是每一套目录都需要的。机关图书馆应视人力条件,或者把主要的、基本的分类目录作成充分的著录,而对其它辅助目录就编得简单些。如读者要知道更详细的时候,就在辅助目录卡上说明,指引他去查分类目录。当然,辅助目录对于书名、著者、出版事项等的记载是不能减略的。并视其不同的要求,添注各项附记。比如在书名目录上,附记不同的书名;在著者目录上,附注所用的笔名、别名等等。

关于卡片目录著录的简单和详细问题,在大图书馆中是不存在的。在小型图书馆中，只能是采用书写的落后办法，所以要份份目录详细就困难了。而在大图书馆里，因各个部门的需要，各阅览室、参考室和借书处等的需要，一部书要很多份的卡片目录来应付。为了使卡片目录的生产来得快，又能减少工力，现在很多图书馆已采用油印的办法。这个办法只要在底稿中著录得完备，则每一份卡片目录都能同样印出详细的著录来。但小型机关图书馆，绝大多数是有困难的，不仅要有印制的设备和材料，还要有专门的人工，就整个国家来讲，小型图书馆这样做是不经济的。因此，有些图书馆就接洽附在大图书馆中添印卡片目录，但这样做每每会与自己的需要不相符合。因为这个办法是被动的，要大图书馆印制的卡片目录与自己所需要（有书）的卡片目录相适合时才能解决问题。

关于解决小型图书馆的卡片目录问题，只有在实行统一编目之后，才能达到质量好，而所需的图书馆又会不付出高的代价。因为有了集中编目的机构，就能充分地印制重要书籍和新出版书籍的卡片目录，就可以有听凭小图书馆随需要去选择的条件。这样，在小型图书馆中就能解决藏书中大多数的卡片目录问题，就是留有少数书籍还没有统一编目卡的，工作负担也就轻了，易于解决了。其次是，统一发行就能大量生产，成本就会降低。现在，北京图书馆、中国人民大学图书馆和中国科学院图书馆等单位协作，已共同组织了"图书提要卡片联合编辑组"，共同编制全国出版各类图书的提要卡片，并由中国人民大学出版社统一发行。办法是分"按专题预订"和"按书预定"两种。前者由该编辑组拟定若干专题，供需的图书馆选择，这很适合于机关图书馆的专业性质，但缺点是恐怕不一定全部购买那个专题的全部图书。这样，就会造成有卡无书的浪费。后者可按照自己要买的书来选择。"图书提要卡片联合编辑组"发行一种"图书提要卡片预定目录"，这是供选择预订提要卡片的工具。同时也是供选购新书的好材料。这种印刷提要卡片的统一发行，是发展我国图书馆事业的重要措施，可给采用的图书馆带来了很多好处，大大地帮助了各个图书馆解决编目上的问题。第一，节省了用在编目上的人力。第二，提高了目录的质量，不仅有完备的著录款目，并且还有内容提要。第三，印刷的字体整齐、美观，会受读者欢迎。第四，统一生产，价格可以降低。除此之外，提要卡片还附印有"人大法"、中小型法"、"中图法"、"中国科学院图书馆图书分类法"四种分类法的分类号码。这又可以帮助解决遇到图书分类困难时的问题。提要卡片的编制办法是利用文化部出版局的样书和出版社的清样，及时著录卡片，目前每月约可生产两千种新书的提要卡片目录。并把过去出版的马克思列宁主义经典著作陆续编印提要卡片。这实际上已接近统一编目的性质。但还必须进一步与出版社、新华书店等合作，最好达到提要卡片与新书同时发行。否则许多远地图书馆买到了新书，还要先制草片。或者等待编目卡片收到之后才供应读者使用，这是不为读者所欢迎的，同时也会降低发行提要卡片的作用。这里应该注意一个问题，就是图书馆订购这种卡片之后，应该彻底懂得使用的办法，才能发挥它的作用，使目录工作搞得更好。如果不会处理使用的方法，如像有些图书馆向上海报刊图书馆订购资料索引卡那样，不去排出来应用，这是一种浪费。如能使用得好，则工料既省，目录质量又高，是符合建设社会主义总路线要求的。此外，如上海图书馆也发行这种编目卡片，我们国家这么大，可能其它地区大图书馆也会有发行的，向就近订购就可争取时间。我们不仅要订用这种编目卡片，而且还应该宣传，推荐中小型图书馆使用，但要随时注意它的发展和变化，这是很重要的。

就图书馆的编目意义来说，编目规则和著录办法是应该根据各种图书的类型而有所区别的。除了普通图书的编目办法外，还要有适合于特种图书资料的编目办法。特种图书资料包括善本、金石、拓片、舆图、期刊等等。本节所述的图书著录，只是指一般的用书和参考书,除了期刊编目将在报刊工作一章中叙述外,实际上,在小型机关图书馆中,特种资料是并不很多的,这里从略了。

五　字顺目录的编制及其内容

字顺目录,亦称字典式目录。它是辅助分类目录检查之不足,帮助读者检查之用的一种补充的目录。字顺目录所反映的图书内容,与分类目录所反映的内容并没有两样,只是用一种检查字典的方式在另一个方法角度上去给读者反映,使检查图书可以更为方便。图书依类检查,这是基本的,在前一节分类目录中业已述及。但有些读者,对图书分类的系统不熟悉,不知道类是怎样分的,他们不习惯于运用分类目录,他们想要的书籍不知道分入哪一个分类目录卡的抽屉中。字顺目录的目的,就是为了解决这一些问题而产生的。

字顺目录,包括有下列三种;

第一是,书名目录。图书馆通常会遇到许多读者,到图书馆来阅书借书,开口就问某书有没有,有了书名目录,首先就能直截了当地回答这个问题。还有一些书籍,包括多方面内容的,有二个及二个以上的类属可以分的,读者不知道分到哪一类,就是自己的工作人员,有时也不知道分入哪一类,有了书名目录,只要知道书名,就能在字顺目录中查到。反正,书名目录卡的左上角记载有索书号码,不管它是归到哪一类的,都可以查到。字顺目录,实际上是检查图书的索引,所以书名目录应包括总集、专集、全集、选集及大部头丛书作整体编类的各个细目,数种著作合刻的各个细目,等等。遇有必要的时候,一书中的篇名也可以用书名字顺分析副卡的形式在字顺目录中反映。不过,篇名目录一般的作用不大,如果那位读者已知道利用某书中的一篇,知道篇名,那末原书的书名他也自然会知道的。只有特别重要的,才拣来编制。

书名目录的著录法,与分类目录是一样的。在大图书馆中,卡片目录用印刷生产的,那就无所谓详细简略的问题,经印出来的卡片目录就同样是有细目的。在小型图书馆中,如果条件只能是书写的,人力不及就可以简略一些。因此,内容包括比较丰富的大部头书籍,总的书名目录就不必详列细目。比如说,斯大林著的"列宁主义问题",在分类目录中,需要列出所收篇名的细目,而在书名目录中则可以用"细目见分类目录"等字样来说明。

此外,还有总全集、丛书中一种书的书名分析目录的编制,应以集刊中的一种名称及篇名等作书名著录,并用其原著者和原书的出版事项。索书号码也是用原书的。但在附注中,必须注明见某某总选集、丛书等的第几册第几页等。

第二是,著者目录。有一些读者查书,既不知道类属,又不知道书名,他只知道某一个人著的。或者他唯一的目的,只是指定要某一人的著作。著者目录在这个方面,就能发生作用,就能解决问题。著者目录的另一个意义是:一个著作家他可能著述各种各类的书籍,而在分类目录中是把它们分入各门各类去的,在著者字顺目录中就能全盘反映了。如查郭沫若先生的著作,就需要有完备的著者目录。

著者目录的"著者"范围涵义,包括了目录著录时的著者那样。即是说,已经在著者事项中所提到的那些著者概念,如著者、原著者、编者、译者、辑者、补撰补编及增订者、校订者、插图者、注释者及节译节辑者等等,均属编制著者目录的范围。著者目录之所以要包括这样广泛的范围,是想使读者只要知道有一个编著者的印象,就可以找到他想找的书籍。

关于著者目录的写法,在用印刷卡片目录的大图书馆里,那是格式一律的,只是在排卡时著者卡按照著者姓名字顺排列而已。在用书写卡片目录的图书馆,那就在写卡时可以把写书名的地位与写著者的地位颠倒过来。即著者写在第一横格,从第二条红直线写起。书名写在第二横格,从第一条红直线写起。其它事项的著录法那就不用另创格式的,只是详简问题而已。

第三是,标题目录。亦称主题目录。"标题"与"主题"两辞是从英文"Subject headings"一词翻译而来的。有的译作"标题",有的译作"主题";但也有译作"标目"或"科目"的,后者采用的人不多。这两个同一意义而又不同名称用在目录学上的名词,在图书界中通行。现在,名词的不同,且不去管它。

在字顺目录中,有了书名目录和著者目录,已可解决知道书名和著者就可以检查到书籍的问题。但对某个问题的,或者某个学科的,或者某一事物的书籍,仍然无法可像书名、著者那样直接检查的。因为某个问题、某个学科和某一事物的书籍,不可能所有的主题均列在书名首字,因此,单靠书名目录就不能表达其全部主题。即是说,对某个问题、某个学科和某一事物的资料就不可能在字顺目录中全部集中地找到。这样,就要求在字顺目录中,除了有书名目录和著者目录之外,还需要有一种标题目录。标题目录能解决专题专事资料的问题,对我们机关图书馆尤为需要。但是,因为标题目录的编制没有像书名目录和著者目录那样简单,有那样固定的名称。因为编制标题目录比较复杂,在目前,不仅绝大多数的小型图书馆没有编制,即很多大图书馆也还没有做到。而这种标题目录,在对科学研究方面是非常之重要的。因为它能彻底地揭露每一门科学及每一个学科中的某一个主题资料,尤其是尖端科学,能帮助科学研究工作者检查到对于他所研究的那门科学而没有想到的资料。它能对科学研究工作发挥很大的资料潜在力量。我认为,这种目录在科学研究机关,或者带有研究某种业务性质的图书馆,或者在参考室里的目录中,都是很重要的。

标题目录首先要解决的问题是采取标题的标准。书名和著者是有固定的名称的,而标题是要从书籍内容中用简单扼要的词句概括出来。有许多书籍,虽然类属很明确,而标题则有几个方面可以想像。因此,采取标题工作就比较困难了。现在,对这个问题图书馆界中还存在着矛盾的现象。一方面科学文化事业的发展,标题目录的需要愈来愈迫切。另一面,编制标题目录还有方法上的困难(当然,采取标题是需要各方面的水平和丰富的图书知识的,不能单靠方法来解决),不去贸然从事,恐怕做得不好,时间浪费太多。因此,反映出来有许多图书馆工作者已经注意,但还不是大家都已经注意这个问题。我认为,这个问题应该大家来共同努力,先搞出一个初步的标题标准表来试行。科学、事物时时刻刻在发展,标题标准表不可能有完满无缺的一天,它总会落后于客观形势的,尤其处于各方面都在大跃进的时期,只要认为对本机关有需要,就不应等待编制起来,往后再行补充和修订。

机关工作人员,运用图书,不可能都会事先去了解图书分类的体系,要找某个问题资料的时候,有了完备的标题目录,就可以随手在字顺目录中找到要解决问题的资料。标题目录,就能充分地体现出这个特点。它能把藏书的内容以主题标目的形式集中表现出来,使图书馆藏书更能发挥它的积极作用。

标题目录的意义,扼要说来,是把一部书的内容摘出一个或二个以上的标题,用红色墨水写上目录卡的第一行,在字顺目录中用这个标题词句的字顺来排列。标题目录跟分类目录的处理不同,分类目录遇到有包含二个主题以上内容的书籍,只能放在一个位置,即只能用一个索书号码。或者增加分类分析副卡的办法,来表现另一方面的意义。但在标题目录中,它可以听凭内容包括多少,同时采用多个不同的标题,制上多份不同的标题目录,无任何限制。在分类意义上,有许多同内容而不同性质的书籍,就必须分在各处。而在标题目录中,则可以在同一个标题上表现。比如,我们在分类工作中曾经谈到的,争取国际间禁用原子武器方面的书籍,要分入国际政治类目中;利用原子能制造为武器方面的书籍,就要分入军用化学工业的类目中;如果是从近代物理方面出发去研究原子能的书籍,那就要分入物理学中。但在标题目录则不然,它们之间可以在同一个原子能的标题字顺目录中表现。这是标题目录的主要特色之一。标题的采用，不如分类号码那样，要受到等级属性的限制。标题虽也要标准表作根据，可以前后统一，但标题是可以自由伸展的，不像分类表那样，受到局限性。它可以就书籍内容包括的需要而自由选择，也可以在许多标题目录中采用相同的标题。不如分类目录要求每一部书籍绝对不相同的索书号码。标题与标题之间没有等级从属关系，它们之间是一律平等的。如物理学与原子能，轻工业与纺织工业，同样都可用来采取标题。只要书籍所包含的内容性质与所采用的标题是相称的，它的词句是能概括地代表该书籍内容的就得。

组织标题的对象，有下列种种方面。但这决不是说，只能限于下列这一些。

(1)哲学、思想、主义、宗教等的名称；

(2)党组织的名称；

(3)国际问题及国际事件的名称；

(4)社会问题及社会改造运动的名称；

(5)公社组织及农业集体化运动的名称；

(6)社会团体、会社及其它组织等的名称；

(7)机关组织的名称；

(8)事件的名称；

(9)技术实践及先进工作法的名称；

(10)工商业企业组织的名称；

(11)实物器用的名称；

(12)科学的名称；

(13)自然现象的名称；

(14)动、植、矿物的名称；

(15)地方的名称；

(16)人的名称；

（17）书名及篇名；

（18）其他。

上面所述的，这些可以组织为标题对象的范围，那只是一个总的概念。真正构成标题的东西，当然是很广泛的。更要注意的是，科学的发展和发明，新社会的新事物都是无止境的，尤其是在党领导下通过一年来的整风运动，全国劳动人民的积极性创造性有空前的提高，促使工农业生产方面，文教卫生事业方面，都创造了想像不到的奇迹。一方面，每一种新的科学事物都可以按照新的内容性质去组织成新的标题。另一面，由旧观念所构成的标题，在新的客观形势之下，就要随时淘汰，改变采用标题的原来态度，由发展着适应当前任务的新标题去代替陈旧的标题。

标题目录是给读者检查问题资料的直接索引，因此，采取标题的要求就必须是书籍内容的最小的单元。比如，关于郝建秀工作法方面的书籍，它的标题不可以采为"工业"、"轻工业"、"纺织工业"等套上大帽子的标题，"郝建秀工作法"就是表达主题意志的直接标题。

在机关图书馆中，标题目录应该根据偏重与本机关性质有关的材料编制。如在教育机关和师范学院的图书馆中，它就应该把有关教育问题中的各个标题目录做得完全些。

有些书籍的构成，有形式与主题的两个方面。在分类工作中，业已谈到过要掌握辨别主题与形式的原则。在标题方法上，分清主题与形式也是同样重要的。比如，高尔基的传记，"高尔基"是主题，"传记"是形式。宪法学习，"宪法"是内容的主题，"学习"是主题的形式。形式是组成标题的次要部分。我们在字顺目录中，首先要检查的是主题"高尔基"和"宪法"，而不是"传记"和"学习"。因为"传记"和"学习"是各人各事都可以装配的东西，在组织标题技术上，以书籍内容的形式为标题是应该杜绝的。但不是说，形式就可以割弃，不必要的。如能把形式名称恰当的组织标题次要部分,就可以使标题目录更能表达书籍内容的完整。如"高尔基——传记";"宪法——学习"。

有些书籍的构成,其内容有地域和学科、或事件主题的几个方面。遇到这样的情况,以学科为主题,抑以地域为主题,在采取标题时是颇费踌躇的。因为在目前,还没这样一个可资根据的标准方法。一般说来,叙述各国历史、文学、教育等方面的书籍,应套上地域名称为主题。一种学科,大都有理论与实践的二个方面。一般的情况是,属于理论方面的以学科为主题;属于实践方面的,先冠以地域名称为主题。比如,某个国家的综合统计资料,因为它所统计的是具体的内容,应以其国名为主题,附以"统计"二字为副目。如果是统计学,因为它是理论,可以贯穿和适用于一切的统计工作之中的,所以要采取学科名称——"统计学"为标题。

标题的选择,固可以就书籍的内容而自由决定,但同一实质内容的书籍,就要求具有统一性。如逻辑学与论理学,前后必须一致。

构成标题的本质,是需要具体内容的,空洞抽象的名词是不能采用为标题的。

采取标题跟地理环境有很大的关系,地理环境会影响着标题的改变,这就需要灵活地去运用。如北京有西郊公园,上海也有西郊公园,如有这两个西郊公园的资料,在北京与上海的两地图书馆中,就必须采用两种相反的态度。在北京的图书馆目录中,应标为"西郊公园"、"上海西郊公园";在上海的图书馆目录中,应标为"北京西郊公园"、"西郊公园"。这就要迁就人们对于地理环境的观念来决定。即是说,采取标题要客观的。固然,这种情况也有统以"公园"为标题的集中方法,但这就要失去标题目录是直接索引的意义,而与分类目录的集中反映相雷同。

采取标题跟时间的关系亦很重要。比如,在抗日战争中的战略与战术问题,在当时是需要以军事科学为主题的,但在现在,就应该集中在抗日战争中的历史统一标题之下了。

标题的词句,必须采用简单、明确而完整的现代汉语。要能充分表达书籍的内容,不要混合两个主题的意义。同辞异义的标题,应在标题之后用方括弧附注它们之间两个不同的属性。如:春〔季节〕;春〔小说〕。标题的词句,与文法上的词句有所不同。第一,名词之前不用冠词;第二,须将词句之主题列前,但不可把具有政治意义的词句割裂倒置,以损害标题目录的政治性、思想性和严肃性。比如说,"反对修正主义"、"反对自由主义",也把它颠倒过来,标成"修正主义,反对"、"自由主义,反对",那就不对了。标题可用国务院曾经公布了的简化汉字,但在适当的时候还要从繁体字异体字见过来,以引导读者检查。

一部书籍有多方面内容的,可以编制多份标题目录在字顺目录中反映,前已述及。这其中含有两个意义,即双重标题与分析标题。双重标题与分析标题不同,分析标题是将书籍内容的一部分从整体中以分析标题目录的办法表现出来。这种分析标题目录,可以从一部内容丰富的书籍中分析出若干张标题目录,不为数量所限制。双重标题是指一部书籍论述两种学科互相关系的,如社会主义与宗教;一种学科与社会现象结合论述的,如共产主义与苏联;一种学科有两个方面的意义的,如教育心理学;一部书包括有两个主题的,如马克思与恩格斯;两种社会现象作比较研究的,如社会主义与资本主义,等等。这一些,都是就书籍内容的要求,编制表达两个方面内容意义的双重标题,在字顺目录中反映。分析标题目录和双重标题目录的编制,都是为了要达到辅助检查书籍的目的,因此,它们的目录不论编有多少数量,而索书号码是不变的。在机关图书馆中,就本机关的业务性质和学习上的需要,把比较大部的,或者内容丰富的书籍,编制本机关所需要参考的标题分析目录是很有价值的工作。这样做,能够在藏书不多的机关,发挥出更大的作用。如关于马克思列宁主义经典著作的全集或选集,这是普遍的指导原理,它的分析标题目录的编制,在各图书馆之中就有极其重要的意义。藏书不多的图书馆,它会感到参考资料的缺乏,有些想参考的材料找不到。其实,藏书虽然不多,也多少是会有可供参考的材料埋藏在各书的部分之中而没有被发掘的,假使能把部分材料制出比较完备的标题分析目录来,就可以更好地供应给读者。所以说,标题分析目录的编制,在藏书较少的机关图书馆是极其重要的。但是,也要结合本机关的具体需要,与业务参考有关的,则虽一章一节也应编制起来,不使埋殁。有些图书,虽然编制标题目录有很大的意义,但它是属于一般的原则的,对本机关的作用不大,那末也可以不编制。标题分析目录,可从总集、专集、全集、选集、丛书、百科全书、总传等等方面分析出来编制。也可以从一部书中的一篇、一章甚至于一节分析出来编制。上面所述的这些举例,自然是不能全面的。有许多应该编制的标题分析目录,应由编目工作者在实际工作中观察客观环境的需要而体现出来。

关于文艺作品,一般都是不用标题目录的。但是,也不能绝对,有些场合采用标题目录也有它的意义。比如"祖国的儿子黄继光"、"不死的王孝和"等书,有"黄继光"和"王孝和"的标题目录就能更方便于这类书籍对读者的宣传。

标题目录的标题,要概括地表达书籍的内容。因此,词句要既精又简,找住内容核心,要完整又要通顺。为了实现这个目的,标题的组织就需要借用几种符号来混合。这几种符号的运用,更能表达标题的意义。

(1)"——"号。这个符号是用在学科主题之下的形式和地方主题之下的副目之上的。如:哲学——辞典;北京——市政工程。

(2)"( )"号。这个符号是用在学科主题之细题和地域中之一个部分的。如:新闻学(采访);浙江(浙东)。

(3)","号。这个符号是用在以学科事物为主题,地域为附目的标题之上的。这个符号含有颠倒的意义。如:畜牧业,苏联;罢

142

工运动,美国。

(4)"〔 〕"号。这个符号是用在遇到标题的意义有不明了,或者标题词句有雷同,以区分其意义的时候用的。如:钢铁是怎样炼成的〔小说〕;被开垦的处女地〔小说〕;被开垦的处女地〔剧本〕;被开垦的处女地〔电影〕。

标题目录的编制,因为现在还没有一个统一的标准表可资遵循,我们在搞这个工作的时候,必须把所采用过的标题记录下来做标准。在采用时所发生的困难和解决它的办法,用底卡记录下来。这样,可以使自己采取过的标题前后获得一致。为了节省时间,应在图书分类同时,决定标题、组织标题,这样可以使编制标题目录时不要重新了解书籍内容了。

编制字顺目录时还要注意一个问题。因为它是按照检字方法排列的,假使书名、著者、标题的首几字相同的时候,就应避免编制排列在一处重复的卡片目录。有许多著者目录,它与书名目录的首几字是相同的,尤其是个人文集,书名套上著者名称。如"鲁迅全集",它的书名目录、著者目录、标题目录都以"鲁迅"二字排列首位,如果同时编制这三种目录,排列一处,其所发生的效果与一张卡片目录是相等的,反而排列起来只有增加拥挤。在这种情况下,就应避免编制著者目录和标题目录,只要有书名目录就可以了。但是,总选集中所包括的各种书名目录仍然是要编制的。还有一些学科和事件的书籍,书名与标题的首字每会遇到相同的,如考古学史、义和团运动等,都可以不必编制标题目录卡。这个意思是说,只要在不影响读者检查,编目工作便应尽可能不浪费人工物力。假如像有些公共图书馆那样,为了使广大读者使用字顺目录有一个明显的界限起见,把书名目录与著者目录分开来排列,那末书名与著者虽然相同也是应该分别编制的。

字顺目录除了书名、著者、标题三种目录之外,还有一种丛书字顺目录。这种目录是为了使读者了解某种丛书有哪几种书籍,图书馆有了没有而编制的。因为许多丛书是分开编目的，丛书所收各种内容不同的书籍就要分入各类了，这就要使读者不可能知着该丛书包括有哪几种书籍。比如人民出版社编印的"中国现代史资料丛刊"，它包括"第一次国内革命战争时期的工人运动"、"一二九运动"、"抗日战争时期解放区概况"等等，有了这个丛书字顺目录就可以知道这部丛书的内容包括些什么书籍了。同时，也可查出自己图书馆对这一套丛书是否完备。

字顺目录包括书名、著者和标题三种目录，是用一种检字方法排列的，这个道理已经明白。但是，如果遇到书名不统一，或者一部书有二个不同的书名；或者著者所署的是笔名或别名；或者所采用的标题的学科名称和事件名称说法不统一等等，这就仍然要发生检查上的困难。为了弥补这个缺点，使同一个内容而有不同名称的字顺目录能集中便于检查起见，字顺目录的本身，就要求有一种"见片"来作辅助，引导检查。"见片"的添制，就更能发挥字顺目录对于读者宣传图书的彻底性。"见片"的制法比较单纯，即去利用现成的目录卡片书写。格式将在下节中列举。

由上所述，编制"见片"的工作是属于字顺目录的范围。它是为更好地完成字顺目录的任务而服务的，它本身不是一种目录。制见的内容，涉及下述这些方面：

第一是，书名不同的见。书名的不同有几种情况。有的是因前后出版的地方不同，有了二个不同的书名，应制见以便于读者的检查。如"论思想意识"见"思想指南"。有的是过去和现在出版的书名不同，如"喻世明言"见"古今小说"。在古书、古典作品中，书名不同的很多，如"文中子"见"中说"；"还魂记"见"牡丹亭"等。

第二是，著者笔名与原名不同的见。笔名与原名不同的见，应视具体情况，不是一律的。在原则上，应由笔名见原名。但它与编目时著者的著录法是分不开的，即随著录时以笔名抑以原名为著者而决定，由不同的笔名或原名见过来。比如鲁迅和茅盾，他们的著作是由笔名而闻名的,应从周树人、沈雁冰见过来。有些作家,用过的笔名太多了的时候,应视是否需要来制见,而不是盲目地所有笔名都见上去。因为有些笔名并不是读者都所见闻而需要检查的。比如鲁迅所用过的笔名有 91 个之多(见鲁迅全集及补遗续编),如果都要制见就不仅没有作用,而且会增加混乱。许多作家,他所用的笔名不是为众所周知的,这样就要求编目时考查其原名,以笔名去见原名,使之统一。现在有许多作家、著者署名不用"姓",单用"名",这如果不制"名"见全姓名的见,那就要把同一个人的著者目录分开二处排列了。

第三是,标题不统一的见。标题标目不同的见是有很多情况的。有的是标题的名称可以采用不同的标法,如"变法维新运动"见"戊戌变法","技术作物"见"经济作物"。有的是标题的反映可以从几种不同的角度出发的,如"人民代表大会"见"中国——政治制度"。有的是以学科为主题抑以地域为主题需要引见的,如"宪法,中国"见"中国——宪法"。有的是学科主题可以用两种不同的名词方式来表现的,在字顺目录中就会发生排列上不统一,为了便于读者检查,须制见的。如"唯物主义哲学"见"哲学唯物主义"。有的是学科的细小部分与所采取的标题有所出入的见。这种见的意义是指某些学科因采取标题时为了使之集中标目和便于检查而设的。如"微生物学"包括"细菌学"、"病毒学"、"霉菌学"等内容,不是医学院、医院的图书馆,它就不需要标得很仔细,为了集中起见,就可以采用涵义较大的标题,在上述举例中,只用"微生物学"为标题,使之统一。但标题目录是直接的索引,在标题的原则上是应该采取学科内容之最小单元的,这样一来,标了"微生物学"之后,恰巧有人找"病毒学"的就找不到了。因此,必须制见。如"细菌学"见"微生物学","韵学"见"音韵学"。

第四是,译名不同的见。译名的不同包括有书名、著者和学科译名等。在目前,还没有一个统一的正式的译名标准,在许多翻译书籍中,书名、著者等的字体还颇不一致。但字顺目录的排列,要求译名的统一,因此,只得以见的办法来弥补这一个缺点。如"雨果"见"嚣俄","柴霍夫"见"契诃夫",这是著者译名不同的见。"迭更司"见"狄耿司"这是著者音译字体不同的见。"康庄大道"见"无畏与恐惧"这是书名前后译名不同的见。"名学"见"逻辑学",这是以学科为标题译名不同的见。

第五是,机关组织名称使之统一的见。这个见的目的是能使同一机关在资料署名上不统一的时候能获得排列上的一致。如"中华人民共和国国务院"见"国务院"。

第六是,地名不同的见。地名不同的见有几种意义。一种是地名的更改;一种是地区的某一部分,使标题目录在排列上能够划一,而由细小部分见过来的。如"彼得格勒"见"列宁格勒","迪化"见"乌鲁木齐","赣南"见"江西(赣南)"等等。

第七是,字体不同的见。这是由于汉字组织的特殊性,繁体字、异体字、楷书与印刷体等等差异而产生的。在用拼音字母文字的国家,就根本不会有这种现象。如"礦"见"矿"、"種"见"种"等等。但是,简化汉字是常用字,要注意这样的一个问题,这种字的制见只有在一定的时期内才能起作用,大家都知道已普遍应用之后,就会失去制见的意义,就没有再制见的必要。同样地,异体字也是这样,经公布废除大家不用之后,就会消失见的作用。

见的原则,必须要从旧的见新的,不要从新的去见旧的。如学科的标题,必须采用新的名词,再从旧的名词见到新的名词上来。再版更改的书名,作者从前用的是笔名现在改为原名,地名的更改,等等,均一律从旧的名称见到新的名称。字顺目录不仅要字顺取得一致,而且还有推动事物向新的方面发展的责任。制见时,要注意首一、二字相同的具体情况,如夏衍译的三联书店出版的"妇女与社会",前在开明书店出版时,称"妇人与社会",它书名虽有所改变,但首字相同,就不必制见。一般的说,在字顺卡片目录字

146

顺不多的部分,有首字相同就可以不要制。在字顺卡片目录较多的图书馆,因受字顺目录指引卡的影响,某些名称首字虽然相同,而因指引卡的隔绝,仍然是有制见的必要的。不难理解,字顺目录中所以要有制见的目的,是引导读者检查,使检查时不致有所差池。因此,制见是必须要有现实性的,有了不统一的材料名称才可编制见片。在字顺目录中,除了要编制见片外,还要编制"参见片"。"参见"亦称"参照",亦称"引见",名词虽有不同,它的目的引导检查图书资料是一致的。"参见片"的编制是随标题目录的需要而发展的。因为标题目录能直接引导读者检查某个主题的资料,而与某个主题有密切相关的资料不可能都是同一个标题,或者同一个字顺。因此,为了使标题目录更能发挥作用起见,就需要增添一种"参见片"去引导读者检查。"参见片"的目的是使读者在检查他所需要的标题目录之后,再去检查与那个主题有关的资料。比如说,在"马克思——传记"的标题目录之后,参见"恩格斯——传记";在"中国革命问题"的标题目录之后,参见"毛泽东——传记"、"中国共产党——历史"等标题目录。但要注意下列几点:

第一,标题参见的原则,必须是范围较大的去参见比较细小的标题。比如,"巴甫洛夫学说"参见"高级神经活动"、"条件反射"等。这样,可以引导读者检查更具体的资料。因为细小的标题是最专门的材料,读者既要找这个专门的问题,就没有必要再去参阅对这一个问题的广泛材料中的片段。比如,"昆虫学"参见"动物学"、"自然科学"那就没有丝毫意义。

第二,被参见的标题不能太空洞、广泛,近似形式主义。比如说,政治学与经济学,化学与数学,它们之间的密切关系谁能否认,但在标题目录里,去编制"政治学"参见"经济学","化学"参见"数学",这就不能发生丝毫的作用。

第三,被参见的标题,必须是要有现实的标题目录材料的。因为,学科事物的相互关系不等于图书馆现有卡片目录的相互关系,参见的目的不是去说明学科事物的相互关系,而是去联系图书馆现有标题目录之间的相互关系。因此,参见片的编制,必须要有被采用过的标题,即参见要有已编制了的标题目录。这种参见的范围是随标题目录的增加而扩大的,因此,编目工作者,必须在有关的参见片中不断地添记被参见的标题款目。

六、卡片目录的式样

我写这一节的意思,是想较具体地说明卡片目录的编制方法,供不大熟悉的图书馆工作者在编目时的参考。但并不是说,下面所列举的这些式样是标准的了,而是在还没有统一的格式公布以前,提供参考而已。在许多大图书馆中,它们的编目工作是比较有专门性的,人才集中,编目工作认真,而且目录是印刷的,其它图书馆可以向它们索讨一些现成的卡片目录做式样,如前面所提到的,"图书提要卡片联合编辑组"编制的提要卡片,就是供编目参考的更具体材料。同时,在大图书馆里,还有些是根据自己编目工作的经验制定出来的编目规则、条例之类,它们虽然没有公开发行,但图书馆之间是可以向它们索讨来参考的。

图书馆用的目录卡片,大小尺寸是一律的。高7.5公分,宽12.5公分;上印红色直线二条,距离卡片边缘2.2公分,中间距离1公分;红色横线一条,距离卡片边缘1.5公分,其余淡色横线约十行,下面正中打一孔眼,距离底边0.5公分,孔眼的直径0.8公分,是一种国际的标准。但有许多范围较大的图书馆,因为一部书籍需要多份卡片目录,为了印刷上的方便和看起来清楚,一般都取消了淡色横线,如下面所举例的那些卡片式样,就是没有横线的。淡色横线的有无,没有什么关系。在苏联,卡片目录是由"国立文化教育书籍出版社"印制的,有著者、书名、出版处、价格、册数、页数等等的著录,并有书籍内容的注解。中国人民大学出版社发行的提要卡片,是统一供应的初步形式。大城市如上海,则有专售图书馆用品的商店。我们在开始编目时采用目录卡片，不论购买现成的或自己印制的，都必须用这个标准的尺度。如果为了一时的方便采用一种不标准的卡片，或者自己设计一种不同的尺寸，那就难免往后发生困难，甚至于要重行编制目录。

卡片目录的写法，第一横行写书名，从靠左第一条直红线写起。书名长，写不下时，接写第二横行，从第三线写起。第三线在目录卡上是没有印明的，是暗线，即从第二条直红线向右退一个字的地位写起。书名写好之后写著者，著者写第二横行(除占两行书名外)，从第二条直红线写起。著者与附加著作人之间，隔半公分。属于著者范围的事项写了之后，接上写出版事项。出版事项与著者项同一个段落，从著者项后面隔一公分写起，一行写不了时，移行从第三横格的第一条直红线写起。稽核事项另起一行，自成一个段落，从第二条直红线写起。附注或提要均从第二条直红线写起，都自成一个段落，写不了时，接着从次行的第一条直红线写起。

卡片目录的字体尽可能一律用正楷，不写草书。书名的字体写得较大一点，其它项目的字体写得小一些，这样能使读者看起来比较醒目。

我们一再强调，分类目录是读者检查书籍的主要目录，著录项目必须完备。这样，对于分类目录片也就要求有详细的著录款目了。

(1)总全集、选集、丛书、类书等的分类卡片目录式样：

（一）

索书号	毛泽东选集 卡1
	中共中央毛泽东选集出版委员会编 1951—北京 人民出版社 四卷本 第一卷 　第一次国内革命战争时期 中国社会各阶级的分析(1926.3)3—11 面 　　　　　　　○　　　　　　（接下卡）

索书号	（承前卡） 卡2
	湖南农民运动考察报告(1927.3)13—48 面 　第二次国内革命战争时期 中国的红色政权为什么能够存在？(1928.10)51—60 面 井冈山的斗争(1928.11)61—88 面 　　…………………………………………… 　　　　　　　○　　　　　　（接下卡）

（2）普通用书分类卡片目录式样：

索书号码	**政治经济学教科书**
	苏联科学院经济研究所编　北京编译社译　中共中央马恩列斯著作编译局校订　　1959 年　北京　人民出版社修订第三版 二册 680 面 ○

如果只编一种分类目录当作读者检查和公务两用的,把图书财产登录号记在背面,避免读者去看不必要的号码。

（3）丛书拆开分类编目的式样:

索书号码	**原始时代**
	束世澄编辑　1955 年　上海　新知识出版社 160 面 　　（华东师范大学学习与研究丛刊:中国通史参考资料选辑第一集） ○

丛书拆开编目,是由于那一套丛书没有集中编目的必要,分开来个别编目散入各门类之中反为对读者更有利而这样做的。或者是因为收藏得不完全,或者是还没有出版一整套,而不得不分别编目,以保持各书的独立性。这种情况,都适宜于单独分开编目。因为丛书所收录的各种著作,内容并不都是相互有联系的,不过是类同的性质而已。在基本上可以拆散编目的丛书,是比较多的。一般说,古籍丛书不应拆散编目;可拆散编目反而更适用的是指普通应用的丛书。有些丛书的出版,事前并没有规定要出多少种,而可能是随稿件的发展陆续出版,或者改变计划停止出版,或少出版。但丛书拆散

编目,在分类目录卡上,必须附注某某丛书等字样(题上项)。

(4)总全集、选集、丛书及类书等分类分析目录的式样:

索书号码	**论中国革命的前途**
	斯大林著　1954 年　北京　人民出版社 (1926 年 11 月 30 日在共产国际执行委员会中国委员会会议上的演说。见斯大林全集第 8 卷 321—334 面)
目录分 类　号	○

(5)分类互见卡片目录式样:

索书号码	**论人民民主专政**
	毛泽东著　　　1953 年　　　北京　　　人民出版社 17 面 　　　　——纪念中国共产党二十八周年——
目录分 类　号	○

(6)分类卡片目录的根查式样：

```
                    ◯

    1. 书名
    2. 著者
    3. 译者
    4. 标题——语言学
           文字学


```

在分类卡片目录背面，就编目时记载着对这一部书编制了哪些读者用的辅助目录的根查。这种记载是必要的，我们不能肯定这部书籍永远不会变化，或者这部书籍不会编错和更改，凡遇到这一些情况，就要把辅助卡片目录全部抽出来，取消或更改。分类卡片目录背面记载根查的作用是使抽取辅助卡片目录有所依据。因为，如果没有这个依据，就会把注销的书籍遗留在辅助卡片目录中，或者应更改索书号码的辅助卡片目录漏改，这对于图书馆本身的工作和读者的印象都会造成不好的影响。上面这一张卡片背面的记载，说明了这部书编制有书名、著者、译者、标题——语言学、文字学——五张辅助卡片目录，遇到注销和更改的时候，就可以按照字顺一一抽出来。但要注意，标题目录必须写明标题的具体词句，因为标题是不同于书名和著者那样有固定的名称的，为了查的方便，所以要写明。关于记载的方法，可以自拟几个简写的代号，不一定照上例中那样完整。

(7)编目底卡的背面：

```
                    ◯

    2478—9 书　库
    4894—5 阅览室
    4945　　编目室


```

编目底卡背面的记载,与分类卡片目录背面的记载,其作用是不同的。编目底卡背面的记载是要说明这部书有几部复本,它们在什么地方,它主要的记载是财产登录号和地点。比如,上列这一部书,它总共有五册,不是同时进馆的。二部存书库,供出借的;二部陈列在阅览室,供读者随时抽阅;一部陈列编目室,是供编目工作人员参考的。上述分类目录和编目底卡背面的两种业务记注,事实上,在小型机关图书馆中,只须记在一张分类目录上,分左右二边记。因为小型机关图书馆不可能也不必要编制多种多样的公务目录。

(8)总全集、选集、丛书、类书等的总书名卡片目录式样:

索书号码	**毛泽东选集**
	中共中央毛泽东选集出版委员会编　　　1951— 北京　　人民出版社 四卷本 （细目见分类目录） 　　　　　　　　○

(9)一般图书的书名卡片目录式样:

索书号码	**钢铁是怎样炼成的**　〔小说〕
	奥斯特洛夫斯基(苏联 H. Островский 1904—1936)著 1952 年　北京　人民文学出版社 628 面 　　　　　　　　○

（10）丛书拆散编目的书名卡片目录式样：

索书号码	**水泥工业**
	水井彰一郎(日)原著　　何鼎原译　　吕克明补译修订 1952 年　　上海　　商务印书馆 193 面 （增订化学工业大全） ○

这种丛书，如果是完整的一套，就不必拆开编目；假使收藏不全，只有零星的几本，那就分散开来各归其类为好。

（11）丛书总名卡片目录式样：

	中国近代史资料丛刊	卡1
索书号码	中国史学会主编　　　上海　　　神州国光社	
"	鸦片战争　　齐思和等编　　6 册	
"	太平天国　　罗尔纲等编　　8 册	
"	捻　　军　　范文澜等编　　6 册	
"	回民起义　　白寿彝编　　　4 册	
	················· ○	（见次卡）

拆散编目的丛书，是把那一部丛书中的各种书籍都分散到各个类目去的，为了便于检查这部丛书有哪一些书，丛书总名目录就能解决这个问题，但它们的索书号码是每一种都不相同的。

（12）总全集之类大部头书籍的书名分析卡片目录式样：

索书号码	**中国革命问题**
	斯大林著　　1954 年　　北京　　人民出版社 （原载于 1927 年 4 月 21 日真理报,是苏联共产党中央批准 的给宣传员的提纲。见斯大林全集第九卷 199—207 面） ◯

（13）章节名称分析卡片目录式样：

索书号码	**革命前途问题**
	毛泽东著　　1951 年　　　北京　　　人民出版社 （见毛泽东选集第一卷"为争取千百万群众进入抗日民族 统一战线而斗争"一文中,1937 年 5 月 7 日） ◯

（14）著者卡片目录式样：

索书号码	毛泽东著
	矛盾论 1952 年　　北京　　人民出版社 50 面 　　　　　　　　○

（15）原著者卡片目录式样：

索书号码	弗・恩格斯著　　张仲实译
	费尔巴哈与德国古典哲学的终结 1954 年　　北京　　人民出版社 76 面 　　　　　　　　○

（16）译者卡片目录式样：

索书号码	郭大力　　王亚南译
	资本论　　3 卷 卡尔・马克思著　　1953 年　　北京　　人民出版社 3 册　　精装 　　　　　　　　○

（17）合译者卡片目录式样：

索书号码	王亚南合译
	资本论　3 卷 卡尔·马克思著　　1953 年　　北京　　人民出版社 3 册　　精装
	○

（18）机关团体为著者的卡片目录式样：

索书号码	中国工会第七次全国代表大会秘书处编
	中国工会第七次全国代表大会纪念刊 1953 年　　北京　　工人出版社 308 面
	○

　　类此目录，只要编制一份书名目录就够了，因为著者与书名字顺相同，多制了反而重叠，没有作用。

（19）著者分析卡片目录式样：

索书号码	林则徐（清 1785—1850）撰
	信及录 1954 年　　上海　　神州国光社 （见中国近代史资料丛刊第一种"鸦片战争"第二 册　229—364 面）
	○

有些著作,知其为某某人所著,是一种有价值的著作,或者是历史文献,但还没有单行本行世,或者虽有单行本,而自己图书馆没有收藏,这个著者分析目录就能解决这样的问题。

（20）一部书籍的标题目录卡片式样：

（一）

索书号码	王孝和
	不死的王孝和 柯　蓝　　赵　自合著　　1956 年　　北京工人出版社 134 面 ◯

标题目录的标题词句用红墨水写,下同。

（二）

索书号码	牲畜业,苏联
	苏联发展公有畜牧业的五年计划 苏联部长会议和苏联共产党中央的决定　　张文蕴译 1953 年　　上海　　财政经济出版社 54 面 （发展集体农庄和国营农场公有产品畜牧业的三年计划 1949—1951） ◯

（21）大部头书籍中的标题分析卡片目录式样：

索书号码	皖南事变
	为皖南事变发表的命令和谈话（1941,1） 毛泽东著　　1952年　　北京　　人民出版社 （见毛泽东选集第一版第二卷747—754面） ○

（22）一书中的章节标题分析卡片目录式样：

索书号码	中国共产党——纪律
	党的纪律 毛泽东著 （见"中国共产党在民族战争中的地位"一文中， 毛泽东选集第二版第二卷516面） ○

　　见卡是一种辅助字顺目录检查的辅导卡片。它混杂在字顺目录中，能发生指引检查的作用。这种卡目的编制，必须要决定字顺目录中现实的情况，有了哪种需要的时候才可把它编排上去。

(23)书名前后不同的见卡式样:

	器械分析大纲
	见 仪器分析大纲 ○

(24)著者笔名不同的见卡式样:

	沈端先
	见 夏　衍 ○

(25)原著者译名不同的见卡式样:

		柴霍夫
		见 契诃夫 ○

（26）标题名称不同的见卡式样：

		技术作物
		见 经济作物 ○

（用红墨水写）

（27）机关名称使之划一的见卡式样：

		中华人民共和国农业部植物保护局
		见 植物保护局 ○

（28）地名不同的见卡式样：

		迪化
		见 乌鲁木齐 ○

(29)字体不同的见卡式样：

	糧
	见 粮 ○

字体不同的见，跟书名、著者、标题的见是不同的。前者是属于笼统性的，后者是具体的对象。字体不同的见可以代表字顺目录中的不管哪一种卡片目录，只要卡片目录的首字是见过来的，就都可以包括在内。比如"體"见"体"，在字顺目录中不管有体字起首的书名卡、著者卡、标题卡等，只要一张见卡就都可以代表了。如遇到制见卡时，恰因一个标题——体育——而产生的，这样，制上一张"體育"见"体育"，那就把见卡的作用缩小了。这样的见卡，就只能是引见"体育"两字为首的字顺目录。因此，在制字体不同见卡的时候，要把意义放广一些，只要制单字"體"见"体"就可以了。这样，就能扩大到往后增加这一个首字的卡片目录的利用。字体不同的见，在改用拼音字母排列之后，或繁体字在人们头脑中影响很少之后，见的作用就会消失。

(30)说明式的见卡式样：

	国营
国营	凡有"国营"两字为首的企业机关，查卡片目录均去"国营"两字。如"国营上海市第一百货商店"查"上海市第一百货商店"。 ○

字顺目录是以字顺排列供读者检查的。但有一些书名和机关，它们的名称之前联用冠词，如古书中之钦定某某书，现在的许多国营某某企业等等。如果依照全名，即完整的名称排列，则显然要把它们的主词隐蔽，阻碍了检

查。因此,在这种情况下,需要添制一种引导检查的说明式的见卡。这种见卡,只要一张就可以代表该二字起首的全体。上列的说明见卡依照"国营"二字的字顺排列,读者查到这一张见卡就能领会检查的方法。

(31)参见卡的式样:

(一)

	重工业
	参见:
	机械制造工业;钢铁工业;有色金属工业;煤矿工业;石油工业;电力工业;基本化学工业;建筑材料工业;木材工业………
	○

(二)

	中国历史(近代)
	参见
	鸦片战争;太平天国运动;中法战争;中日战争(1894);戊戌变法;义和团运动;辛亥革命……
	○

参见卡是配合标题目录、启发读者检查目录的一种导引卡片,它本身并不是一种目录。在人们运用参考资料的时候,往往思想转不过来,想到某一个主题的资料全被那个主题的狭隘性所控制。"参见卡",它就能在这种情形下发挥提示的作用。遇到所查的标题目录不能满足要求时,看到了这种"参见卡"就会提醒起检查其它的标题目录,能给人们以发生引用另一个主题资料的感觉。参见卡全部用红墨水书写。

七 编目工作的进行

上面各节所述的一些编目道理,虽也说到要结合机关图书馆的性质,但究竟还是编目工作的一般原则。如果我们在一个具体的图书馆中进行编目工作,那就要与这个图书馆的具体情况彻底结合起来,根据实际的需要和条件来进行编制目录。这一点,特别重要。

编目,需要有计划。这个计划不是长篇大论,而是从实际出发。比如,要决定编哪几种目录,假使目录份数需要多的,就要计划印刷(最好是订购人大出版社的提要卡片),预算材料和人工。并决定编目体例和卡片目录的格式,使自己有一个统一的依据;总的工作如何分工和作业的次序,等等。在准备期间,决不能是想一样做一样,必须各方面计划好,分头准备,同时推进,用两条腿走路。比如,在制造目录柜时,就去定办目录卡片及其它编目上的用品,布置编目室及安排编目用具,等等。

编目室需要一个安静的环境,机关图书馆不可能有大图书馆那样的条件,把各部门分得很清楚。但是,也有有利的方面,即采购、登记、书库、阅览、参考等各种工作均集中,这样就有可能对于各个工作环节都能紧密接在一处。新书到后,即可进行登记,马上编目,供读者使用。大型图书馆分工比较明确的就不可能把新书整理得这样快捷,迅速与读者见面。当然,经过全国大规模的整风运动以后,各图书馆都已在编目工作过程中打破常规,大大地跃进。

编目工作的开始,首先要添置和集中编目用的参考工具书。编目时参考用书有两个方面。一是进行编目时解决编目方法本身技术问题的;一是补充著录款目知识的书。但这两种书,有许多地方的界线是不能划分得很清楚的。关于编目技术性方面的:

第一是,分类法。比如"人大法"、"中小型分类表草案"、"中国科学院图书馆图书分类法"及在分类工作一章所提到的从苏联翻译过来的分类法,等等。我们所采用的分类法虽然只有一种,但在分类发生困难时可以参考其它分类法。

第二是,编目法。现在还没有公布一个统一的编目条例,但各中心图书馆的编目条例草案都很完整,可供参考。前"国立中央图书馆中文图书编目规则"也是可以参考的。高等教育出版社出版的"图书馆目录"(刘国钧等编)是一本做编目工作参考的专书。

第三是,现代出版物的书目汇编(如全国总书目)及各大图书馆的书本目录,可以作分类和著录款目时的参考。但这种书目的搜集选择,也要利用书目的书目为工具。如图书馆学通讯 1957 年 4—5 期合刊中所载的"全国书目索引简报"(冯秉文整理),是北京图书馆调查全国范围内的图书馆在解放后所编制的书目索引。

第四是,我们虽然不能从事目录学专门研究,但对我国古书有哪些书目,应备工具书可查。比如周贞亮等编的"书目举要",邵瑞彭等辑的"书目长编"是书目的书目。有了这种参考书,就可以知道古书中更多的书目。

在各种图书馆学杂志中,经常会有论述到分类法、编目法诸问题,我们应随时注意到。虽然这种杂志不能经常存放编目室,但应列为编目工作人员的参考书。

关于著录款目方面参考的:

第一是,查著者的。如商务印书馆的"中国人名大辞典"、"现代外国人名辞典"、"历代名人生卒年表"(梁廷灿编,万有文库本);中华书局的"中外人名辞典"、"室名别号索引"(陈乃乾编);湖南师范学院编的"中国历代作家生平介绍",等等。此类书籍的数量比较多,但大都是用于查古书方面的,如张惟骧辑的"疑年录汇编"、郑振铎编的"中国文学年表"等。人民文学出版社出版的"一百三十五个世界著名的文学家"、新华书店上海发行所编印的"作家与作品",分有中国古典作家、中国现代作家、各国古典作

166

家、各国现代作家等等，都是对我们编目工作很合实用的。

第二是，查历史朝代及年月对照的书。尤其在查明古书刻印年代及古书著者生卒折为公元纪年时需要它。这类书的数量也是比较多，如薛仲三等编的"两千年中西历对照表"、刘大白编的"五十世纪中国历年表"、陈垣著的"二十史朔闰表"、万国鼎编万斯年等补订的"中国历史纪年表"及"中国历史纪年"和"中国近代史历表"等等。

第三是，考订版本的书。这一类书，数量也很多，但大都用在古书编目方面。事实上，编目现代出版的书，倒也不需要。如清于敏中等奉敕编的"天禄琳琅书目前编"、清彭元瑞等编的"天禄琳琅书目后编"、清邵懿辰撰的"四库简明目录标注"、清瞿镛撰的"铁琴铜剑楼书目"、清陆心源撰的"皕宋楼藏书志"及缪荃孙撰的"艺风堂藏书记"等等。

第四是，说明书籍内容方面的书。这种书，就是解题目录。对我们不熟悉古书的人编目参考尤为重要。古书解题目录以"四库全书总目提要"著录最为丰富。它是一部我国著名的古籍提要目录。包括乾隆以前的书籍。后阮元（清）又撰"四库未收书目提要"，补总目之不足。有这两书，大部分古籍就可以查到解题了。最近古典文学出版社翻印"四库全书简明目录"，是前书的删繁举要，看起来方便。总之，关于介绍古籍内容的书是多的，如朱彝尊（清）的"经义考"和翁方纲（清）的"经义考补正"，杨家骆编的"四大辞典"等，都是可供古书编目参考的。至于现代出版物的解题目录，则散见于各种形式的目录和报刊之中，尚未见有综合汇刊书目。但专题目录则已很多，如中国人民大学马克思列宁主义教研组编的"马克思列宁主义原著介绍"、人民出版社等编的"历史书籍目录"、中国青年出版社出版的"西方名著提要"（哲学、社会科学之部）、商务印书馆的"每月书讯"及其它专业出版社的专题目录，等等。我们编目时充分利用现代出版物的解题目录这是主要的,有关古籍的那些目录,我们只要知道有个门径使需要时能利用就可以了。

第五是,编制古籍丛书参考的,如清顾修编朱学勤增补的"汇刻书目"、周毓邠编的"汇刻书目二编"、杨守敬原辑李之鼎增订的"增订丛书举要"、沈乾一编的"丛书书目汇编"、金步瀛(天游)编的"丛书子目索引",等等。

第六是,识辨古书真伪的参考书,如顾颉刚主编的"古籍考辨丛刊"、张心澂编著的"伪书通考"、梁启超讲姚名达等整理的"古书真伪及其年代",等等。当然,利用这一些书,需要认真的阅读,在机关图书馆中,不一定需要,但我们知道了有这一些书籍,就有门径,遇到这方面的问题时就可参考。

总之,图书分类编目需要广泛的图书知识,必须充分利用参考书、工具书。尤其是辞书和各科专门辞典,帮助我们理解学术上的名词意义,可以解决某些归类问题。在经常编目工作中,应注意到新出版的参考书,这一点特别重要。就是在一般的用书中,也包含着很多在编目上可供参考的资料。如文学史、作品分析之类,许多作家的情况都可以从那里了解到。说得更具体一些,如高等教育出版社出版的"外国文学参考资料"那样的书籍。参考书的搜集工作如果做得好,就可以为编目工作创造有利的条件。当然,上面所举的这些例子,不能适用于每一个图书馆,应该视具体的需要置备。比如说,没有什么古书的机关图书馆,就不应该要那些查考古书的工具书。

编目参考书搜集之后,要排置得宜。书架的形式,编目室的方位布置,都要适合于工作上的便利。有了参考书,又能安排恰当,编目时查用方便,就可以大大地提高编目质量和速度。此外,关于编目用品的管理,在编目工作中也是必须经常注意的事情。采办来的用品,自然是应该尽量节约的。但要排放适当,才能便于保存和取用,单保存得好,取用不便,往往也会影响工作情绪。经常注意用品,就能及时添购所需要的。不会缺乏,又不致浪费。

　　编目工作,在一般小型机关图书馆里,事实上是没有条件再分工的。有的图书馆,甚至于分类、编目、缮卡、排卡、排架等等工作都是一个人兼做,他的工作是够忙的。在这种情况之下,就需要图书馆工作者来克服困难,鼓起干劲,好好安排,争取主要的工作先去完成。新书到馆,藏书财产登记和分类编目是极其重要的工作,必须先行做好,可为图书的出借和典藏完成准备条件。在每一个机关组织中,为了业务和学习的要求,一种新的图书资料是必须及时供应出去的。否则,就会造成工作中的缺点,图书馆就不能负起配合机关推动业务和学习的政治责任,就会造成各方面对图书馆的不良印象。总之,新书的编目工作是非常迫切的,及时完成编目阶段也就可以减少图书的积压,就能达到及时供应读者的目的。

　　编目工作的第一步是编制底卡。底卡上的各种分类号、著录项目,都要写得细致。底卡错了,或者不正确,就会跟着一连串的错误发生。因此,编制底卡工作必须特别精细。卡片目录的书写要正楷大方,前已述及,但有些新调图书馆工作岗位者,可能对这些事情不大注意,以为随随便便给人看得清楚就算了,这是不对的。要知道,缮写卡片目录能够慎重其事,就能标志着对目录工作的慎重态度。如果将潦潦草草的一套卡片目录陈列出来,那就会使读者发生轻视卡片目录的感觉,从而降低利用卡片目录的信心,丧失了卡片目录对于读者的作用和价值。

　　在进行编目时,常会遇到一些不完整的书籍,有上册没有下册,有第二、第三集而没有第一集等等。但为了管理出借诸方面的便利,都须把它预先编目起来,贴上书码。切不要久事等待,盼它配完整之后再行编目。而且经过编目之后,就能随时查答缺少哪几册,方便于添补。这些没有完整的书籍,有种种原因使它如此。有因分册根本尚未出齐的,也或许根本只出上册而未出下册的。因为多册构成一部而分期出版的书籍,大都是某个学科中的一个

169

主题单独装订一个分册,这样,书店的销售情况就不可能保持着各个分册的平衡。因此,有时一部书的各册就不能一次购全了。如不及时购买,下次可能有另一册而没有这一册了。残缺不全,要待补配的书籍,在编目时可先把主要的项目固定下来。而对卷数册页那些还未确定的著录事项,可先用铅笔记一记,以免糟蹋了卡片,又可减少一些书写的人工。

编制卡片目录,基本上是应该一部书一张卡片的。但这并非包括一部书的子目写不下,用二张及二张以上的卡片。即是说,这个一部书一张卡片的概念要包括一部书需要多张卡片才能写完子目的范围。一部书一张卡片目录这个意思是指该书的组织成分绝对相同的若干复本而言。假使同一部书,书名和著者都相同,有下列情况之一的,都称不同的版本。不同的版本,就要另编一张卡片目录。

(1)内容已有了修订或增删的;

(2)出版处和出版期不同了;

(3)译本的译者不同;

(4)原文增订修改,译文也随之而补译的;

(5)同一个著者,同一个译者,而出版处不同的;

(6)古籍中的两个不同地方刻本。

遇到上面这些情况,那就是不同的版本,这些版本都要重行编制卡片目录。版本不同,分类号码和著者号码是相同的,在著者号码之后,要有附加的号码去区别,这一点已在著者号码一节中叙述了。在过去,这种版本不同的编目是在前一张卡片目录上说明,再添上新的版本。现在不大采用这个办法了,这是想用新近的版本去向读者推荐书籍,因而不同版本的书籍把它区别开来,这样就能方便于卡片目录随着图书的转移,不会两种不同版本的书籍一定要联系在一处。前面曾经说过,重印、或者第几次印刷,这与版本不同是两件事,重印没有内容不同的东西,不同版本则必须有上述这些情况之一，我们必须把它分别清楚。即是说，重印或第几次印刷，都是不需要重做卡片目录的。

我们在分类工作中曾经说过，分类会因一时的观念、感觉不同，可能把同一本书籍分到两个不同的地方去。其次，我们在进行编目分类，有时很难确定那本书是否已经有过，或者是已经有了先前的版本。为了解决这些问题，编目部除了底卡之外，确实需要一种书名目录。有了书名目录，就能解决这个问题。因此，只要稍有条件的图书馆，编目室这一份书名目录是省不来的。在小型机关图书馆中，编目室与采购工作大都是会集中一处的，这样，这份书名目录就可以与采购部合用了，这也是小型机关图书馆的方便之处。

读者目录与排架目录的责任不同，前者编制的目的是为了介绍好书给读者，而后者的目的则是为了保证图书财产的清查。在某些范围较小，只以进行教育为目的的图书馆，实际上不应有基本藏书和推荐图书之分，它所包括的应该都是可向读者推荐的书籍。为了节约，可以编制一种二者共同使用的分类目录。但在较大的图书馆，它就必须与读者目录分开来。排架目录是否需要单独编制，就要视该图书馆的实际情况来决定。在小型机关图书馆中，它是可以在编目底稿中来完成排架目录的任务的。以编目底稿来兼负排架的任务，既可以利用它来了解书库庋藏的状况，又可以直接与新到的书籍发生关系，在编目工作中还可以得到便利。在编目底卡的背面（参见上节第七个卡片目录式样），应详细的记载着哪些书是介绍读者的，即已有公开陈列的读者目录的；哪些是当作参考书陈列的；哪些是典藏在书库之中不加推荐的，等等。记载着这些书籍分布状况，就能够掌握图书馆的全部藏书，编目底卡也就能完成总目录的任务。在小型机关图书馆里，如果要把排架目录与编目底卡分开来，反而是增加一些无谓的工作，而效用不一定更好。因此，在小型机关图书馆中，我认为编目底卡基本上是同时可作排架目录用的。它包括藏书的总和、基本藏书和推荐图书,但要采用标准的目录卡片。因为记载事项多,又要经常供抽插、更改和清查图书等使用,大图书馆为了节约一些,以较薄的纸卡来做底稿,这对于兼负二者作用的机关图书馆是不适宜的。

编目工作的进行,要根据一般的方法、原则,这是一个方面。但具体的图书馆情况如何,又是一个方面。比如说,有旧卡片目录基础的图书馆,就要依据不同的情况加以整理。有些图书馆,它过去曾经有过编目工作,只是因为没有做到合于规格,或者卡片目录制备得不完全,或者须改革索书号码等等,情况不一。这种情况,就要有步骤的去安排,按照计划进行目录的整理。目录的整理,必然的要与书籍的整理联系在一起。工作开始,必先考虑劳动力的运用问题,对哪些门类需要首先着手,可以适应客观的需要,作出分段进行的估计。因为整理工作是比较复杂的,如不作适当的分批整理,抓住重要的部分先来进行,就有可能搞得更乱。改编目录工作,必须是与图书的清查核对相结合,过时落后不必要的书籍就在读者目录中剔除,并要首先将新书目录加入。在重编某一门类的时候,应把那些同一门类的书籍全部拿出来同时进行,这样一类一类做就能加快整理的速度。如在改革分类法新旧交替着的过渡期间,必然会有二个不同系统的分类在书架上并列,这就会发生在检查上不能统一。为了要使这种可能存在的困难减少,务必要注意在整编期间的那些书籍,从旧的系统中抽出来,但对还未办好重编手续,没有归入新的分类系统中的书,要给它们一个适当的安排。在改编过程中的劳动组织,最好是采取小段做完,每天必能归队的工作方式。

在一个编目室的经常工作中,应该注意的事情是很多的,不可能在此一口气说得毫无遗漏。比如说,我们应该节省用品,目录抽屉的铜条应在抽插卡片目录之后穿回去等等,要经常养成这种习惯。这些小的事情,新进图书馆工作者是可能不注意的,我曾经遇到过,编目室用的目录抽屉竟连铜条都不见了,这种情况想搞好目录工作是困难的。

与编制各种卡片目录的同时,还要制好一种书卡,粘贴一张借期单或到期单。书卡用一只书袋套着,书袋粘贴在书籍封底的内面。借期单或到期单粘贴在书袋的对页。书袋与借期单的粘贴地方虽然有标准,但必须要注意到不妨害内容文字被遮盖。也有些图书馆是把到期单粘贴在书名页的前面的,这样易于提醒借书人。在书卡上面,第一横行写索书号码和财产登录号。第二横行写书名。冗长的书名可以缩减,它与目录著录的要求不同,这里最主要的是财产登录号。第三横行写编著者。书卡,是为图书出纳工作而准备的一种工具。书袋上,也须记载索书号码和财产登录号,后者尤为重要,它供还书时插复书卡核对之用。书籍出借时,把书卡抽出排在借书处去代表书籍,它的作用和办法将留待下面借书处的工作中来叙述。书卡的编制,原则上应该是一册写一张。因为我们通常流通的书籍,大多数是一册为一部的。但有许多书籍,是二册及二册以上为一部的,如果它们并不太厚,或者厚了一些的是科学书籍,那末仍然可以一部书制一张书卡。假使某些上下册较厚的小说,为了使流通的机会多些,周转快些,那末就每册书编制一张书卡。一部书有多册的,制书卡的多少是各有其利弊的。假使每册都制了书卡,一个人要把一部书都借去,那末所有的书卡都抽下来,增加出纳工作的麻烦,并浪费工料。如果只制一张书卡,那末借书的人如果只要借某部书籍中的一册,那就不好借了。所以,对于一部有多册的书,应编制书卡多少的问题,不应把它硬性规定,应灵活地考虑到该书流通的实际可能性,有的可以一部编制一张书卡,有的可以每册一张书卡。线装书一函一张书卡,大部丛书中的一种书一张书卡,类书中的一个门类一张书卡等等,均依照具体的情况和实际的需要来决定。但大部头多册没有函装也不打算装订的线装书,则可决定制一张书卡。出借时,这张书卡公用,一个人只借几册,登记他的姓名和财产登录号;几个人同时借用不同的册次,同时登记在这张书卡上。这样,这部书哪几册为某人所借,一查也就分明了。

这里,我想建议一个改革书袋和借期单(或限期单)的节约办法。把书袋改为高4公分,宽8公分,书袋的顶面为底面的四分之三。书袋上只写财产登录号,不记索书号码,还书插卡时只要核对财产登录号。这样有两个好处。第一是节约书袋印制的纸张;第二是遇到书籍底面印刷正文的时候,不会(或减少)发生粘贴书袋位置的困难。因为这样高度的书袋,安插书卡也可以稳固,而图书在馆中上架时又是折合的,书卡不会掉落。它的式样如下:

书 袋 式 样

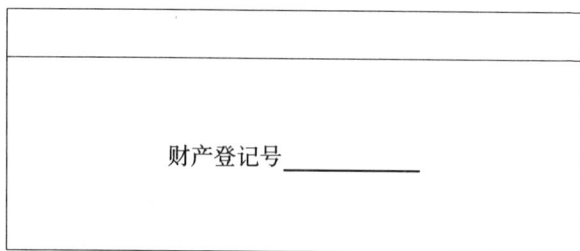

4×8公分

其次是借期单(或限期单)不必每部书都预先贴好,因为这样不免有浪费。同时也有些书籍不好贴,贴了会遮盖正文。借期单或限期单只在出借时打上借期或限期,插在出借书籍的书袋之内,告诉读者借期或限期,注意不抽掉。借期单高度6.5公分,广度7.5公分,每格半公分。薄纸印单面,稍厚的纸可印二面。一头用尽,倒插再用;一面用尽,反面再用。其式样如下:

借 期 单 式 样

借期			
			借期

6.5×7.5公分

编目工作是以缮好各种卡片目录,记上索书号码于卡片目录之上为工作的终结。但分类编目的目的是在于书籍的运用,有了目录容易查书和取书,如目录是目录,书是书,中间不把它们联系起来,就会找到目录仍是不能取书。这种联系的工作,就是把卡片目录上的索书号码用书标缮写之后贴在书背之上。书籍排架按照书背上的索书号码,这样,书籍就已按照分类体系在书架上陈列了,我们抽书和归架都按照索书号码。索书号码的书写和粘贴,虽然是很普通的工作,但很重要,必须随时注意,避免二本书交叉贴错。书标的纸质最好是较薄的道林纸印制,厚了些的纸,不易贴得牢固平坦。书标的式样很不一律,图书馆用品商店制有现成的,式样可以拣选或者自己拟制。粘贴的浆糊需要加些明矾,以免虫蛀和鼠嗷。粘贴书背上的高低尽可能一律,参差不齐排列起来很难看,最好是用一根标准的尺把它横下来打印粘贴。但是,要顾到有些书籍不把卷册次第贴掉。不应按照一般高低粘贴标签的书籍，就向上下移动，这虽不能一律，但不把原册次的标记贴掉是最重要的。比如"列宁全集"的卷册次就是印在书背下端的。薄本子的书籍，书标贴在书背上就看不清楚，可以改贴在那本书靠书背的右上角或右下角（横排的书籍，贴在反面的右上角或右下角），但要一律。精装书贴书标容易脱落，在人力做得到的图书馆，可以在该书贴书标的位置上涂一黑方块，用白墨水书写，光上亮油，这是雅观而牢固的。现在，有些大图书馆感到用的白墨水、亮油会发黄，不光亮，改用一种废胶片溶液加些香蕉水来代替亮油，用白色颜料代替白墨水，这个办法比用前一个办法好，废胶片溶液和香蕉水漆铺有出售的。这种办法，不仅限于在精装书上用，同时在一般平装书上也可用，清楚、美观、牢固。虽然起初时要多费些工夫，但熟能生巧，写惯了也就方便了。写书标的字体，务须正楷、端正、醒目易看，可以买一本字体范本来参考。

分类编目工作完毕之后，最后是对各种卡片目录的校对工作。这个工作非常重要。分类并没有分错，著者号码也是对的，但把这两个号码写错也是有可能的，我们在工作中的经验，竟有发生过自己把类码写错了找不到书籍的事情。底卡写错了，卡片目录和书卡、书标等等跟着错下去。因此，在书籍排架以前，编目工作者首先必须把书标上的索书号码与卡片目录、书卡等等的号码一一核对，并核对书名、著者、出版事项等等。发现错了，及时改正过来。这样做，还可以发现自己把类分错了的也能及时改正过来。分类编目的结束过程，对于校对一事是决不能放松的。编好的书籍，经过校对没有错误之后，把书籍送去排架，把各部门需要的读者目录分别排入各种读者目录之中，编目工作到这时才算是真正的结束了。

第六章　书库工作

一　藏书的保护

书库工作是图书馆工作中的重要组成部分。藏书的保管和爱护是很要紧的事情。它不仅负着保护国家文化财产的责任，使图书的典藏有所保障；同时还要布置得适宜，为出纳工作做好准备。一般说来，阅览室应着重于对读者的辅导工作，而书库工作则首先是要搞好对藏书的保护。只有藏书保护得好，才能更有条件供应读者。保护工作有两方面的意义，一是不使图书遗失；一是保养图书，使运用的寿命延长。我们不能设想，对国家文化财产的爱护是与文化建设事业的大跃进没有关系的。

图书经过登记编目制卡等等整理工作之后，已完成了图书馆藏书的特有形式。这时，它与书店和私人的一般图书已有不同的标志。送到阅览室陈列或送到书库庋藏为整理图书的完毕阶段，此后即为图书的典藏——书库工作了。

书库工作的开始，首先是确定书库的房屋问题。书库的条件，对于图书的保护是重要的关键所在。为了做好藏书的经常保护工作，书库对于房屋的要求就比较高。但在某些机关里，书库房屋问题是不大容易得到满意的解决的。这就有赖于图书馆工作者开动一些脑筋，就具体情况中图谋解决。如像公共图书馆、大学图书馆等，它们大都有专门的图书馆建筑，而在一般的小型机关图书馆，大都只能利用某一部分房子来作图书馆的书库,它的结构、位置等方面都会表现得难以适合书库的要求。好的书库要有南北窗空气对流,南北窗空气对流对排除污秽的空气和调换新鲜空气有很大的作用。并要地方宽敞,光线充足,一边死的只有一面窗户可通的书库是不好的。尤其是只开一边朝北的窗户的房子作为书库是最坏的。一边堵死,不仅光线不好,就是清除灰尘也要费力些。为了要使书籍经常保持清洁,不至霉湿蛀蚀,书库需要有较大的窗户和干燥的地板。但是机关图书馆,尤其是范围较小的机关,不能因为这些需要就在目前要求有特别的建筑。因此,机关图书馆的书库大多数只能是利用,把拨给图书馆用的房屋尽可能地加以改造,如开窗、铺设地板、装置通风器等等。机关图书馆要搞妥书库的改造和装设工作,它必须与本单位的总务部门作密切的联系,在得到它的支持和帮助下来促成书库的美观和合用。假使能有条件可为图书馆专门建筑时,图书馆工作者就必须提出图书馆管理上要求的建筑意见,去供工程技术和行政组织的参考。

改用书库的装修,不单是工程技术问题,图书馆应提出修建书库要求的具体意见,请行政组织加以决定。关于书库中的经常卫生清洁工作,那是图书馆内部的事情,不能仰赖于行政领导。图书是否保护得好,可从书库的清洁程度看出来。书库如能经常保持清洁,则不仅对于工作人员的健康有利,也是延长图书报刊使用年限的重要条件。保存书库里的图书,比开架陈列的书籍流通机会少,某些比较贵重的图书资料,如那些损失了不易补配的报刊等,不经常注意它的清洁,就会发生霉烂。近年以来,全国人民在党和政府的教育下,积极地投入除四害运动,讲究卫生已成风气。事实证明,过去有很多的机关里,图书馆的书库是灰尘满架没有被重视的,而现在已大大地改变了原来的面貌。在条件较好的图书馆,可能会有"吸尘器"的设备,这固然对书库清洁工作有好的条件,但也决不能依赖较好的设备就会自动地清洁起来,好的设备同样要有热心的人去管理和使用的。机关图书馆如果都要有这种设备的要求,那至少在目前还是不可能的,用这种比较高贵的设备一定要有它基本建设的条件相配合。通常我们书库中清除灰尘,最好是用湿布揩抹,这样可使灰尘随抹布而去。但必须要等到吹干书架后再行把书籍排上。如能经常这样做,对书库的清洁是可能达到目的的。假使经常用鸡毛帚掸刷,作为在书库中唯一的去尘工具,那末灰尘是会掸来掸去掸不出去的,只是由这一个书架飞跑到另一个书架。但这并非说在书库中就不能使用鸡毛帚了,只要书库的清洁程度已够,每天用拖地板的办法去尘,那末仍是可以间隔着使用鸡毛帚掸刷的。书库所以要少用扫帚而经常用地板帚拖的原因是要消灭灰尘飞扬的机会。每天拖不等于每天洗,天天拖就容易拖得干净。懒着几天拖一次不是好办法,天天拖就容易干净了。拖帚的布筋应用两种:比较长条的干拖,它代替扫帚的意思;较短布筋的拖帚是作为洗刷之用的,隔几天去洗刷一次书库的地板(这是指非打蜡防蛀的地板而言)。并按照具体情况,有必要时进行总的大扫除。大家都知道,灰尘是最帮助微生物钻进纸堆里去的,书籍的霉烂蠹蛀大都是从潮湿和灰尘的关系上来的。我们图书馆工作者有责任保护国家的文化财产,因而对书库的清洁卫生工作必须经常重视。

搞好书库的清洁工作是图书馆全体工作人员的责任。图书馆中要做清洁工作的方面很多,只要大家共同努力,是一定搞得好的。

图书的保护是书库中的经常工作,经常检查书架上的图书很为重要。因为有些书籍不常流通,不检查就会不知道它已霉烂。上面所述,要供书库空气有对流机会、保持经常性清洁,都是爱护书籍的重要方面。经常用书橱关住无人借用很少搬动的书籍,就易为蠹鱼侵蚀。我国相传曝晒书籍是防止这种情况的一个措施。但是我们现在不是这样做,书籍曝晒将受太阳光直接影响而变旧、褪色。精装书更会起壳损坏。所以我们对图书的保护,要求对不大流通的书籍经常去翻动,刷去灰尘。如有发现蛀蚀情形,经搬动掸刷之后放些樟脑粉之类也就可以,除非是已经潮湿霉烂了的才去曝晒。曝晒时,不要放在太强烈的太阳光火射之下,最好是接近太阳光的地方。有一些经常出借的文学作品,接触过的人多了,在目前图书消毒设备还不足的时候,采用曝晒书籍的办法来消毒是可以的,但不要晒得太久,要注意精装本书籍。书籍消毒的主要目的是为了消灭病原细菌,使不致在读者群众中间作为传染病的媒介,对于书籍寿命的影响,关系到是不大的。

在机关图书馆中,也可能有些特别珍贵的图书。对待这样的图书,就不应该采取一般流通图书的保管办法了。我们对这些名贵图书要抱着审慎庋藏的态度,不像一般图书那样放置在没有橱门的书架上。有橱门的书橱要经常检查,并打开让它透透气。贵重的书籍是不应轻易出借的,它不是一般行政上和学习上所参考的资料,它只能当作文化科学研究在馆内参考的资料,它应受到文化遗产保存的资格而在书库中受到特别重视。

在修造书库的同时,必须注意防火的环境,有防火的设备。书库中的消防工作,负有政治上的责任。在我国某些大图书馆中,业已有了水泥钢架的书库条件,它有利于书库的防火工作。但这种要求与国家的重工业发展是联系在一起的,目前绝大多数的图书馆还是木头书架和木头房子。机关图书馆可能有一个较好的情况,它往往位置在隔离伙房较远的地方,但不能说这样就可以不顾消防工作。书库中的电线检查、备置灭火机、禁止抽烟等等都是需要随时检查和经常注意的事情。

机关图书馆藏书也要与企业组织一样,向国家保险公司(中国人民保险公司)投保。

总之,爱护图书工作不单是图书馆工作者的事情,但图书馆工作者有职务上的责任。另一面,对于读者爱护图书的教育工作也是很重要的。这个工作,书库工作者是不能直接执行的,它一定要通过阅览室、借书处等工作者来进行。

中华书局出版的图书馆学翻译丛书中，有一本"图书馆藏书的保护"，是苏联国立列宁图书馆卫生修整部主编的。这是一本关于保护图书馆藏书的专门著作，如能把它看一看就会增加我们保管藏书的专门知识。

二 书库中的设备

书库中最主要的设备是书架。书架的设计，除了要适合于一般的图书之外，还要照顾到做一些陈列特殊形式的图书资料和贵重图书的橱架。因此，在书库中的书架，不宜绝对用一律的形式来制造。但一般图书的标准书架是主要的形式。有些爱漂亮的图书馆工作者，他们欢喜一律用玻璃橱，机关的行政组织也会同意这种意见，赞成用玻璃橱美观齐整，不会遗失书籍。其实，这些主张都是从外表出发的，缺乏顾到实用方面的，我不赞成这种主张。书库中如果采用玻璃橱，除了要分用国家工业化资金来负担较多的设备费之外，它还要占去许多书库的空间。而在目前，机关图书馆的房屋多半还不甚充裕，在书库中的空间是很宝贵的。其次是取书时要开，取书后要关，书籍还来时也这样要开要关，如果开了不关，或者是待书籍插回后再关，这就仍然失去制橱门的本意。或者每天上下午开关一次，这也是需要时间的。如果说是为了防止书籍的遗失，那末书库有总门，书库总门只是工作人员进去时才开的，书库并非可以听人进出的地方。而且有些橱门的制法，它不是特定为藏书之用的，门开了无法隐蔽，开着听其摆来摆去，更显得书库中的拥挤，对排书取书都要受到阻碍。一个机关图书馆，不论它开办时范围如何小，经过几年而后，总会有许多庋藏的图书资料的，尤其是历史性资料性的报纸，它总得保存中央的和地方的几份齐全，而图书馆要求扩充书库一般情况行政上也是有困难的。因此，书库中的书架应以不用橱门少占空间位置的为好，机关图书馆与带有保存国家文化典籍性质的图书馆不同,它所皮藏的究竟不是那些特别贵重的珍本和善本,而大部分是一般阅读和参考的书籍。固然,也可能有例外的珍藏,那是可以用例外的办法来处理的。总之,在书库中不宜制多做有门的橱柜,这在各方面都会造成浪费。

书架的排置,必须迁就书库的大小方位来设计,使不浪费书库的空间,能容纳较多的藏书。书架的式样有双面的和单面的,单面的靠墙壁,双面的摆在中间。这种排列法是对空间地位最经济的办法,绝大多数的图书馆都是这样的。双面书架的排列,一般都与窗户放射的光线成平行,如把排与排的双面架之间留有适当的间隔,那末就能扩大映射的光线,同时还解决了排书检查的通道。排检书籍的通道一般要求是75—80公分,但在书库房子感到困难的图书馆里,就应结合实际情况来处理。

书架的制造是要根据书籍开本的情况来计算上下空格的距离的。上下空格高,书架的格数就会减少;空格低,开本大的书籍就不能排放。如果都依照大的开本来计算空格的间隔,那是太浪费而不必要的。按照整个书库中藏书的比例,大开本的书籍究竟是少数,但要酌制几只空格高的专备排列大开本书籍。有一种书架的制法,采用灵活的,即把书架中间的隔板制成活动的隔板,隔板的挡木制成活动的木条,负荷挡木的直挡制成直列的齿缺隐窝。这样,就可以按照排列书籍时的具体需要向上推缩或向下放空了。但这是一面的理想,看起来似乎很科学,与实际排架的效果是有出入的,一律都采用这种书架是不需要的。因为隔板向下移之后,格数就减少,必然会造成在一只书架上产生出一格高度不能直排书籍的空格。我以为,这种活动书架就是要做也不要做得太多。下面附列的这个书架尺寸是采自苏大悔译的"图书馆技术"第211面上的(第一版)。计高203公分,宽100公分,深22公分,格高28公分,隔板2公分,架顶横框10公分,脚底高15公分。这是标准的单面书架。

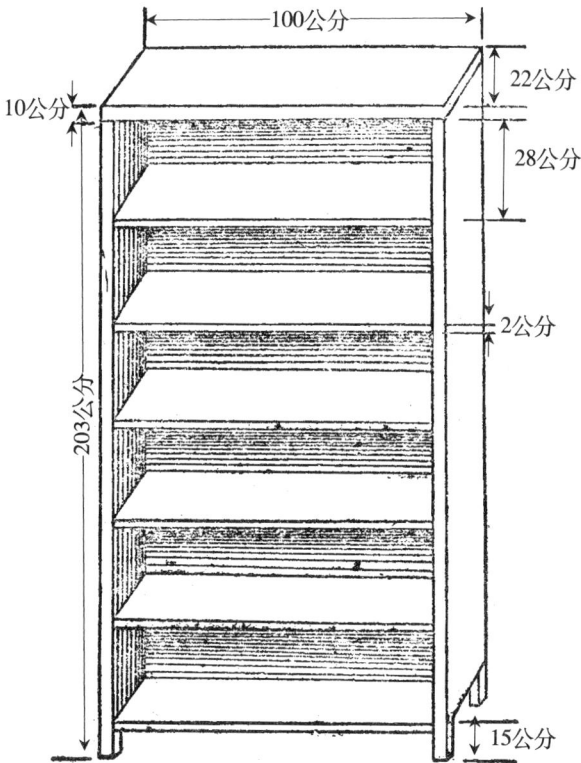

单面书架式样

100公分
22公分
10公分
28公分
2公分
203公分
15公分

　　大家都理解,标准不是绝对的。因此,这种标准书架只能视为图书馆书架的一般标准尺寸,而不能视为某一个具体图书馆的书架标准尺寸。书架的制造,除根据一般标准外,还必须结合自己书库的具体情况。比如书库太小,藏书容纳不下,亦可以把书架加高,从六层改为七层。比如地板比较潮湿,灰尘太多等,亦可以把脚底提高一些,都应该根据实际需要有所损益的。近年以来,苏联各图书馆因藏书大量增加,为了解决书库不能容纳的矛盾,业已设计一种七层书架。其尺寸为:高度204.5—205.5公分;宽、深、隔板与上述标准书架一样；格高改为 26.5 公分；架顶横框减为 2 公分；脚底高减为 5—6 公分（见苏大悔译"图书馆技术"282 面，1958 年版）。但是，根据标准制造究竟是主要的方面。上面这种标准的单面书架，适宜靠墙壁陈列。在书库中，一般还宜采用双面书架，双面书架的制造工料比单面书架节约。而单面书架当作双面书架用时，还要背靠背连起来。但是，双面书架的制造，必须根据标准的单面书架派生出来。它的尺寸是把深度加一倍，从 22 公分改为 44 公分，其余高度与宽度和单面书架一样。这样尺寸的单面书架，只有遇到横本的图书时，它的深度会感到不够，要突出。比如，科学出版社出版的"中国地震资料年表"一书，就是横本。这种横本图书，总数是极少的，可以并入大开本专架陈列。

（按：书籍高广的形式称为长本、方本、横本三种。广不及高度的五分之三者，称为长本；广超过高度的四分之三者，称为方本；广逾过高度者，称为横本。）

我在上面说过，大开本书籍占整个藏书比例是少数，采用活动书架也并不很科学，但排列大开本书籍的这个问题是要解决的。这样，可以少做几只陈列大开本的专架。只要把上列这个式样的书架格高改变一下，从六个空格改为五个空格，即每一个空格有 34 公分高了，并把深度改为 31 公分，这就可以解决排列大开本书籍的问题。

书库中除了书架之外，还有专为排置报纸装订本之用的报架，排置逐日收下来未装合订本的零星报纸架，排置未装订的零本杂志架，等等。下面这个是排放报纸合订本用的报架。计高 203 公分，宽 70 公分（内除边框 10 公分），深 42 公分，每格的高空距离 13 公分，隔板厚 2 公分，架顶横框 10 公分，脚底高 15 公分。适合于中文报纸合订本的平放。总共 12 格，每格可放一种报纸一年的合订本（张数多的报纸二格放一年），即一个合订本报架可排放一份报纸的十二年。如果这种报架制二只，就可以陈放六种报纸合订本的四年了。如果要陈放国外报纸合订本,像苏联真理报那样面积较大的,就可把这个式样的宽度放为约 76 公分,深度 44 公分。

报纸合订本陈放架式样(尺寸:公分)

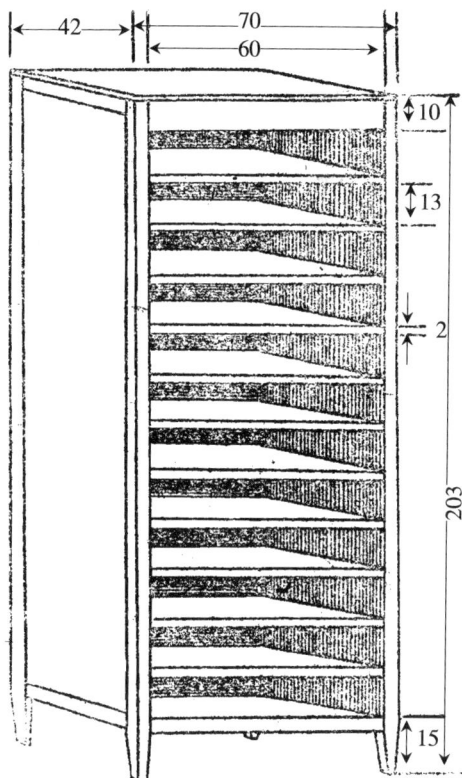

关于杂志的零本,是指新近的杂志,它还没有积存到可以装合订本数量的。这种零本的杂志,为了免致散乱,遗失,是需要陈放在书库内的。关于杂志的管理是分两个阶段的,放在以后来叙述。下面是排放零本杂志架的式样。计高 203 公分,宽 115 公分,深

29公分,格高 10 公分,隔板 2 公分,架顶横框 10 公分,脚底高 15 公分。总共 15 格,每格可以平放如"红旗"那样大小开本的杂志五种,10 公分高约可放置一种杂志的一年。这样,一只架子就可以排放一年的 75 种杂志。如果特别大的开本,如"人民画报"那样,那就横摆,刚占两种杂志的地位。到年度或季度终了,上季的杂志装订以后,这个架子又可排放新年度新季度的杂志了。

排放零本杂志架式样

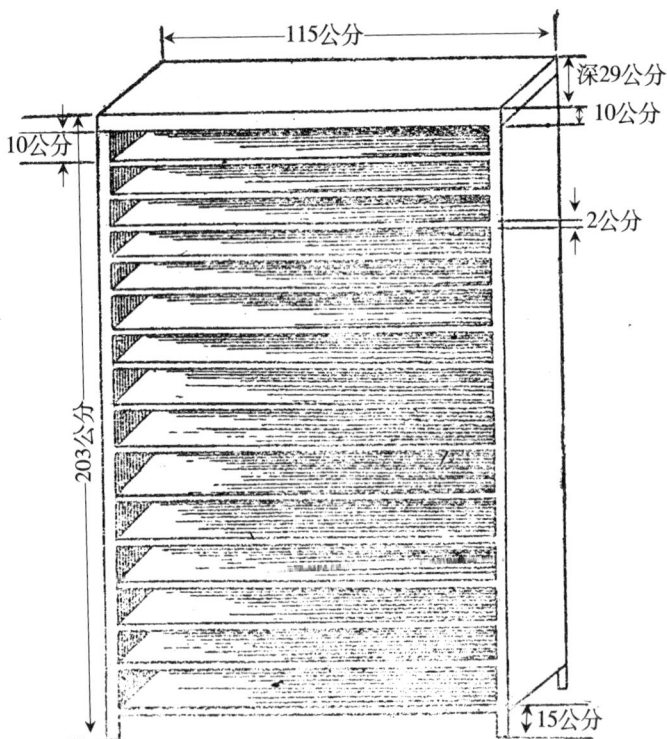

我在上面说过,关于逐日调换下来未到月底合订的零星报纸,也是必须陈放在书库的。这种逐日的报纸是新近的材料,许多社

会事情在继续发展,不断发生,读者调阅是频繁的。既要不遗失,又要检取方便,那末就必须在书库中有条有理的陈列。如果要省略一些,就可以利用上述这种零本杂志架。每横格可以平放四种报纸,它的高度可折放一个月,这样,一个架就可以陈放逐日报纸60种。如"人民日报"版面多的,就占两个位置。

关于书库中的设备当然还有其它的东西,如特种珍藏的橱柜之类,这里从略了。

最后,在制造各种书架的时候,要把架顶制成平面(平板不放在顶层的内面),便于拭尘;底高空处不制条框,便于拖帚伸入洗刷地板。

三 书籍的排列

书籍的排列,有两个要求:一是要把图书内容集中突出,能够充分地反映各类藏书的主题;一是要检取方便,只要是图书馆已收藏的图书,很快的就能拿出来供应读者。索书号码是排书和取书的根据,因此,排列法与索书号码是统一的。即是说,用怎么样的索书号码去取书,藏书也就怎么样排架,即怎么样的排列法。

关于图书排列的方法,有两种类型:一种是依照图书的内容分类排列的;一种是非依照分类而以书籍的另一种特征来排列的。前者包括分类著者号码排列法(亦称分类字顺排列法)、分类书次号排列法;后者包括登记排列法、书型排列法、字顺排列法、固定排列法等(见苏大梅译"图书馆技术"286面,1958年版)。

图书依照分类排列,而同一内容性质的图书很多,这样,就要求有一个辅助的号码,进一步固定同类书籍的先后。这就是前已述及的著者号码和书次号,分类号与著者号码组成的索书号是分类著者号码排列法的基础;分类号与书次号组成的索书号是分类书次号排列法的基础。

分类排列法用得比较普遍的是分类著者号码排列法。分类排列法的优点是：

第一，以后陆续进馆的书籍，可以随时按类安插进去。同性质的书籍排列在一处，符合于找书的要求。

第二，除了便于找寻同性质的图书之外，如果没有读者所指定的书籍，还可以介绍其它同内容的书籍代替。

第三，在熟悉书架上的类别之后，不查目录记不到整个索书号码的时候，也有可能找到图书。

第四，按照分类系统排列，对馆员了解藏书概念有帮助。

第五，分类排列集中内容主题，符合机关专业需要，可把某类书籍与本机关业务关系多的集中到方便的地方，便于取拿。

它的缺点是：

第一，排列的书架不经济。因为它要预留空间给新添、出借、还来图书的抽插。

第二，如某类书籍增多时，就要向下移动，牵连多座书架。而小移动是经常不免的。

第三，排书时要按照索书号码，而索书号码的组织比财产登记号和书型都复杂，因此，图书归架比较费时。

第四，排列必须随同图书分类的标准，二个及二个主题以上的图书，只能排在一处，不能分析出来排列（这个困难，其它排列法也同样存在）。

分类排列法虽然有上述这些缺点，但它与分类法是相同的序列体系，许多排列上的要求，已随分类法的合理系统而解决了。

比如说，关于马克思列宁主义经典著作专题、单行本的排列，就决定于所采用的分类法的规定，按写作（或出版）年代排，或书名字顺排，都是编制那个分类法时所考虑过的。

比如说，关于传记的排列，按照形式集中呢，还是各科专家传记归入各科，这都是取决于所采用的分类法的。在各分类法中，同传记的书次号码，则大都是按照被传者字顺的，更显得这种排列的合理性。

比如说,有关历史意义的书籍,应按时代排列;有关地域意义的书籍,应按地区排列,等等,都在分类法中已有类码的次序了。因此,这也暴露了所采用的分类法的好坏,对图书排架会有很大的影响。

分类排列法要依照一种分类目录(排架目录)来作排列书籍的依据。卡片目录根据卡片上的索书号码排,书架上的图书依据书标上的索书号码排,它们二者之间基本是一致的。但是,卡片目录上的索书号码不等于就是书标上的索书号码。一部多册书,或者一部书有几部复本,卡片目录只有一张,而书籍排架则有册次和复本的先后。按照索书号码顺序排架是基本的,但不是一律的。

一个图书馆采用了分类排列法,但这不是说,只用这一种办法就行了。图书馆藏书的组织成分是由多种内容和各种形式组成的,为了符合使用上和管理上的要求,是不能不采取多种排列法相辅并行的。尤其是机关图书馆,对某些专题图书资料需要采取一些特别的措施来排列。这样,就可以使图书馆藏书更为周密。

比如说,为了本机关业务要求,需要在各类中把与本机关业务有关的图书资料集中,那就采用一种特藏符号加在原分类号码之前(排架分类号的上面),凡遇到有这种特藏符号的书籍抽出单独另排,方便于本机关工作人员的参考。

比如说,解放后历次社会改造运动的档案性资料,需要集中以时代排;各个国家的资料,尤其是剪报资料,需要先以国别再分内容排;人物资料(如英雄模范人物资料,在报社图书馆就很重要),须用人名字顺排,等等。

比如说,参考书(包括工具用书)与普通流通图书的索书号码是统一的,在索书号码上就可加以"△"号来区分,以便识辨。为了保证机关工作人员(也包括图书馆工作者)随时查用参考书,凡有"△"号者集中专架排列。在原则上,参考书应排放在参考室,没有参考室专门设置的图书馆放在阅览室,但范围小的机关图书馆可能连阅览室也没有,这就得陈列于书库中的方便之处了。

比如说,大开本图书的排架,不能把所有的书架均按照大开本的高度广度来设计行格的构造,需要将大开本的图书由分类的序列中抽出来,另行按照大开本单独排列。这种办法,实际上也就是以书型排列法作为辅助的办法。它有两个方法可引导检取。一是在索书号码上加记特藏符号,标志为大本子的图书,是另行排藏的。出纳工作者看到有这种特藏符号的索书号码,就向排列大开本的特定书架上取拿。一是在原该大开本的索书号码序列之中,排置一片普通书籍大小的"替书板",在该板上标贴该书的索书号码,以"替书板"代替着书籍的排列。找到"替书板"时,即可知道该书为大开本,是另行排藏的。

此外,还有关于小册子的排列。这种小册子是指当作一般图书顺序整理的,即按照基藏书个别登记,分类编目管理的。因为它的篇幅少,本子薄,或者封面单薄,贴索书号码后不大方便在序列中排检的。另制一种有套的小册子盒,在索书号码上加记小册子符号,排置每一类书的后面。这样,只要见到有这种符号的就到该处去抽取,能节省时间。但有很多图书馆是只在小册子封面上改良,按一般索书号码次序排列的。至于有些临时性的小册子,来不及登记整理,或者不需要那样整理的,就制一种小册子盒,按照小册子内容主题的字顺排列,存放出纳处。盒子的长度 40 公分,阔 19 公分,深 22 公分(见格里科尔耶夫著杜定友等译"图书馆藏书的组织"137 面)。用小册登录簿登记暂存的,就用小册登录号排列。

关于外文书籍的处理,在分类编目工作中已有述及,因它的排列与分类编目是密切联系的。一般都以中日文、斯拉夫语系、拉丁语系几个系统分开排列。但在西文中,也有统一排列的。如 1900—1950 年的世界科技期刊目录,它是所有西方语文混同编排的。不过,书籍这样排就首先要把著者号码统一起来。

分类著者号码排列法的进行,首先要有计划性。因为一个图书馆的藏书,各门类的数量是不均衡的。有些门类的书籍可能发展得快些多些,应该根据实际情况,对补充的可能性有所估计,预留空位。一般说来,大约预留书架横格宽度的百分之20到25,但这只能供参考,要结合本机关对于哪些门类可能发展的具体要求来决定。如果没有这种预见,在排架上牵一发而动全身的情况将会经常发生。排列的步骤是先看分类号码,逐一排比,先大类,次项、次目。类码绝对相同的,再看著者号码(或书次号)。著者号码也相同的,看附加的号码。排架时,虽然只有简单的号码序次观念,但工作要细致。排架从左首极端的那一座书架排起,从左而右,从上而下。预留空位之处,用书立挡住,使新增的和外借还来的书籍随时可以安插上去。经常出借多的书籍,应该有些变通的排架办法,使它们排在接近出纳的地方。如经典著作、时事学习参考书籍、文艺作品之类。说得更具体些,例如把毛主席著作都集中接近出纳处,便于出借。这种排列,当然是可以随需要而轮流更替的。排架完成之后,在一排书架或一座书架之上添做指标,引导抽插。指标的装制,必须根据架上的具体内容。每天归还来的和新编好目录入藏的书籍,先清顺大类,利用书车(如有的话),及时按序上架。不及时上架就会积存混乱,影响流通。书籍的排检是书库工作者的责任,为了免致工作上造成错误,应时常抽些时间出来,在书架上加以检查。如有排错的地方,立即改正。

书籍排列的第二种类型是不依照图书内容分类的排列法。这种办法总的缺点是打乱了图书分类的系统性,这是违反便于使用藏书的原则的。但是,在另一个角度看,亦有它一定的优点。

(1)登记排列法。它根据图书财产登录簿的财产登录号顺序去排书,财产登录号就是索书号码。优点是:

第一,手续简单,只要按照图书财产登录号的次序排检。

第二,次序是固定的,只要知道财产登录号就可以在固定的次序中取书。

第三,不一定要相当的图书知识,只要懂得阿剌伯数字顺序就可检取图书。

第四,清查图书容易,只要按照图书财产登录簿逐一核对。

第五,排用的书架经济,它可以在每层书架上排满,无须预留空位。

在有些尚未决定采用何种分类法的图书馆,用这个排列法暂作权宜之计是可以的。在解放初期,有些新办的图书馆想等待新分类法,曾采用这个方法。文化部社会文化事业管理局图书馆处也曾经提供这个方法给各图书馆参考过(见1951年6月文物参考资料二卷六期:未决定图书分类法以前整理图书一个临时办法)。但是,图书财产登录号是按照图书到馆先后为登记的次序的,它不仅不能把同类的书籍排列一处,就是多册一部的书籍,或者同一部书的复本、不同版本等,都会因出版时间和到馆时间不同而排列数处。比如说,要检取一部列宁全集,就要从35个不同的地方抽取。所以这种办法,得不到图书馆普遍采用。这种办法,如果用以整理线装古书或解放以前那些陈旧不常用的书籍是适宜的。比如说,线装书用图书财产登录号排列,就节省书架(不留空位),秩序整齐(抽插位置固定)。但是,图书财产登录号是索书号码,这个号码不能在人们的头脑中记忆。因此,要编制各种目录,才能检查,不先通过目录取得登录号找书是有困难的。比如说,分类目录的分类号只当作排卡之用,以图书财产登录号为索书号码,在书名目录和著者目录中各记图书财产登录号,以字顺排,查到卡片目录就有图书财产登录号可以索书了。如果加制标题目录及各种分析目录,即可组织成为完整的字顺目录。这样,找书虽要从多处抽取,而检查目录获得材料是方便的。这种办法,也可加以改良。如将同一部书籍都按照第一册到馆的财产登录号排,使之以后到馆的陆续集中。但这样一来,派生的辅助办法就会陆续丛生,简单的方法又将变成复杂化了。所以,这个办法只好是当作辅助的,或者是暂时过渡的。

(2)书型排列法。它按照书籍面积的高度和广度,把大小相同的图书集中排架。这个办法的优点是节省书架的空间地位,又整齐。排架地位比按财产登录号排列还要节省。因为按财产登录号排列是不分书籍面积大小的,而书型排列还可以减去若干书架的高度和广度。但同时也增加了书架的多种形式。它的缺点是:

第一,书籍的大小类型多,必须划分几种书型标准。

第二,同一标准书型的,需要附加书次号,方法又复杂了。

第三,需要完整的目录作索引,否则就不能检查。

第四,最重要的是把图书知识的系统性打乱了。

采用这个办法,书架必须是有计划的特制,如果采用一般标准书架来照书型排,就会减少节省排架的意义。这种办法,在发挥藏书作用上会受到很多的阻碍的,所以采用这种办法的图书馆是不多的。1958年第四期的"图书馆学通讯"上,有一篇"书型种次排架法的研究",是专门研究书型排列法的文章,可供参考。

(3)字顺排列法。先按照著者字顺排,同著者的再以书名字顺为次序。这个办法,事实上业已在分类排列法中采用为辅助的办法,正如著者号码所起的作用一样,在文学作品中尤为显著。但是,任何图书馆都不可能是只限收藏一类书籍的,而这个办法要有类目前提为排列的条件,因此,并未见到有图书馆采用为主要的排列法,而是用作主要的辅助排列法。

(4)固定排列法。这个办法是把藏书陈列在固定的书架上,以书架和架层的次第编成索书号码。比如文澜阁藏的"四库全书",史记是在史部第一架顶层第七格。它的优点是只要知道架次层次,一定可以检到藏书,并且还节省地位,方便清查。但是,要有好的目录组织,没有目录索引就不能知道架次层次,无法检取。

其次是,如果搬移一部分藏书,就要牵动书架的若干部分,这样就要在目录上更改架次层次。而同类的书,同一著者的书,不能集中的缺点也与登记、书型两种排列法同样存在,所以这个办法也是少被图书馆所采用的。只有在已固定了的藏书,如上述"四库全书",这是好的办法;部分固定了的藏书(如线装古籍),也是可以考虑的。

关于报纸、杂志的排列,留在报刊工作中叙述了。

四 清理书库和旧书的整理

我所以要提出清理书库问题,是因为机关图书馆的特殊性。有些机关图书馆书库造成杂乱的原因,有两方面。一方面是确实限于机关房屋条件,不能按照一般规律排列藏书;另一面却是有些机关对图书馆意义不明确,不是属于图书馆范围的东西也向图书馆里送。我就曾经接触过这样的图书室,把书库变成为一个仓库。但是,这责任不能推向于组织,有许多情况是由于工作人员对专业热情不够、懒惰、怕麻烦等所造成的。甚至于有些做好好先生,不论什么东西都接收下来,堆存书库了事。当然,这种情况经过整风运动以后已是有所改变。那些除图书资料以外的东西是随那个机关的业务性质而有各色各样的。也不是所有的机关图书馆都是这样,而是有些机关图书馆会有这种现象。新建立书库时,就要注意这些事情。旧的书库,如有堆积现象,应加清理,或许还可清出一些有用的资源。书库如不清理整齐,就给害虫有藏身的机会。总之,在书库中要清除一切图书资料以外的东西。

清理书库工作,与书籍的排列是分不开的,上节所说到的,仅为基本藏书的排列。除此之外,尚有地图、图片、不需要作基藏图书整理的通俗读物、数量较多的本机关出版物等等之类,都应有一个适当的管理办法和处理办法。

比如图表,原有盒、函等装置的,就按照原有的办法。单张形式的地图,可特制一种封套装置,使它大小一律。把所收藏的活叶地图一封封装置起来(原有封套应很好利用),记上名称。如果没有编目的,就用字顺或依照地区排列。有些图书馆为了使活叶图表能够公开在阅览室使用,制有卷筒式的卷图架,把活叶的图表裱贴在卷布上,用手拉转,卷筒布也会随之而转动,露出裱贴着的图表来。这种办法,只有经常要用那些图表的机关是可考虑的。

又如连环图画、故事、寓言等儿童刊物,普及教育用的各种课本之类,在原则上,机关图书馆不需要搜集这类东西。但一个图书馆建立起来,不能说对这些书刊没有一点夹杂进去。这些东西与机关业务无甚关系,没有保藏的需要,应随时加以清理,或者拨交工会图书室。这样,书库可以减去一些混乱。

又如某些广告目录、宣传品散页等,没有资料价值的,过了一个短时间就可以彻底取消。如有必要保存的,并入资料工作处理。书店和出版社的目录,应由采访部门整理,书库中不要堆积这些东西,把它清出去。

在机关图书馆中,还会遇到本机关的出版物送到图书馆来保管。数量可能不少,或者是要留待分发其它单位的,这种事情就必须商同秘书工作者处理,一定把它具体清了。不要以不负责的态度对待,不管也不问,既交来,收了堆积书库中了事。在另一方面,也必须注意本机关的出版物,务必在本单位图书馆中留存样本,经过一般藏书手续,作为永久的藏书,并要有适当的复本。

此外,发现在书库中有适于当时宣传用的小册子时,也可以采用新到报刊的方式,陈列阅览室一个时期,以增加读者阅览的机会,使这些小册子能够发挥它们的积极作用。

总而言之,书库内部需要经常清理。在机关中,一般情况下书库都不很宽敞,不论如何性质的机关,各式各样的图书资料是不可避免的,向书库里送也是很自然的。如果图书馆本身不加以有条理的保管,就必然要影响有用资料的检取。我所以不嫌琐屑的一再提起这些小事情，是希望书库工作者能够引起注意。

其次是整理旧书问题。有些机关图书馆，只整理新书，新到的书就登记编目，旧书不动。这有两种原因：一是以为旧书作用不大，何必花时间和劳动去整理；一是怕麻烦，或许某些同志对旧书情况不太熟悉。前者，确也有些机关是不需要旧书的，但应有个办法解决，积存不动是不对的。后者，只要费些劳动，还可以吸取经验，是一定能够整理起来的。

旧书有两种概念。一种是指线装古籍，一种是指国民党反动派遗留下来的那些反动书刊。这两种旧书，应用两种不同的方法处理。线装古籍的处理，要看具体情况。线装古籍不多的机关，如果又不是珍贵的版本，那末可以改为精装或平装（最好是自己动手装订），与一般图书同样看待。较好的版本，如影印本之类，为了避免损坏原状，可加制布函套置。如费工料太多，就应单独另排。已有布函的，就与一般图书同样处理。线装古籍多的图书馆，它的处理办法就首先要决定如何分类。一种是与整个图书馆藏书统一分类；一种是单独以经史子集（丛）四部分，这个办法可参考四库全书总目提要的类目。但这两种处理法都应重视我国文化的特点，保持线装书平摆的形式。采用前一种办法的，目录可以混排，书籍排架自成一个索书号码系统。在目录上看到是线装古书，就到另一个排架系统上去检取。假如线装古书多的机关，一时来不及编目，可以暂时采用登记排列法，按照财产登录号排。因为，图书财产登录簿在图书馆中是首先要做到的工作。这样，暂时编制一张书名目录卡，加记财产登录号，以书名字顺排列，组成书名目录（索引）以供检查。或者是，就根本采用登记排列法，编制书名目录与著者目录为索引，分类目录卡的索书号码只供排分类目录之用，永远以财产登录号为索书号码。这个办法，在上节中已述及，有它一定的优点，用于线装古书较多的图书馆是适宜的。

第二种旧书是指解放初期从反动派机关接收过来的那些书

刊。这些书刊,在原则上应与解放后从新建立图书馆补充的图书分别开来处理。这样分开来处理,便于掌握使用者对象。在这些书刊中,可能有一些是解放前比较进步的,可以把它挑选出来,并作新书处理。我们知道,有许多机关接收了反动机关图书,这些图书从现在看来,更是反动腐朽透顶的了,但如果作为反面的对内参考资料,就不是一律都没有用的。为了便于利用,采取简单整理的办法,使上架有所依据。如果数量不多,那末可以按照财产登录号排。假使数量比较多,按财产登录号找寻不便,那末可用简单的办法,编制一个书本式的分类目录,作为检查和财产保管之用。方法是:就旧书有哪些内容,分成若干同等类目。类目的多少,以书刊内容的数量而定。如在"社会政治类"中遇到那些反动的地方行政刊物特别多的时候,就可以从这个类目中抽出来单独列为一类,不论分出多少类目,一律都是并行的。每类之中,先把它清一清顺,使它们近似的资料靠在一处。同类的书,类码是相同的,可以标记所采用的分类法号码。或者采用简单的类词作为类号,如教育、财政、历史等等,类词不宜长,要简要。同类号的不用著者号码,而以 1、2、3、4……为书次号。每一类有多少号,加起来,就是旧书的总册数了。可以这样做是因为这些旧书的变动小,只有抽除,不会增加,不致发生管理技术的困难。分好编好之后,不要经过卡片目录就按书写成书本式目录。在检查方面,一目可以看到好几行。在保管责任方面,就是图书财产的清册。这些旧书,作为对内参考的资料会有一些作用,但也不一定所有机关都是绝对需要的。因此,机关图书馆应该考虑这个问题,如果是没有十分保留必要的,就应请示上级,送到所需要的图书馆去。比如送交公共图书馆,就可以扩大参考的范围。同时就图书馆的本身来讲,也可以减轻管理工作。图书资料是国家宝贵的财产,图书馆工作者绝不应有听其堆存和不管的态度。

五　图书的清查、装修和移交

书库庋藏的图书,不是永恒不变的,变化的原因很多。藏书的内容和形式,也和社会上的事物一样,常在发展着和变化着。有的需要淘汰,有的需要改装。这些现象,很多是会从图书清查工作中暴露出来的。清查图书是保管图书财产的责任,要求在清查工作中明确解答图书有否短少,藏书的准确数字是多少等。

清点图书,同时也是整理目录的机会。在清查核对时,就可以发现卡片目录的缺点和错误。最明显的是表现在有书无目录和有目录而无书的两个方面。这些不准确的情况,就可以在清查图书时改正过来。

清查图书不单是书库的工作,它与阅览工作、出纳工作都有紧密的关系。在基本藏书中,有许多参考书和常用书是经常陈列在阅览室或参考室的,清查时需要向阅览室或参考室核对。出借流通的书籍就须向借书处核对。因此,清查图书是一个图书馆的整体工作,在工作上比较有分工的图书馆,仍然是要共同来进行的。

清查工作,在原则上应该年年举行。但有些藏书基础比较好的图书馆,因为它的藏书数量多,又照顾到人力方面的困难,是可以视实际情况和具体需要来举行的。必要时,可做临时性的清查工作。清查的时间,应拣业务和学习不太紧张的时候。如人手不够,可动员机关工作人员义务劳动来协助。清查的依据是排架目录,用图书财产登录簿来清查固然是最精确的,但不是科学的办法。除非是国家的图书财产已认为有了失窃问题的时候才去应用。因为图书财产登录簿的序次与书籍的排列(分类排列法)是两种不同的办法,从书架上排列的书籍来查对登录簿必须要翻来翻去,时间迟缓,又不能分几个工作组来进行。同时登录簿也容易翻坏。未有编制排架目录的,范围比较小的图书馆,可用编目底卡或分类目录来查点。但它们要在编目的时候即已记上财产登录号,否则就无法查对复本和册数。记上财产目录号的底卡或分类目录,它指示着那一部书籍有几部复本,和该一部书的册数。按排架目录上的财产登录号一一核对,就可以知道书籍保存和变化的正确数字。核对的手续,要有两个人一小组同时进行工作,一个从书架上报,一个在排架目录上对。报的人抽出书架上排列的书籍,先报排架分类号,接上报著者号码(或书次号),然后再念书名和财产登录号,校对无错就把书籍排回原架,再核对下一册书籍。发现有书无目的把书籍抽出来,以便重新补上目录;有目无书的,把目录竖起来,以便到借书处及阅览室再去查对。还有多册一部或一部有多册复本的书籍,它的排架目录只有一张,其中有缺少的时候,就在有书的财产目录号上打着"√"号,表示这是有的。这里,会发生复本在排架目录上的财产登录号记法问题。如果用起讫号码记录法(如8463—7,表示这书共有五册),简便而省地位,但清查、注销时很不便。如将登录号单独一个一个记上去(如8463;8464c.2;8465c.3;……),记时比较麻烦,复本多了亦不好记。这应视具体情况决定,不要规定得太呆板。清查到最后没有办法找到书籍的排架目录(或财产登录号上没有打"√"的复本),那就是损失了的书籍,再将失书的排架目录列一清单,请示处理。当然,这种处理情况是要按照各个机关的具体条件来解决的。如在企业机关,图书财产也是当作一种资金来计算的,这样,就要把损失的状况和价值同时通知会计部门作为记帐的根据。在举行图书清查以前,要作些计划和工作的准备。如人员分配,先把排架目录和书籍排架清顺一下,并通告逾期借书归还等等。在清查期间,最好要做到不停止借阅,至少也要做到能够可以来还书。我想,如果工作调配得好,照顾到不要停止借阅是可能做得到的。清查时间,自然是愈快愈好,时间拖长,书籍经常在变动,就会增加清点工作的困难。当然,只有一、二个人管理的机关图书馆,既要清查,又要对读者供应书籍,在具体工作中是有些困难的,只得在具体情况中想法克服困难。

图书按照排架目录清查之后，如果觉得还不放心，怀疑排架目录与原有的书籍是否没有出入，那末可以再按排架目录上的财产登录号与财产登录簿核对。核对的结果，就是进一步清查了解的状况。不过，这个核对工作是比较麻烦的。上面说过，排架目录与财产登录簿是不同序列的，这样，就得先将排架目录依照所记的财产登录号先行排列起来，再与财产登录簿查对才方便。俟查对完毕后，又仍照索书号码排回去。但遇有一部多册复本，或多册一部不同时到馆的书籍，那就只能排在第一个财产登录号上，其余的翻财产登录簿核对了。不这样做，那就只好用财产登录簿翻来翻去核对，手续同样是麻烦的。

在清查工作同时，对某些已经损坏了的书籍，应该及时抽出修补或装订。在大型图书馆中，都有装订部的设置，在大多数范围较小的机关图书馆，那就没有这个条件。这样，就要自己设法修补，除非是非大装订不可了的才送装订作装订。装订修补的纸质要坚韧，可以利用新书打包纸和封面包皮纸，这些纸料应在新书到馆打包验收和进行个别财产登记时保存下来。遇有书籍吊角或破页的地方，应即用玻璃纸补贴。书籍小修补和改换平装封面等工作是每个图书馆工作人员都必须学会的。这种劳动虽然小，但对保护图书、珍惜国家财产很有意义。在清查时，要注意多册同一个问题性质的薄本子，因为它们是先后出版不同时到馆的，在编目时只能按照到馆先后零星编藏入库的，清查发现了，就要把它合装起来。经过改装之后，即要进行注销、收入总括登记和重新个别登记，登入财产登录簿。否则就不能统计藏书的正确数字。

书库工作，简单说来是书籍的保管工作。我们不能说，图书经过图书馆整理后的装饰，有了图书馆的标志，进入书库以后，就不再会损失了。损失是不可能绝对避免的，不过有不同的程度而已。有些由于书库管理制度不严，图书馆自身造成的遗失和损坏，有时竟会经过清查之后,使自己的损失程度吃惊。但也可能会有因清查疏忽,造成遗漏误以为遗失的。因此,清查工作必须仔细进行。研究查对方法,以免回头重点,浪费人力和时间。在那些没有查到的书籍之中,也许会有因馆内工作人员与机关干部私相友好而不遵守借书制度所造成的。他们之间,看见某些想看的书籍,或者是新进馆的,或者是借的人多一时风行的书籍,要求通过私人关系暂时携去看一看,结果是经过了些时间之后,一个不还,一个忘记这件事,到清查时造成不知因何而失的情况。书库工作者,必须恪守图书出纳的规定,以身作则,自己切不可随随便便把书籍携出书库。欲带回家中阅览的图书,必须办好借书手续。否则,借书处就会找不到书籍,无法回答读者。

图书经过清查之后,即可以明了那一个时期中的书籍遗失和损坏状况。以一种损失情形具列一张凭单,在藏书总登记册的第二部分,进行一笔注销。

最后是图书的移交。移交图书是行政责任上的手续,大都是调动负责人的时候举行的。书库中具体书籍和册数的核对,一般都按照排架目录来进行。如无十分必要,就不用财产登录簿点交,因为这是很费时间的。

图书的清查和移交是两个不同的意义,但具有共同的形式。前者是经过相当时间不是移交也要清查的;后者是必须全部图书转移负责人才去办理。

第七章　阅览工作

一　阅览室的组织

图书馆工作的主要内容由三个部分组成。第一是采购工作和陆续补充图书。第二是图书到馆后的藏书组织工作和如何尽到对国家文化财产的保管及保护责任。第三是如何发挥图书的最大限度作用。前两个部分的工作是为最后使用图书而准备的工作，一切工作都是为图书的使用而服务的。使用图书为图书馆的终极目的。机关图书馆的责任是：第一，如何通过阅览工作来配合机关业务的推行，促进国家社会主义建设事业的跃进。这样，就要求图书馆工作者掌握机关的性质、国家的政策，充分地供应工作人员参考和阅览的图书资料。第二，如何通过阅览工作来推动干部的理论、业务、时事政策等学习，使工作人员水平不断地提高，可以更好地完成机关工作任务。这二点，以前曾经提起，现在讨论阅览工作仍然不能离开它。机关图书馆不是藏书楼，不是点缀门面的，也不是保管古文物的地方，而是应把少量的藏书发挥更大的作用，组织阅览工作的道理就是如此。

机关图书馆的借阅组织，应该是由三个部分组成。第一是，参考室组织，它能对图书资料随时保证供应，这个问题我将在参考工作章来叙述。第二是，阅览室组织，要充分便利工作人员来馆阅读，它与参考室任务不同。但如果条件有困难，可以与参考合并组成。关于报刊阅览，一般都与图书阅览室分开，如条件许可的话，应该这样做。因为报刊阅览流动性强，声音嘈杂。第三是，书库及借书处的组织。这也应看具体情况，把书库中可供流通的图书陈列阅览室，缩小书库范围，把借书工作移在阅览室门口来做。在原则上，机关图书馆的借阅工作应有上述这些组织，但具体情况是不同的，应该按照实际条件去布置。

大家都知道，使用图书有两种方式。一种是设置阅览室在馆内阅览，另一种是外借。但是，有许多小型机关图书馆是很可怜的，我们不能都以有较好条件的机关图书馆来设想。有些小型机关图书馆，它们因为限于设备困难，几乎连设置一个阅览室来供读者阅览的地方都没有，更谈不到同时设置参考室、阅览室、报刊阅览室等的各个组织了。有些机关图书馆，甚至于只有一个小书库，在窗口上做出借工作。这样，就不能发挥机关图书馆的作用，使图书资料为机关事业服务的目的受到一定的限制。我们机关图书馆工作者应该在这种困难境遇中，尽可能向行政组织建议和磋商，起码要争取建立一个阅览室，甚至于是很小的。这样，可以造成对图书馆工作有利的环境，争取群众对图书馆的支持。在每个机关图书馆中，不论它如何小型，它总多少备了一些书籍才能成立图书馆，如果没有一个可供读者阅览的地方，单靠外借就不能使少量的图书进一步发挥作用。除图书外，还有新到的杂志和报纸，这是每个机关干部经常必不可缺少的精神食粮，没有阅览室就使大家失去阅览的机会。如果没有阅览室把这些新到的报刊流通出借，供给个别人阅读，那末只能方便于几个人，图书馆是不应这样做的。总之，没有阅览室的图书馆是不健全的，它会隐蔽新鲜事物，它会埋没宝贵的图书资料，阅览室是图书馆组织必不能少的部分。

我们还要估计到，机关图书馆不可能都有专门的建筑。可以想像得到，很多的机关图书馆只能利用和改造旧房子，要要求符合标准的阅览室条件是比较困难的。但在改造时，可以尽可能的多开窗口放进阳光。光线调整除了有较大的窗口之外,还可以用粉刷墙壁的颜色来调和配合。阅览室的布置,必须迁就有计划改造后的房屋结构,竭力使之不浪费空间,同时也要符合管理上的要求,在阅览室组织安排上不使浪费人力。自然、美观是要紧的,但要朴素、幽静,使阅者进来有一种愉快的感觉。

关于阅览室的布置和装饰,虽然不必用若干理论来作根据,但这些平常的工作每每会对图书馆作用发生很大的影响。因此,提出下列一些意见以供参考,这当然是不全面的。

总的说来,阅览室的布置和装饰必须是为读者造成有安定的情绪,使读者能够安心静气的学习、钻研。但它的舒适是为了学习上的需要,而不是在应该劳动的时间中有特殊的肉体享受。比如说,陈放沙发在阅览室,也是给读者舒适的东西,但这样就会把阅览室变成休息睡午觉的场所,这是完全不必要的。我所以要提出这个意见,是因为我就曾经遇到过这种情况。

悬挂革命领袖的照片,应用玻璃框架,不要随便张贴,相片要用标准的。

书架和杂志架的陈列,尽量使靠墙壁安排,每一个墙壁空处都要加以利用。就是窗口下面的墙壁也应制成合适的矮书架或杂志架使之排满。因为靠墙壁的陈列最能揭露书籍的面目,清楚而顺眼,所以阅览室的墙壁空位对图书馆来讲是最宝贵的地方。配合阅览室的设备,应该调和阅览上需要的东西。比如百科全书、字典之类,可以根据阅览室某些可以利用的空间制成单独安排的书架。如大字典台,没有地方可以安排或者安排不合适的时候,就可以制造旋转式的装置陈放在阅览桌上。

供阅览用的桌椅,有各种不同的形式。最主要的是要使坐下来阅书写字的时候它们的高度恰能舒适。如果不是利用旧东西,而是新制造的话,就一定要符合这个要求。我们有时会遇到办公用的椅凳高了些,坐下来工作不舒服,同样,阅览椅子与阅览桌不相称,也会影响阅书情绪。阅览桌采用六人长条桌较为普通,因为它所占的空间比较能容纳较多的读者。六人用阅览桌的长度255公分,宽度100公分,高度78公分。阅览桌、椅应备多少就视读者需要和阅览室的具体情况而决定。

为了减少阅览室内的杂声,阅览椅脚底可装配橡皮。

新书、新杂志到馆的公告牌,必须布置在一个大家易于注目的地方。

读者目录柜应安放在借书处与阅览室的进口处,那里要有充足的光线以便利读者查阅。

总之,一个不适合做阅览室的建筑物,如能开动脑筋,鼓足干劲,有条有理地把它布置、装饰起来,在使用方面合理,就可以成为一个使人感觉愉快的阅览室。

关于阅览室工作的面很广,它包括了阅览工作的全部范围,为了方便,分开以下各节来叙述。

二 借阅办法的拟订和执行

图书馆图书的借阅,必须建立制度。建立制度的具体形式是拟订借阅办法,作为进行借阅工作时的依据。办法包括两个部分:一是出借办法的规定;一是在阅览室内阅读应遵守的规则。机关图书馆也和公共图书馆一样,这个办法的用意是保证干部借阅图书能够得到便利,而不是用来约束和限制读者的。任何有阻碍图书使用和流通的条文,那就是不符合借阅办法本身的精神的。借阅办法的条文应具备具体、简单、扼要的原则,要使人看了不感觉啰苏,觉得这是一种应该遵守的办法,这样才能起着积极的作用,而它的内容又是要完备的。首先,借阅办法的拟订应符合实际要求和机关性质,条文不可以空洞无物,有条文就要保证能够条条彻底做到。在机关图书馆内,每每因工作者不去严肃执行自己所拟订的办法,放弃自己的责任,去迁就同志间的个人要求,把它看成没有办法推行,听其制度自流为形式,渐渐地使读者养成不遵守借阅制度的习惯,这种情形是应该由图书馆员本身负责的。其次,借阅办法的目的是为了流通图书,而不是"清规戒律",执行借阅办法必须联系实际。比如说,借书每人规定限制二册,某人要多借一些,或者他已借过二册未归还又继续来借,这样的情形我们就应该拒绝,给予方便就破坏了借书制度,从而影响了其他同志的借阅,减少了图书流通的周转率。这个理由是很明白的,就是一个人不能同时看几种书籍,要求读者看完了再来借。但是,如果那个人是为了研究某个问题,或者写一篇文章或报告要参考,这就应该通融办理了。这种情况,对机关图书馆照理是易于掌握的。图书馆工作者在一开始执行办法时,就该彻底遵守自己所制订的办法,这是很重要的工作态度。开端放松了,到后来改正过来就要比较困难。在此时间,必须一面态度温和,一面坚持原则,用理由去说服同志们接受遵守借阅办法。借书期限的遵守,也是同样一个道理,为了使数量不多的书籍加速它的流通周转率。但也要照顾事实,应有续借的机会。比如一部"资本论",它也与普通的文艺作品一样,限制死的期限,这就是不顾实际了。但是,图书出借办法不能规定得那样具体,哪些书时间可借长些,哪些书时间应缩短些。这里,我想再谈一谈续借的期限规定问题。续借期限,一般的都应该比第一次借期缩短。比如第一次借期为二星期,续借为一星期。但有些图书馆为了书卡或借书单的排列方便起见,没有解决出纳上的技术问题,无形中把续借日期也延长到二星期,这样就影响了图书广泛面的流通。尤其是新书,流转是愈快愈好的。我曾经看到过这样的情形:一部新添进图书馆的"历史唯物主义",经编目后即被一位读者借去,他到了二星期来续借一次,一次复一次地,这本新书等于他自己的专书,出纳工作者始终没有发现这个问题,这样就使这本书专为他个人而备了。所以,续借期限必须明确规定,同时也要在出纳技术上解决问题:第一,在借书处的本身来讲,应该把续借手续、方法具体规定,如续借的书卡或借书单与初借的书卡、借书单分开来排列等。第二，也要重视具体情况，如果这本书确实没有其他的人要借，而对这个续借的人确实是一种需要，或者是一时无法买到等，了解他的情况，出纳工作者应给以通融。总而言之，办法的制订不应视作是死的，而应该在具体执行的情况中灵活应用。我们感觉到，过去有些图书馆过于遵守陈规旧章，影响了很多书籍的流通，这种情况我们应该改变过来。我们刚在解放初期，大家的收入不多，书籍的定价也比现在贵了些，有些同志购买自己长用的书籍还有困难，但这种情形目前已不存在，长期需要学习的书籍，是应该自行购置的。比如前面所述的"资本论"，应该给以续借的机会，但不应该允许一个有自置能力的同志老是一次复一次地续借，变相的为一人霸占，而他又不争取时间看完，影响了别人借阅。有人预借的书籍不得续借，也应该在借阅办法中规定下来。

关于参考书（包括工具书）不能出借的问题。参考书所以要在办法中规定不出借，这是因为要保证大家都随时有参考的机会，方便了个人就会影响了多数人。但这并非是说要紧关头需要查一查的时候也不能变通。遇到不致于影响别人参考的时候，也应该给以方便的，不过自己要注意及时收回罢了。这一点，我将在参考工作一章中再来叙述。书籍借出去，使用的权已在借书人手中，但机关图书馆不比公共图书馆，如果因业务上需要而又没有其它书籍可以代替的时候，应有随时收回之权，这也应该订入办法之中。总之，借阅办法不应是所有的图书馆都互相等同，一成不变，各个机关的具体情况不同，图书馆就须作出一些符合于自己的个别所需要的规定。比如机关组织中的各科各组因工作上需要，它要借一些作为公用的书籍，但为了保证责任起见，可以规定应由经手者签字负责（借的数量不在个人限借数量之内）。在机关图书馆每每会碰到这样的情形，部门组织用公章借去之后，到后来竟因人事变动而找不到书籍。没有一个具体的人负责经手，就没有对象可以追查。在图书馆借阅办法中,还有一些琐屑的事情,也是应该重视的。如借书单填写不能太潦草(或在书卡上签字),有些人在借书单上竟用极难识辨的签字式,使出纳工作者不知何人的借书单。不要私自转借他人,有些人为了方便或者到图书馆借书时知道该书已另有人预约,就互相转借了。这些事情虽小,但影响是不小的,也应在办法中规定下来。又如损坏和遗失是国家财产的损失,赔偿的具体标准也应该加以规定。读者遗失借书的原因很多,在旧社会中,竟有因某一册书籍买不到而虚报遗失愿意赔偿的。这种情形,当然需要另作处理。但出借书籍一般的遗失和损坏,固有它客观的原因,而读者对借书不尽心爱护,致使国家文化财产遭到损失,这是事实。图书馆对借书遗失和损坏的赔偿制度是必须建立起来。当然,图书馆并不希望对这种不得已的制止办法成为经常的现象。机关图书馆的供应对象是国家工作干部,每一个本机关干部都有使用本机关图书的资格,但也都有爱护图书的责任,这一点是易于理解的。

机关图书馆的借阅时间不像公共图书馆那样要求,需要通年日夜开放。星期日是同时休息的,不是特别的机关晚上一般都不办公,但也不能就以规定办公时间开放为满足,它必须照顾干部借阅的便利。在机关中,干部有一定的学习时间,不是随时都可以在图书馆阅览的,否则就要影响业务。为了工作上参考,他可随时进阅览室(或参考室),但参阅业务之外的东西,就得以不妨害所负责的工作为原则。即是说,与业务有关、解决业务问题的资料是可以在办公时间内看的,不是业务上需要的就不应看。因此,图书借阅时间要适应这种客观的要求,可规定中午休息时间不停止借阅,并在下班时拖延一些借书时间。如有必要,星期日和夜晚也应设法开放。这样固然要发生图书馆人员的办公时间延长问题,但可以在具体分工中有一些上下班的伸缩性来克服。最好是轮流值班。

阅览工作是多方面的群众工作,因为图书馆一切设施都是为了读者,为了群众,借阅工作如果离开了群众——读者,则任何劳动都是白费的。因此,借阅工作的出发点就必须根据读者对象的需要。机关图书馆的读者对象,一般说来水平是比较高的,它的辅导工作不可能由图书馆来完成,而是在机关党委领导之下,有计划地有组织地进行学习。但如在工厂的工会图书馆,它就不是这样,工人同志们就迫切需要图书馆能够有计划的给以辅导,帮助他们有步骤地进修,提高他们的文化知识水平。如果听其自然阅读,片面地迁就读者兴趣,就会减低图书馆的效果。因此,机关图书馆仍不可不注意根据具体的要求,对某些对象拟具辅导实施计划。必要时,并可进行个别的交谈和辅导。

三 读者目录的推荐

阅览工作,是使图书与群众接触的工作。图书馆的图书必须通过这个部门的工作来为读者需要服务,为政治、为生产、为加速社会主义建设的需要服务,以完成图书馆的任务。为了使图书能够很好地给读者利用,读者目录就成为阅览部传播图书、推荐图书的重要手段之一了。

读者目录的推荐,应该理解为它的范围是相当广泛的。它不单限于自己图书馆编制的,而是应该包括图书馆所有的目录和索引。如介绍读者利用联合目录,其它图书馆的藏书目录,大部头图书中的目录和索引,期刊总目录和索引(包括日报索引),各书店和出版社的目录,解题目录汇编和各科专题目录等等。这些目录和索引应在恰当的情况下推荐给读者,对读者利用图书可以发挥更多的作用。但我这里所说的对读者目录的推荐是指图书馆自己编制的卡片目录。当然,图书馆自己编印有活叶目录或书本目录的也应同样推荐。

读者目录的编制工作是属于图书的整理范围,这工作要费去很大的物力和人力,目的在于发挥图书的作用。卡片目录送到阅览部来,即属阅览部应如何去使用的范围,如何把目录介绍给读者,是阅览部工作中的主要责任。因为,图书介绍给读者,一般都是通过目录的,目录是推荐图书给读者的重要工具。

推荐目录,一般都应有目录的使用说明。在公共图书馆中,读者流动性比较大,它除了在目录陈列处挂有使用目录说明外,有些范围较大的图书馆还编印有使用目录的说明书,供应读者索阅,这是以书面来代替口头介绍的一种形式。在机关图书馆中,读者对象的流动性是不多的,对目录使用有不明了的同志,一般可以用口头介绍。为了避免浪费,自然可以不必编印说明,但悬挂在目录陈列处的说明是必要的,可以书写起来用玻璃框架悬挂。

目录使用法的说明应根据所编制目录的现实状况而定。如果图书馆的读者目录中编制有分类目录,即将分类目录的使用法加以说明。有了字顺目录,才说明字顺目录的用法。两种目录都具备的则要全部加以说明。悬挂的使用说明,要简单扼要而明了。因为挂框的面积有限,字体又不能写得太细。分类目录的使用说明是按照自己所采用的分类表列一个类目简表,分类符号和内容名称都要写上去,必要的子目也可以拣些列上去。但不是一律的,而是那个子目的内容收藏特别来得丰富和重要的才列上去。多列了就使行目增加,会失去简单标示的作用。要使读者看了这个简表,就能略知图书分类的体系,能够根据这一个概念找寻分类目录抽屉上的指标。字顺目录的说明是根据自己所采用的检字方法的,但各个图书馆所采用的检字法不同,因而说明的方法也就不同了。两种读者目录的使用说明,都是根据它的排列方法而产生的。

分类目录是读者目录的主要目录,是每个图书馆都必须具备的。字顺目录是辅助读者检查的目录,是为了不惯于使用分类目录的读者而备的。我们的国家传统习惯重视分类,历代的目录学家也都谈分类。在苏联,亦是分类目录作为宣传图书、指导阅读的最主要工具。但英美各国的习惯与我们不同,它们利用检字法的优越条件,读者目录主要是字顺目录。这两种目录有两种不同的作用,我们并不是说字顺目录不重要,只要分类目录就够了。而是说,应首先重视我们的习惯。这种习惯在人们头脑中间有深刻的影响。两种目录同时编制有困难的图书馆,宁可放弃字顺目录,而先编制分类目录,以供读者使用。

分类目录的排列,是按照目录分类号(大多数书籍是根据索书号码)的。先依照大类、次项、次目,再及子目。分类号码绝对相同的,再按照著者号码(或书次号)的次序排列。著者号码相同时,又看它的附加号码先后排列。每一种书的分类目录卡上索书号码是没有相同的,但同一种书不同的版本,就应倒排,把修改增订的版本,首先介绍给读者。分类目录排好之后,要用指引卡把它指标出来。因为分类目录卡排在目录抽屉之中,数量很多,大型图书馆就有很多目录柜,如果不把它指标出来,找起来仍然困难,就要降低目录的作用。指标除了较大项目外,还可指示细小的子目,这样就能导致读者进一步地检查目录、利用目录。指引卡安插好了之后,在标齿上写上所包括的内容类目名称。许多图书馆,它都是在指引卡上记着类码的,但我以为细小的类目指引卡上记明类码是不必要的。因为读者检查卡片目录大都注意类目名称,而不会注意类号。只要把指引卡上类名写得清楚扼要,已可满足读者要求。标齿空间不大,多写了看起来反而乱杂,但较大类目的指引卡上类号还是要写的。指引卡的标齿有三开、五开、七开成为一套的各种形式,在分类卡片目录中可以混杂使用,这样可使项目指标更为明显。如在大项前用三开标齿的指引卡,目与子目前就用五开或七开标齿的指引卡,这样还可以显露出分类体系的依存性。

分类目录指引卡的作用是为了使该类目里的目录所包括些什么内容更好地揭示给读者,但标齿的面积有限,不可能标出较为详细的内容和与该类目有关的交叉类目,使便于读者了解这个类目的内容以后,还可以进一步去检查不入此类目的有关图书资料。这

样,就应在指引卡上列出该卡后面所排的目录内容和交叉可参见的类目。比如在"中国现代革命史"的类目指引卡之上,列出如下图:

类号	中国现代革命史		
内 容		**参 见:**	
类号	新民主主义革命开端时期	类号	毛主席著作与传记
类号	第一次国内革命战争时期	类号	中国共产党历史
类号	第二次国内革命战争时期	....	
类号	抗日民族解放战争时期		
类号	第三次国内革命战争时期		
类号	新中国的诞生		

（上卡格式仿自刘译"图书分类目录编制法",类词录自人大法）

左边内容类目占指引卡宽度 2/3,右边参见占 1/3。这样,就可以使读者在检查"中国现代革命史"的目录还不能满足的时候,提醒他再去检查毛主席著作目录及中国共产党历史的目录。

指引卡也与目录卡一样,可以向图书馆用品商店购买。

分类目录抽屉的序列从上而下,再从左而右。目录屉的拉手上都备有一个标目的方框,这个方框可以标记那个目录抽屉内所属的内容,引导读者检查。分类目录抽屉标框上的标目用纸,应与字顺目录抽屉标框上的标目用纸用不同的颜色,借以识辨抽出检查后避免插回去时与字顺目录混杂。标目框上除标类目外,还应在类目前标上能包括该屉内容的总类码,以免抽插目录抽屉时倒乱次序。

目录柜有多种式样。有一屉、二屉、四屉、六屉、九屉、十二屉及更多的抽屉组成的,等等。各个图书馆的卡片目录种类和数量不等,可就自己的需要制造。这些多种式样的目录柜,有的是适合于排置读者目录用的,也有的是适合于内部用的,抽屉少的,内部用起来灵活。目录抽屉的大小要适合于目录卡片（12.5×7.5公分）的排放，再加上指引卡的标齿高度。目录抽屉内框高五公分，为目录卡片的三分之二高度，这样便于排检卡片。目录抽屉的容量深度40公分，一个目录抽屉可容纳750—1000卡片目录。但实际上排列起来是不能依照目录抽屉的多寡来平均的。因为卡片目录的组织须根据各类目录的实际数量多寡来排列，而不能按照目录抽屉的只数来平均分排卡片目录。内容丰富的类目中，目录抽屉的卡片目录必然会多些，馆藏不多的类别里，卡片目录自然要少些。读者目录用的目录柜，最好中间要有抽板，以便填写借书单（或取书单）之用。下面这个是适合于小型图书馆的卡片目录柜式样之一：

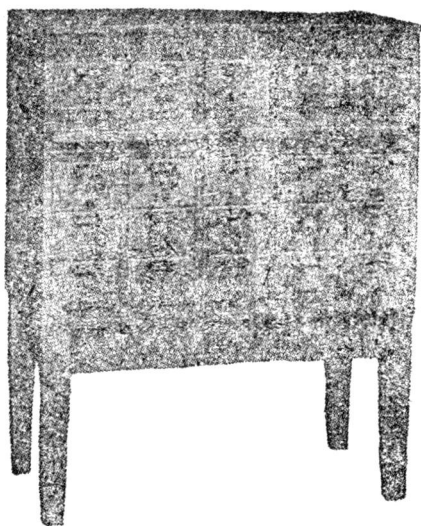

目录柜的容量深度40公分，宽84公分，共有20只目录抽屉，由五个部分组成，它是活动的，叠如上图。

（1）目录柜的顶盖高5公分。

（2）顶盖下的五斗目录抽屉高13.5公分。

213

（3）抽板部分，高 5.7 公分；抽板宽 30.5 公分。

（4）抽板下层的三排五斗目录抽屉，高 33.5 公分。

（5）底脚。底脚的高度应由目录抽屉的具体情况而定。比如说，上面所列 20 只目录抽屉还不够用的图书馆，它就可以加制两排的五斗目录抽屉或四排的五斗目录抽屉，把上面这个式样的目录柜改叠成为抽板上层三排五斗的目录抽屉，抽板下层四排五斗的目录抽屉。这样，就要把底脚放低些，使它能适合读者站着检查目录。

关于字顺目录的排列，将涉到检字法问题。检字法情况的了解，在我们图书馆工作者来讲，是不可不有的技术手段。下一节，我想来谈谈我国汉字检字法的一些情况。

四　检字法问题

检字法是图书馆用以管理图书资料的一种工具。在图书馆管理上，有许多地方用到它。图书馆工作者向来都不能不学。但是，由于汉字是从象形、会意、同音假借发展而来的，组织复杂。如以部首法来讲，说文解字有 540 个部首，康熙字典有 214 个部首。检字法在图书馆工作中，也就一向存在着问题，没有得到统一的解决。现在，汉语拼音方案的公布和推行，汉字检字法用拼音字母排列的方向已经明确，但是，还有待于进一步技术问题的解决。

图书馆的字顺目录，包括书名、著者、标题三种目录。这是依照检字方法排列的。如同辞典一样，供读者检查。这样，如果检字法用得恰当，与读者的条件是适宜的，那就可以发挥字顺目录的作用。假使用的检字法不好，就会减少、甚至于失去字顺目录的功用。因此，理解检字法应体现客观形势，重视有理论根据的有长远前途的检字法，不要固执于旧的东西，这是基本的原则。

图书馆工作者，不仅要懂得发展着的新的检字法，同时也要了解一些过去的检字法。这并非是说，要认真学习过去的检字法，而是至少要懂得过去检字法的一般情况。过去检字法虽然有许多已经不通行，它们已经是过时的东西，但是，有许多用这种检字法编排的书籍还存在，在图书馆工作中时常会接触到。同时，也还有一部分检字法在应用着，很明显的，检字法正处于过渡时期中。因此，虽有些陈词滥调，我还是想在这里谈一谈。

过去检字法的情况相当复杂，大约有文字发表过的也在百种以上。把它归纳起来，大约有下列几种类型：

第一种类型是以文字的音韵排列的。这种检字法在数量上最多，尤其是古书（古人排列文字分作形、声、义三类）。如唐颜玄孙的"干禄字书"，金韩孝彦的"四声篇海"，及清代的"佩文韵府"、"经籍纂诂"等等。在这个排列法之中，又可分为两种：一种是以四声（平上去入，平有阴平阳平）为主的，如辽僧行均的"龙龛手鉴"；一种是以韵母为主的，如金韩道昭的"五音集韵"。以音韵排列的检字法，不熟悉音韵的人很难检查。但知道音韵次序的就不普遍，我们大多数人对一东二冬三江四支等等诗韵都搞不清楚。所以，对这种音韵排列的检字法，一向以为困难，不去学习的，认为只有作诗词歌赋的人才会用到它。而且音还有今音古音、南音北音，在汉语拼音方案未推行以前，我国人的语音是很复杂的，要用这种复杂的语音来当作检字法排列是有困难的。而且汉字是单音字，单字同音的很多。比如1953年人民教育出版社出版的"新华字典"，它是按照注音字母排列的（1954年已改部首排），第一个字以"ㄅㄚ"同音排列的字就有二十三个。1955年出版，北京师范大学中国大辞典编辑处编的"同音字典"也是按注音字母拼音顺序排列的，以"ㄅㄚ"同音的字就有三十六个。1957年商务印书馆出版的"汉语词典"（原名国语辞典）也是以注音字母拼音排列的，"ㄅㄚ"同音字有三十五个。这种情况，用以排字典还须有辅助办法，它必须解决同音字的次序问题。但用拼音字母排列对我们字顺目录来讲，是可以试行的，而且有责任应该推广。用拼音字母排列汉字，同音的以四声符号（‐ ／ Ｖ ＼）来区别（平平上去）。遇到一字数音的,也可用"见"的办法解决,但在字顺目录中,这种机会极少。字顺目录是"词",而不是单"字",同音首字,可由词来作次序。而且,汉字简化运动的发展,对其它检字法都会受到字形变化而产生排列上的分歧,独拼音检字法是不会受到这种影响的。中国文字改革委员会吴玉章主任说,有了拼音字母以后,我们可以用它来改编电码本,制造排铸机,并且用拼音字母来检字、编索引。这个精神,正是指导我们解决汉字检字法的方向。

第二种类型是以文字组织结构来排列的部首法。社会上受这种检字法的影响很深很广。但也不能否认,它在检字法历史上起过一定的作用。自清初"正字通"、"康熙字典"以来,一直站在检字法的统治地位。如许多字典、辞书依照它来排列,电报号码及印刷厂的排字房采用它,对人们有根深蒂固的影响。但因为检查方法的庞杂,不科学,不知六书的人找起来很困难,而读书、生活与检字法的关系是很深的,后来纷纷提出要改革检字法的动机大部还是从此而起的。部首法因为部首太多,不易记忆。部首复杂,分不清楚。如有"非"部又有"韭"部。归部无标准而混乱,无根据。如"类"入"頁"部,"颖"入"水"部,"公"入"八"部,"分"入"刀"部。排置勉强。如"承""才"入"手"部,"厄"入"卩"部,"求"入"水"部,"老"入"者"部,"衆"入"目"部,"與"入"臼"部,等等。而同部首的字很多,又要再数笔划,同部首同笔划的就不再区分了。上面所述的这些部首法缺点,仅是一部分例子。因为社会上受它的历史影响大,所以流传很为广泛,在农村中,单只会查部首法的人,目前还不是少数。但近年以来,新出和新编的东西采用这个办法就比较少了。部首法如果应用在图书馆的字顺目录上,那显然是落后的,必会因检查的不便而浪费读者的时间,所以图书馆是大都不会用来排列字顺目录的。

第三种类型是以文字组织的母笔、形位来排列的。以母笔排列的如俄人卢森堡的"五段排列法",万国鼎的"母笔排列法"。以

216

形位排列的如洪业的"中国字庋撷法",杜定友的"汉字形位检字法"。前者,第一是汉字之形不一,有宋体有楷书,不能决定绝对的笔形,排列仍无一定的位置。第二是有些汉字的写法没有次序标准,如"上"字,"丨"先"一"先;"有"字"丿"先"一"先,各人写法不同。第三是笔形界限不清,种类又多,使人不易记用。第四是排列和检查时须按笔形逐笔比较,颇为迟缓,如"五笔检字法"那样。第五是没有普遍性,不易学也不易用。后者,第一是周折太多,先要判断整个字的形状,再决定部首或笔划,再次分起笔的笔形,手续多,使人怕用。第二是汉字的形状不很平均,多的很多,少的甚少。第三是汉字形状含糊,如"汉字形位排检法"分为八种,"中国字庋撷法"分为五种,而这种检字法的例外又多。我们不能否认,这种类型的检字法具有汉字组织原理的特点。但是,汉语拼音方案公布、推广后的今天,它已是落后的了。当然,我们图书馆不致于采用这种检字法来排列字顺目录,但我们图书馆工作者仍应该知道一些。新华书店排列"全国总书目"的书名索引,把汉字分为五种起笔笔形,以1、2、3、4、5五个号码去代替,成为"起笔笔形号码",按照书名次序每一个字的首笔代以号码,连成序次,成为书名索引。这个办法确是"易学、易记、易查",这在数量不多而又是排印的索引才可以应用。因为排印的索引一面可以印刷若干行,一目可以看到好几行,而在卡片的排列上,就要求更严密的次序,它的排列地位是要绝对的,否则排卡查卡都会发生混乱。所以它虽然简单容易,图书馆的卡片字顺目录是不能采用的。

第四种类型是以文字组织的形状取角数号码排列的。它以四角号码检字法为代表。四角号码有很多缺点:第一,表现在排列上打垮了汉字组织的原理,看起来非常庞杂混乱。如2710 墾、2711 凱、2712 郵、2713 黎等字的排列,对母笔、形位、意义、声音等等方面都是毫无联贯和近似的。第二,暴露在同号码的字数太多,虽然增加了一个右下角之上的附角编成为五个号码,但相同的号码仍然是很多的。如00227的号码之下有方、市、帝、腐、旁、席、育、商、高、廊、裔、庸、廓、膺、廟、鹰等等。虽然我这个举例是故意找出来的,但它的同号码、不能在比例上较为平均是事实,这是四角号码主要的缺点。第三,是取角有例外,如用口、門、斗、等所构成的字,下角须取内部的笔形。四角号码既然有这些缺点,那么为什么四角号码字典还销行不少呢? 还有许多地方采用它呢? 连很多的图书馆著者号码也采用它呢? 这也正因为它还有一些优点:第一,用阿拉伯数字排列的方法简单清楚,容易排也容易检,只要记住文字的角形代出号码来联成数字顺序,学会能查不太困难。第二,是单纯的根据号码数字排检,不要用其它的方法辅助。因为汉字检字法大都是以一个方法为主,参以它种方法为辅助的。如部首检字法先是按照部首,同部首的再数笔划;或者是先用笔划之后再用笔形。"新华字典"同一个音里再按四声的次序排列;"同音字典"的笔划索引划数相同的再按七种起笔次序。除用角数号码排列的检字法之外,任何检字法都是要用一种其它的方法来辅助的。四角号码一经取角之后就没有其它间接的麻烦,它的主要优点也就是在这里。第三,汉字简化运动的发展,许多汉字都陆续改变了形状,这除音韵以外的检字法都会发生影响,而四角号码在这方面按照新字形取角的问题不多。但是,要把这个检字法应用到字顺目录上,那就等于去强迫读者要先学会四角号码之后才能利用读者目录,这显然是不适宜的。不过,为了图书馆内部用,采用这个检字法的图书馆就很多。在过去,四角号码有了商务印书馆的支持和推广,对图书馆界造成很大很深的影响。有许多商务印书馆出版的古书和工具书,如十通、佩文韵府、辞源、古今人名、地名大辞典等等,都编附有四角号码索引,这就迫使图书馆工作者不能不去学会它,否则就不能较好地利用检查。所以,几乎引致所有的图书馆具体工作人员起码都应该懂得四角号码检字法,否则,就差不多不能在图书馆做事。实际上,四角号码也确成为图书馆内部管理

218

用的技术手段,在我们还未习惯于拼音字母排列以前,有许多地方还是比较为方便的。解放以后,由于党和政府的重视,图书馆事业得到很大的发展。新参加的图书馆工作者陆续增多,这些新进人员对内部用的四角号码有同意的,也有不同意的,我就曾经碰到过,因有个别同志反对用四角号码编制著者号码,草率改革,结果造成排架很混乱。但这并非是说,用四角号码编制著者号码是最好的,不能再改了。而是说,遽尔改用一种尚未成熟的办法,会牵累往后工作的困难,这也是由于不太了解检字法的一般情况所造成的。我们认为,四角号码对外用,排列字顺目录是不对的。也并非是说,应该保守四角号码,而是说,在内部用,尚未有更方便的办法以前,而又为多数人所同意的时候,也就不妨延用和采用。这是从有利于工作的角度出发的。这里我想附带说明,著者号码虽然是目录上索书号码组成的一部分,但它是供内部排列图书之用的,与读者无关,故应属内部用的检字法范围。当然,拼音字母排列法的发展是很快的,只要条件成熟,就应该改变过来。

关于四角号码检字法的发明者问题,我想谈一谈现在的看法。在过去,四角号码检字法的形成期间,王云五是东方图书馆的馆长,他利用该馆的职员,做实验工作,这是四角号码检字法形成过程的重要关键所在,曾在东方图书馆的老人都知道的。四角号码检字法的产生,决不是某个"天才者"所独创的,而主要的是多数劳动者集体劳动的成果。如果把它的发明归功于某一人,那是不公道的。四角号码检字法本身没有什么阶级性,如果我们需要的话,就可以利用它。

关于以角数号码为顺序的检字法,除四角号码外,还有陈文的"首尾面线检字法";张凤的"面线点形数检字法"等。在解放初期,我还遇到过仍用这种方向研究汉字检字法的。

第五种类型是以文字组织的笔划多少排列的。笔划少的在前,多的列后。这个办法没有人发明,最初为"康熙字典"所采用

（同部首的数笔划），近几十年来用得很普遍。如以前商务印书馆所出版的动、植、矿物大辞典，中国古今人名、地名大辞典，北京师范大学中国大辞典编纂处编校的"学习辞典"和上海新知识出版社编印的"新知识词典"（1958 年）等都是。这办法所以能够受到大众的欢迎是因为它具有普遍、简易、不要学就会懂得检查的优点。但它的缺点也是继之而生的：第一，是同笔划的字太多。如"中华大字典"的检字表上，八划的字有 1844 个，九划的字有 2189 个。第二，是因为同笔划的多，也就和其它检字法一样，需要有一种其它的方法来辅助。单用一种笔划来排字是行不通的。比如部首法，先查部首再辅以笔划。或者先数笔划多少，再看起笔，如"学习辞典"和"新知识词典"。第三，是笔划没有一定的标准。按照字典计数与我们习惯书写计数有些出入，这主要的关键是楷书与印刷体不能一致的问题。如"衣"与"衤"，"示"与"礻"等这些偏旁组成的字就有笔划的差池。同时，有些字的原来组织与通常应用书写已起了部分变化，不为一般人所注意。如"成"字中间"丁"笔已作"丁"笔，所以由七划变成了六划；"者"字中间有一点，通常都已不点；"黄"字的草头均已把它连起来，这一些，就增加了笔划不统一的缺点。但是，由于我们一向以来没有统一的检字法，而对于读者用的字顺目录排列，又必须具备大众化和普遍性，周折而复杂的办法就会限制读者检查字顺目录。因此，对读者字顺目录向来都主张采用笔划检字法。笔划法固有它的缺点，但可以想办法克服。上面所举"中华大字典"的检字表上同笔划的多，究竟十分之八、九是不常用的字。同笔划的字，可以用点、横、直、撇笔顺来分先后。某一个字顺目录起首相同的单字多了，就用指引卡单独指标出来，引导检查就不要再去比较笔法了。其次是因字形差异，写法不同，笔划数目不统一的缺点。这个缺点，在汉字简化运动中，同时也简化了繁体字、异体字的划一，这对笔划检字法就创造了有利的条件。在目前，某些繁体字、异体字的习惯力量还在某些人们头脑中存在的时候,可增列见卡来补救,如"氷"见"冰","吊"见"弔","鑛"见"矿","過"见"过"等等。字顺目录与字典不同,字典可以用它种检字法作为辅检表,来辅助查不到时的检查。但是,字顺目录只能是字顺目录,不能又用另一种辅检表来辅助的。因此,对自己目录中有分歧字顺的时候,就都得编制引见片,引导检查的统一。汉字简化方案的公布,给予笔划检字法有很大的影响,是有利的。汉字经简化之后,不仅减少笔划,而且笔划分明了。许多繁体字、异体字的划一,使有多种写法不同的同一个字也得到了统一的标准。关于同笔划先后的区分,有的用点、直、撇、横顺序,它是封建衙门中的"江山千古"法变来的;有的用横、点、撇、直顺序,它是旧式当铺用以当物吊号的"元亨利贞"法变来的。比较用得普遍的还是点、横、直、撇(分此四种笔形后,再排次序)。用笔划法排列字顺目录的,照以往的体验,无论如何不会数笔划的人,他也总会查到百分之九十几的。因此,现在许多大图书馆的字顺目录,还保存着这个办法。这种情况,我们图书馆工作者是大家都知道的。这当然会随着普通话标准音的推广,俟条件成熟,这种字顺目录的排列就可以改变过来。

汉字检字法除了上述这些类型外,还有以文字意义排列的书籍,其实也是检字法的一种。如古籍中的尔雅,广雅中的释诂、释言等篇。这种依类排列的办法,并已为编年鉴、手册之类的参考书所普遍采用。"作文类典"一书,也是以文字的意义排列的。但是,在图书馆中,因为已有性质类同的分类目录,所以也就没有被注意了。

汉语拼音方案的制定公布,给我国汉字检字法开辟了光明的前途。在图书馆中所需要解决的字顺目录排列、资料索引和著者号码等,都可以逐步地采用拼音字母排列法。所以可以这样做是因为:第一,汉字已有了拼音字母,拼音字母亦如俄文的 33 个字母,英文的 26 个字母一样,有一定的次序,排列统一了。第二,拼音字母有一定的标准音,推广以后,不会似过去那样,语音复杂。亦只有在统一的标准音条件下,才有可能用拼音字母排列作为检字的方法。

最后,我还想谈一点在图书馆中运用简化汉字的意见。这个问题,如果是一律改用了拼音字母的检字法,那就已不存在了。但是,不是新建立的图书馆,或者对于拼音字母排列还不习惯,为了适合实际工作需要,不能不暂时、甚至于相当长期的延用旧检字法的,就有密切关系。比如用笔划法排列字顺目录的,用简体字排与用繁体字排就有很大的距离。这种情况,图书馆应该推广简化字。在排列上,是不会发生困难的,只要按照简化字排列,添些见卡,是易于解决的。但是,编制著者号码就比较复杂了。第一,现在还没有统一的汉语拼音著者号码表;第二,已经有了基础的图书馆,就是有新的拼音著者号码表,亦不能即行改革,它必须继续延用旧办法。因此,汉字简化用在图书馆某些具体工作上就得自己有个办法。因为简化汉字是一批一批公布的,它需要有一个时间试用后陆续公布,而图书馆工作者又不能事先预想哪一些字要简化,如何简化法。比如用四角号码编制著者号码,葉聖陶的著者号码为"4917"(姓取一、四两角,右下角从左下角拖过来,名各取左上角),在"叶"字"圣"字简化以后,他的著者号码就变为"6477"了。图书馆总不能说先前的著者号码听其为"4917",而以后进馆的改为"6477",前后统一这个原则是必须遵守的。有的人主张一律照过去正楷取角,不管简化不简化,要改等将来一道改。我想,问题没有那样简单,要等一个汉字简化完结的彻底阶段是不可能的。应该考虑的是国家将来要彻底改革文字,在目前条件下逐步简化汉字,这是国家的政策。将来整个文字都要改革,这是原则性问题。但图书馆的困难也是事实,牵连一个字有时会改好多号码,费去不少人力物力,事实上是很难办的。这如何解决呢? 图书馆是群众性的机关,不但自己应该采用国务院公布的简化汉字,而且有宣传推广的责任。问题是:如果采用简化汉字,困难在于以后公布的,在未公布以前采用的就要一起改。如果照楷书检字,那末数年而后,那些已公布简化的原繁体字势必要逐步变为古字,不能说一个图书馆可以长期因循旧习惯。汉字简化的影响,不单是某一个检字法的关系,而是除了音义排列以外的各种检字法都有牵涉的。我以为,解决这个问题还是应从两方面设想。一方面是对外的,应用简化汉字排列(指未改用拼音字母排列以前),因为目录不一定要改,只要照新公布的简化字抽插过来排列就是了。并添制"见卡",从旧见新。至于著者号码、排列新近零本杂志等,究竟是内部用的,为了照顾事实困难起见,可以结合自己的具体情况进行,延用旧字检法使之统一,或者拟订自用编排标准,我想都是可以的。

五 字顺目录的排列

字顺目录亦称辅助目录。它是辅助分类目录揭示藏书的有力工具。它不同于分类目录,以类属来集中反映藏书的内容。而是从另一个角度——以排列辞书的形式,按照检查字典的方法来揭露藏书内容的。它能集中地表现某一个人的著作,不管他的著作是各式各样的内容归到不同门类的。它能在标题字顺中,集中地表现专题材料。它并能回答读者知道书名的书有没有。

字顺目录包括书名目录、著者目录和标题目录等,前已述及。但编制标题目录的图书馆现在还很少。许多范围较大的图书馆,为了使读者检查书名与著者有一个明确的界限,它是把书名目录和著者目录分开来排列的。知道书名的就去查书名字顺目录,知道著者的就去查著者字顺目录,这样可以不要在一个混合统一排列的字顺目录中检查了,同时也可减少读者在目录检查方面的拥挤。但在机关图书馆中,尤其是范围不大的,可以采用混合排列的办法。混合排列,有一个优点,能够把某著者的著作物与研究他的图书资料集中反映。读者只要知道书名、著者和标题的一个概念,就能在字顺目录中查到他所需要的东西,免得在各种分开的目录抽屉中翻来翻去,抽这个抽屉又抽那个抽屉,增多抽抽屉的时间。同时在目录卡片的编制上,也可节省一些工料。比如"鲁迅全集",分开来排就要制书名目录和著者目录,分别排入两种目录抽屉之中。用混合排列的办法,只要有一张书名目录就够了。其它字体不同的见卡,也一样还可以减省一些。

字顺目录的排列,是一种细致的工作。比如用笔划法排列,首先应该决定一种采取笔划的标准,及辅助笔划法的起笔笔法序列和形次。北京图书馆中文编目组编印有一本"中文图书卡片目录检字表",假使能够讨得一本,根据它的标准来排列,那就可以解决很多在排列时会发生的问题。我们不要把排笔划字顺目录看得很简单,因汉字简化之后,虽对笔划法有有利的一面,但因汉字笔划的旧观念还会存在我们头脑之中,有所遵循就可以给我们减省时间,消除笔划不决的疑虑,并且可以使排起来前后一致。如排列时没有一个标准,它是不谨严的,就会引起排列上的分歧,卡片目录略为增多的时候,就会分出前后两段的序列,这一点特别要注意。所以笔划法不像号码法那样,排列比较轻松。我这个举例,是指我们过去经历过的,应该细致地利用已有的经验。如果字顺目录是改用拼音字母排列了,那当然也会从工作中得到经验,应该如何细致,使字顺目录排得更好。可惜我现在还没有这个经验,只能用上述排笔划法的例子来说明。(下同)

书名卡与著者卡的混合排列,只要逐字排比,但标题目录的排列就应有所不同了。因为标题的细题在许多情况下是不能依照字顺排比的。第一,表现在地域为附目的标题和历史标题之下,应按照地理区域和历史时代序列。比如:

中国历史(唐)

(宋)

(元)

（明）

（在排卡时,从现代革命史排起,推溯上去,古代史排最后。）

畜牧业,中国

　　　,中国(西北)

　　　,苏联

　　　,苏联——卡查赫

在这种标题细题的排列上,如果也同样按照字顺排比,那就会造成混乱而失去科学的系统性。第二,是参见片的排列。标题目录不同于书名目录和著者目录,标题目录除本身外,还要添制有关联的参见片。参见片的排列有两种说法:有的主张应排列在该标题目录的最前列一张,有的主张应排列在该标题目录的最后一张。比如:

中国历史(近代史)

　　　参见:鸦片战争;太平天国运动;戊戌变法;义和团运动;辛亥革命……

排列最前,可以使检查者先检到该标题有关的参考资料就去翻阅他所需要的标题目录,不必再费往后翻检的时间。排列最后,可以使查目录者先看完该标题目录的全部材料。有些性急的人,他会看到参见片后就去找参见片上的标题目录,反而把本标题的现实材料放弃了。这些细节可以自己在排卡时斟酌决定,我是主张参见片排在该标题目录片之最后的。就是说,使读者看了这一些有标题目录的材料之后,再去提醒他看有关的资料。某一个标题的目录片多了,也同样要从某一单字中把它抽出单独指标。比如在"电"字指引卡中,分别出"电气工程"为单独指标。书名卡的排列应除去某些书名的冠词。如古书中的"御批"、"钦定"、"重修"、"校刊",等等;新出版的"缩本"、"标点",等等字样。但如毛主席的"论联合政府"、"反对党八股"等,那就不能以书名的冠词看待,而是另用标题目录来补充。

字顺目录排好之后,在目录抽屉的标框上要标明笔划数目,或从几划至几划(这是以笔划法排列字顺目录的举例,如改用拼音字母排列了的,就标拼音字母指引检查)。一个抽屉中只排列少数几个字的时候,就连同字样标出来。在目录抽屉之内,用指引卡按照笔划多寡指标。某一个笔划的字数少,就只要指标笔划好了,如"四划"、"五划"。某一个笔划的字数多时,虽然已分点、横、直、撇排列,但仍要用指引卡标明。如"六划乚"、"七划丿"等。单独某一字多了,就单独指标那个字,如"李"字"中"字等。某一人的著者目录卡多了,又从那一个姓字中区分出来。如"鲁迅"、"高尔基"的字顺目录从"鲁"字"高"字的指引卡中抽出来分标。"鲁迅"、"高尔基"的指引卡排在"鲁"字"高"字之后。某一个标题目录片多了时,也从那个首字指引卡中分标出来,如"中国历史"的标题目录片从"中"字或"中国"两字的指引卡中区分出来,排在"中"或"中国"的指引卡之后。指引卡的指标,是应随字顺目录卡片的增加时常加以检查的,从那些增多了的方面把它分理出来,增排指引。关于见卡与参见卡的排列,是应混合贯穿在整个字顺目录之中的。这些卡片是辅助读者检查图书资料的线索,一般都在编目工作中已制好。在编目时疏忽检查就难免要重复,到阅览部排卡时应注意检查核对。某一张见卡如果已经有过了的,就把它取消。如"武昌起义"见"辛亥革命"、"礦"见"矿",从前已经有排过这样的见卡了,再送来又排上去就要重复。这种重复的见卡不仅没有用处,糟蹋卡片,浪费人工,并要侵占目录抽屉的空间,使读者浪费翻查时间,必须把它抽掉。但是,标题目录参见卡就要补充参见的标题,往往新增了书籍就会新增标题目录,原有的参见卡就不可能包括后来的新增标题,因此必须把原已排入的参见卡抽出,加上新的参见标题。

阅览室陈列的读者目录是随书籍的增加而增加的,它的排列是陆续补充的经常工作。为了保证新书迅速对读者揭示,经过目录的推荐很快的能达到读者手中,阅览部工作人员必须于编目部送来读者目录卡后及时排入同一系统的目录之中,以供检查。为了保证读者阅览书籍的正确性,在排卡的同时,必须注意把某些已失去价值和时效的,或者是有错误的版本等,随时把它的卡片目录抽出来,连同书籍送交书库处理,作为庋藏的书籍,而不是向读者推荐的书籍。清除陈旧书籍的卡片目录工作,应是经常的,因为旧东西的死亡和新事物的出现总是不断交替的,这是辩证的发展规律。

六 图书借阅的制度

由于机关图书馆的性质、任务、对象、范围等等的特殊性,图书借阅制度的组织就不应同于一般公共图书馆的组织。机关图书馆的藏书,一般比较少,有专业性;又因那里的人手少,不能编制各种完备的目录。在出纳工作上,多数不能专设人员,而读者对象是有固定性的。拣选图书有一定的知识水平,事实上图书馆员不可能在专业上指导机关工作人员,这样,听凭自由选择所需要的图书只有好处而无坏处。因此,机关图书馆就应该根据这些特点,进行适当的措施,使图书与工作人员直接见面,减少一些不必要的手续。但是,这也并不是说,不必要的图书,甚至于是有害的、反动的书籍,一律向一般工作人员开放。而是说,一般可以流通的书籍,应该采取开架制度。图书开架办法,实质上是图书馆工作减少浪费的方法。目前有些图书馆已在倡议建立无人借书处,这是全国人民在共产党领导下普遍受到整风运动教育的思想反映,是共产主义风格在图书馆工作中的表现。

图书馆设置读者目录,是推荐和介绍书籍的主要形式。但这不能说已是百分之百的满足了机关工作人员的要求。在机关组织之中,工作人员对于图书馆的要求是高的,他们要求有比先通过目录取书更为方便的办法来利用图书。这样,无疑地要把某些迫切需要的图书公开陈列,给机关工作人员有直接自由抽取图书和选择图书资料的机会。即是说,应挑选那些正确的、进步的、符合于读者要求的书籍,尤其是机关专业书籍,采用开架的办法向读者介绍和推荐。开架陈列是一种辅助单靠检查读者目录还是不够的办法,而不是一种目的,是要使书籍更现实地摆在读者面前,与读者直接发生关系,企图达到给读者参考利用的方便,使少量的书籍能够发挥更多的作用。这样的办法,是机关图书馆工作方法中的特点之一。理由是:

第一,机关工作人员公务一般都是忙的。要参考一本书籍——如计划、法规、报告及总结性之类的文件等等,要起来很急,但并不想借出去进行较长时间的阅读,他只要在阅览室核对一下资料就可以了。如果图书不是开架陈列,无从自由取阅,他就无法随时查用。他就必须经过检查目录、填单调阅的手续,达到目的就增加了时间。

第二,有些机关工作人员利用图书馆图书还没有使用目录的习惯。有些机关图书馆限于人力,还不可能编制完备的各种目录。自然,图书馆是有说明使用目录的责任的,但在没有养成善于使用目录习惯的同时,尽量使图书与读者接触是必要的。开架陈列,就是使图书与读者直接发生面对面的关系。

第三,读者目录不可能都编制成解题目录(如采用统一的"铅印提要卡片"的图书馆,自可全部用提要目录)。单凭著录款目是不能使读者了解全书内容的,这就不能满足机关工作人员的要求,尤其想参考某个专题专事材料时,需要翻阅书籍内容目次来决定他所需要的书籍。又有些人是想在多种书籍中挑选某一个问题的材料的,开架就能使他尽量翻查有关该类的全部书籍。也就是说,在某些情况之下,还可以方便读者先翻一翻内容再行借阅。

第四,有些同志来借书,是指定书名的。但这不等于说他们所需要的只限于这一部指名的书。有许多工作人员忙于工作,与图书馆接触不多,知道的书名少,或者只听到旁人的介绍,说那一本书好,因而来馆借阅就指定了那个书名,如果开架可以听凭自由选择,他的眼界阔了,满目琳琅,他就可以找到他所满意的书籍。这种情形,在文学名著方面最为显著。他所指名的书籍一时没有,或者业已出借,他就可以找到代替的书籍,来满足他的要求。这是开架制度的优点,否则就会因借不到书籍而失望地离开了图书馆。

第五,非图书馆工作人员,一般的都不大清楚图书分类的情况和目录组织的系统。因此,找起目录来颇费时间,往往还会找到了目录填了取书单而书籍已经借出去。往返检查目录,往返找书,于读者于馆员都不经济。而在小型机关图书馆,不可能都设有专责的出纳人员,开架方式可以解决这个问题。如果是在阅览室内阅览的,那就更不需要什么手续了,开架办法,对于解决机关图书馆人力缺乏方面的矛盾,大有帮助。

但是,关于图书开架这个问题的意见还不一致。不同意的理由是:

第一,认为图书开架是盲目地介绍图书给读者,是对读者不负责任的态度,亦即是对国家的社会主义建设事业不负责(我觉得这个帽子套得大一点)。我们图书馆必须负教育读者的责任,把图书胡乱地开架阅览,读者就会乱看书籍,不仅对读者收不到预期的效果,而且还会造成读者错误的思想,弊多而利少。因此,开架制度是不好的,必须要通过读者目录的指导才是图书馆工作的方向。但我们必须理解,图书开架是一种推荐书籍的组织形式,它是一种方法,而不是实质内容的问题。图书开架不等于把所有坏书都摊开来,连书库也取消了。应该是拣选那些优良的书籍,思想正确的和先进的科学技术书籍用来开架,而不是用落后的以至于是反动的书籍也拿出来开架。比如说,马克思列宁主义的经典著作,就必须以开架陈列供应读者阅读和参考。又如说,文艺作品中获得斯大林奖金的著作,就毫无疑问的是可以用来开架陈列介绍给读者的。我的意见是:问题不在于图书开架这样一个办法,它的实质是挑选哪些图书用来开架的问题。这样也同读者目录一样，如果读者目录编排出去，它的内容是没有经过慎重挑选的，那末，通过读者目录也一样会把不正确的书籍流通到读者手上。在机关图书馆中，采用开架的办法是有机关干部水平较高的条件的，但当然也要慎重选择开架的书籍。同时，更要注意本机关的性质，重视本机关工作人员所需要的那些方面，根据具体情况和读者对象来作挑选开架书籍的范围。在另一方面，还要对那些在原则上决定开架的书籍加以审查，剔除那些已经落后了的，或者不够标准的版本。

图书开架的办法，并非排除读者目录的编制，它是除用读者目录推荐书籍之外的一种并行办法。如果把这个概念弄模糊了，单是依靠图书开架，以为就可不用读者目录的设备了，那是对采取开架这样一个办法来介绍、推荐图书给读者的意义了解不够的。如果认为开架是整理图书的技术上的方便，使图书馆工作者在工作上成为思想的懒汉，那就不是这个办法的目的了。我们应该认识读者目录的重要意义，读者目录能够有系统地完整地反映图书内容。比如图书的某些形式（大本子、小册子、地图等）是不能统一排架的，参考书与普通图书是分开来排架的，以及一部书的部分材料以分析目录反映一书不能分排两处等等，都只有在读者目录中才能反映出全面的材料。图书开架的办法，只有增加对读者的责任，而并非是想偷懒的办法。可以说，图书开架应与完善的读者目录联系起来，互相配合，使成为机关图书馆借阅制度更完整的体系。放弃了开架办法不用，那是能否发挥图书的更多作用问题；如果单用开架办法，废弃了读者目录这一个基本工作，那就犯了根本性的错误。

第二，图书开架是“否定了图书馆借书处对待读者的思想教育工作，抹煞了图书馆工作的主动性”（见光明日报1955年1月31日第二版）。我认为，这样的反对理由是与事实不相符合的。图书馆的阅览工作，是分为馆内阅览和外借两个方面。就拿馆内阅览来讲，如果开架的图书是经过慎重挑选的，那末在挑选书籍的过程中就是主动的思想教育工作之一。借出馆外阅览的，则不论开架与闭架，均要经过借书处的出纳手续，开架办法不是听凭读者可以取书随便拿出馆外的，自由抽阅只是限于阅览室之内。这样，借书处对于读者的借阅书籍仍可掌握主动性。相反地，读者目录所反映的内容如果是不正确的，那末，虽通过目录的检查，仍然会把落后的或者不正确的书籍推荐给读者。所以，开架与闭架，同样是一个挑选书籍的问题。闭架的挑选那些书籍编制读者目录来反映，开架的自然也是挑选那些优良的书籍用来开架。因此，把正确的书籍开架陈列，听凭读者挑选，并非是坏事。读者目录和开架图书同样都是需要优良的图书内容，那末听凭读者自由挑选只有好处而没有坏处。

我认为，正是因为我们目前对读者辅导工作的业务水平还低，对阅览指导工作做得还不够，所以采用这个开架的办法来补拙，这与对读者的辅导工作不仅没有矛盾，而且是统一的。

第三，认为图书开架降低了目录的作用，取消了图书编目的技术。这一点，我认为目录的意义和图书开架对于目录的依赖关系是需要说清楚的。目录是为读者检查书籍而编制的一种工具，它的目的是通过目录就可以填写该书的索书号码，就能够找到图书，假使书籍能够找到了，那末不通过目录又有什么关系呢？比如说，一条河，为了人要过河，架了一条桥，桥是供行人过河用的，但如果人已登了彼岸，暂时没有利用它，那能就否定这桥是没有作用的呢？图书开架办法的采用，根本没有说不要目录。开架的图书必须依赖分类目录作为排列的根据。图书开架是为了读者的方便，某一读者知道某书排在哪个书架的哪一层上，他就可以自行抽阅，减省查目录调阅的时间。假使没有知道书籍排在哪个书架上，他就必须先查目录，获得索书号码才能查到书，这一点是做阅览部工作者都能理解的。因此，图书开架并不会降低目录的作用，也不会影响编目技术的发挥；相反地，还应该加强读者目录编制的正确性。

第四,认为图书开架会引起读者眼花缭乱,不知看什么书好,书籍易于损坏和遗失;在排架方面听凭自由抽插就会造成图书排列方面的混乱,等等。这一些,我认为都是技术上的问题,可以克服的。自然,图书采用开架的阅览办法在设备方面是需要某些条件的,如需要有较大的阅览室,在各科各类的开架图书比较多的时候,可以根据阅览室的具体条件,把各科各类陈列的书籍间隔开来,在机关图书馆里,是不一定需要每个阅览部分都有管理员的。各类间隔开来,就能使读者有条理分明的感觉,从而可以解决图书开架所引起的眼花缭乱的问题。机关图书馆的读者对象是有一定水平的,他们挑选阅读书籍自有一定的主见,同时对阅览室布置的情况是会很快的就熟悉的,因此,眼花缭乱的影响是不大的。而且,在机关图书馆中,并不需要各科各类所有全部图书都采用开架陈列,只要根据机关的性质,挑选一些范围以内的图书,和读者对象所需要的书籍(这当然要注意政治学习书籍),采用开架陈列。这样,对于图书开架的办法易于引起读者思想不集中,看了这本又想看那本,反而收不到效果的问题是不存在的。其次是图书开架易于损坏书籍的问题,这一点是实在的。但图书看的人多了,使用的次数多了,自然是会按使用率的递进而增加损坏的程度的。假使好好地保存在书库之中,用许多清规戒律来限制读者利用,那自然不会损坏了。我们过去有许多事实证明,许多图书馆,尤其是范围大、藏书多的图书馆,有许多可以给读者利用的书籍,但因为没有很好的把它们推荐和介绍给读者,老是藏在书库之中等于死的东西,这样虽保存得很新很好,那又有什么意义呢? 还不是白白浪费管理人工和精神财富? 我这样说,并不是包含着图书可以不要爱惜,可听凭损坏的意思。书籍损坏是应随时修补的,并要对读者随时进行爱护图书的宣传工作。我想,机关的国家工作人员,对这一个意义是会大家理解的。再其次,谈到图书的遗失问题,开架图书因为给读者太自由了,容易遗失,这一点,我以为是不应该从这一个角度出发来考虑的。图书是国家的财产,应该好好保护,这是人人有责任的。除了在图书馆管理方面的布置应注意外,图书馆本身就是一个宣传共产主义道德品质的机关,图书馆很可以用这个现实的例子来进行宣传教育。新华书店门市部采用开架的办法发行书籍,受到广大读者的欢迎,大大地增加了发行数字,这对于国家文化事业发展的推动力量是无可计量的。自然,新华书店开架门售对书籍是还可能会有被偷窃的,但机关图书馆的对象与书店的对象不同,国家工作人员经常受到党的教育,经过历次的社会改造运动,尤其是"三反"运动的教育,他们的觉悟程度已是大大提高了。我以为我们应该从使书籍在整个社会主义文化事业中发挥更大作用这一点来计较得失。同时,在另一方面,图书开架也可以发挥读者对图书馆的监督作用。比如,图书是开架陈列的,读者经常要参考的书籍他就会时常注意这些书籍,一旦遗失了,或者插错到另一个地方去,读者就会提询,因而引起图书馆工作者的注意和检查。这一点,书库制度是不可能得到读者的帮助的。

总而言之,由于我们国家的性质,优越的社会制度,全国人民在共产党的不断教育之下,共产主义道德是日益增长的,这就是保证图书馆图书可以采用开架制办法的有力根据。对读者进行爱护国家财产、珍惜图书的宣传教育是积极的措施。如果为了防止失窃,宁可保留对读者那些不必要的限制,这个意义是消极的。

再其次是听凭读者自由抽取易使图书排列上发生凌乱的问题。这一点,我认为是易于克服的。我们可以严格的规定,读者自由抽取书籍,只能自由抽下,规定读者阅后不自行插架。由管理人自己归架这件事对读者只有方便,而不是刁难,读者当然会接受,这样,对于书籍排架凌乱的问题也就解决了。阅览室管理员除通常帮助读者外,必须时常注意,并整理图书的次序,使之保持整齐,这是经常应做的工作。此外,还有图书开架对于阅览室的地位要宽大些,因为书籍陈列起来占据地方,开架又能吸引读者。读者多了,要求较为广大的阅览室来容纳这是很自然的。但机关图书馆的对象是固定的,阅览室固然宽大些的好,而它与公共图书馆是有所不同的。读者不会骤然增加若干人,阅览室虽然小了,尽可采取有重点的开架。前面说过,图书开架是一种介绍书籍给读者的办法,并非连书库也不要的。可以依据具体的情况,作某种可能程度的开架。或将各类图书轮流开架,作为展览的方式介绍。不过要注意的是:采取开架制度的图书馆,它的阅览室是不能作其它群众性活动的场所的。开架阅览的书架设备,不宜采用有门的书橱(大部贵重的图书除外),有门的书橱第一浪费时间,因为早开晚关。第二浪费空间,因它要占据阅览室的空间地位。阅览室的总门,即是所有书架的门,开馆时打开,收馆时关闭。

图书开架对馆员不是工作上轻松了,而是加重了责任。我以为,为了给读者的方便宁可自己麻烦些。

总而言之,图书开架的问题在于图书的选择,但以机关图书馆的读者水平来讲,是不应限制得太严的。那些还可以用来作科学研究的旧图书,也应视具体的需要供作某些范围内的学术研究之用,这与宣传唯心主义是两件不同的事情。

七 优良图书的分别介绍

机关图书馆的目的是要尽量引导机关工作人员使用图书,充分地发挥藏书作用。凡是对这个目的有利的,机关图书馆都应该想尽办法去做。读者目录的推荐,书籍采用开架的办法陈列,都是为了想达到这个目的。但是,上述两个方式揭露优良图书是属于全盘性的推荐,它是一律看待的,其中并没有向读者介绍出某一本书籍特别好,特别有阅读的价值和可以作为参考的资料。即是说,还没有个别的介绍。这样,就很难使机关工作人员对某本迫切需要的图书有较深刻的印象。因此,阅览部就有必要,对某些书籍应该做出个别的介绍。

介绍个别的著作,首先是要根据读者客观的要求,而不是主观的自己认为那几本书好就介绍出去。否则,就每每会得不到效果。因为读者并不需要的东西,他就不能接受,即使介绍也没有用。

　　介绍的形式可采取多种多样。有的只要作简单的介绍,公告书名、著者、出版处、出版期等项就可以了。但有的还须加以详细的介绍,用书目解题的方式才能进一步使读者了解。因此,以解题目录介绍个别书籍给读者是比较为好的方法。但在机关图书馆里,要经常做出书籍的解题介绍,一限于时间,二限于图书馆工作者水平,一般都应充分利用现成的材料。比如出版社和书店的解题目录,是专门推荐书籍的材料,我们如能很好地利用它,就能发生很大的作用。这些现成材料是非常之丰富的。比如说,人民文学出版社编印的"文学书刊介绍";新华书店上海发行所编印的"作家与作品";高等教育出版社的"图书简介";中国人民大学出版社的"教材目录";人民出版社、三联书店、世界知识社的"书的消息";世界知识出版社的"图书目录";北京新华书店的"出版消息";商务印书馆的"图书目录"及"每月书讯";时代出版社的"外国语语文书目",等等。这些目录,都是对读者介绍书籍很好的现成材料。除此之外,还有那些更专门性质的出版社的解题目录。如人民卫生出版社的"医学书刊评介";机械工业出版社的"机械书刊介绍";人民美术出版社编印的"美术书刊介绍";音乐出版社书目,等等。但也有出版社或书店编印专题解题目录的,如上海人民出版社出的"哲学读物介绍"等。这些目录,如果我们应用得好,就可以预期收到介绍书籍的效果。不过,上面所说的这些目录只是此时此地所看到的一般情况,只能当作一种例子的说明,它们的形式、名称等是常常在变化的。我们国家如此广大,有中央和地方性质的出版社,有各种各样的专业出版社,以及各地方的新华书店等等,它们所编印的解题目录是非常之丰富的,我们图书馆工作者,必须随时随地地注意这些目录。采购工作者用到它,编目时候用到它,介绍、推荐书籍给读者用到它,下章谈"参考工作"时还要说到它,它对图书馆工作帮助很大,图书馆工作者不能离开图书目录而工作。

利用现成的解题书目去介绍图书有很多的好处。比如说,马克思列宁主义的经典著作,也由我们自己来作介绍,就不一定介绍得好,难免还要犯错误。如利用人民出版社出版时推荐的材料(解题目录),或者利用翻译过来的材料(如斯大林全集介绍),等等,那就可以正确地把内容主题思想推荐给读者,使读者的认识能够趋于正确。

上面所说的这些目录材料,有各种各样不同的形式,有书本式小册,有活叶及报刊上刊登的广告等等,我们利用不要保存的剪裁下来,编成壁报,用红色醒目的标题,张贴在公告牌上推荐给读者。这种做法的优点是既能节省时间,内容又比较正确。

利用出版社和书店的目录材料介绍个别优良图书给读者,还只是工作方法的一部分,还不可能全部解决分别介绍书籍的问题。有许多应该分别介绍的书籍,每每会找不到它现成的材料,那末可以利用印在一本书的内封面的"内容提要"。把它摘录下来,公告在图书馆的黑板报上,或者编在前面所说的壁报中。但是,这样做法对某些书籍是须加以考虑的。比如过去俞平伯先生的"红楼梦研究",也根据它当时的内容提要来介绍,那就要介绍错了。自然,机关图书馆工作者不可能都有这样的水平,在当时就可以看出来,但是要知道应该注意这一个道理。在原则上,机关图书馆根据出版社和书店的目录材料介绍还是比较可靠的。如果现成材料找不到,而该书又确有作具体介绍的必要时,那末只能根据作者的序言、凡例及内容目次等等自作解题推荐了。

出版社、书店、报刊上的广告及原书内封面的内容提要等等,这一些材料自然绝大部分是正确的,是我们介绍图书的资料来源。但它们究竟难免也有为其本身的条件所限制,带有为了发行的作用。因此,我们还要注意报纸杂志上的评介材料,对某些图书作出参照的介绍。

介绍的范围,除新书外,还有新到的期刊。新期刊的介绍是非常之重要的。因为各种期刊有不同的新鲜内容,为不同的读者对象所重视。及时介绍,便于重视某种杂志的工作人员及时阅读。此外,还有机关出版物的介绍,在机关图书馆中,应该特别重视。

介绍新书,这是一种普通的原则。它不能离开图书馆为机关事业和干部学习服务的两个主要目的。因此,个别著作的介绍也就不应只限于新出版的和新买到的书籍了。而是应该随着社会主义建设事业大跃进的需要,根据机关个别情况的不同,把收藏与当时当地有关的书籍都适时地介绍出去。比如说,一个运动或一个事件来了,就不仅要将与这个问题有关的新资料介绍出去,并且还应该连同推荐旧资料。相反地,新进的书籍还可以减除某些不急要的暂不介绍。因为新进的书籍如果一多,一律公式化推荐,就没有重点了。这样,就减低了吸引读者的力量,失去介绍的作用。因此,虽有优良的书籍,也必须与客观需要相联系,并与开架的图书相结合,这才能发挥更好更多的作用。这里我想附带说明,新书公布和个别著作介绍是有两个不同的目的的。某些书籍作出个别推荐,是想进一步解决问题和发生作用。

介绍书籍,一般的情况都应重视政治书籍、文学作品等等。因为拿这些好书去影响读者,使他们提高修养,读者也易于接受。而对党的文件、国家的政策法令等作为指导业务和解决业务问题的图书资料,反觉得没有兴味,图书馆也每每忽略了推荐。这一点,应该得到重视。因为这种资料,对机关干部来讲,是贯串于每一种工作的指南针,加以介绍就能提醒工作人员及时注意。关于科学技术方面的书籍,机关图书馆所重视介绍的是与它专业性质有关的方面,但为了提高自然科学知识水平,有些新出版的有价值的代表作,也是应该酌量介绍的。

介绍的方法,除了壁报式的公布外,还可以将介绍的目录资料用复写,把有关的图书参考材料分送各有关部门。必要时,也可以接触个别工作人员,按照具体的对象,了解他的业务和学习情况,用具体的图书资料作个别的介绍。这种介绍,多半是用口头形式的。在公共图书馆中,有许多采用座谈会方式介绍文学作品,这在机关图书馆是没有十分必要的。

除上述这些介绍方法外,还有用图书直接介绍、图书展览等办法。这种办法与图书开架有所不同,但是同一个形式。图书开架虽然要经过挑选,但它究竟还是全盘性的,范围比较广泛些。而图书展览是配合某件事情,或者配合某一个阶段的学习运动,它是为帮助完成某个任务而产生的。比如说,在知识分子思想改造运动时,把有关这方面的政策、报告、思想总结之类的社会主义教育书籍集中陈列,便于利用;纪念某一个伟人时,将他的作品和有关于他的著作都集中展览介绍,等等。遇到一个运动,机关图书馆有责任在这个运动过程中介绍有关的图书资料给机关工作人员。而且应该做得灵活,主动地去迎合运动,能推动这个运动向前发展,切不可等待工作人员来要时再去应付。要事前有思想准备,先行集中已有的材料,并采购与这个问题有关的新书刊。遇必要时,还可以通过编目部编制专题专事的目录或索引。这种专题专事的图书资料,借出馆外阅读还是限于馆内阅读,这就要看该机关具体情形了。一般的说,在这种情况下集中展览推荐的图书资料是应该限于馆内阅览的,这样可以达到读者的普遍性。

新书介绍,可能发生一个问题。即新书经介绍之后,大家想借,而新书不可能有许多复本,难免产生供不应求的矛盾现象。在公共图书馆里,一般都设有新书陈列处,陈列阅览室内供大家阅览,暂不外借。但机关图书馆情况有所不同,没有必要绝对遵守这种办法。因为工作人员不能在办公时间内来馆看书,不是特别等用的书籍迟早几天看是不在乎的。只要把新书的借期临时性的缩短一些,就可以有比较快的流转了。

上面所说的绝大部分是介绍图书的技术问题,而介绍图书最重要的是自己对于图书知识的掌握,图书知识的充实是介绍图书的根本问题。我们只有经常努力学习才能提高介绍书籍的质量。

八　借书处的工作组织

借书处的工作,是大力推荐好书,介绍优良读物给读者,宣传马克思列宁主义,宣传多、快、好、省地建设社会主义的总路线,使在社会主义建设运动中、过渡到共产主义社会起着积极的推动、鼓舞作用。

借书处的工作组织,首先是根据图书馆的性质和读者对象,而定出具体的办法。机关图书馆不同于公共图书馆,也不同于学校图书馆,因此,图书出纳工作也应有它的特殊性。

在公共图书馆,因为借阅人数众多,来馆借阅和外借工作,一般总是分开来的。它的措施,要符合于群众性的要求。而机关图书馆的借阅对象是机关工作人员,一般都不会拥挤,这样就应把借阅制度大大地简化起来。只要把借书处设在阅览室进口的地方,一方面做借书工作,一方面照顾阅览室。同志们进来阅书,不要任何手续,要看什么书就抽什么书,只要阅览室内有陈列的。如果要借出去,那就只要经过借书处的简单出纳手续。

图书开架的阅览室组织,它与书库制度出纳书籍所不同的是:书库制度的出纳办法,在程序上必须先查目录,填单交给出纳工作者,出纳员根据索书号码取书出借。开架制度的出纳办法,可以先从书架上抽出书来,再填借书单出借,因为已找到要借的书籍,就可以免去查目录的一层手续,借书单上也不需要再填索书号码了。但这并非是说,开架了的图书阅览室就不要再去使用目录,读者目录的使用仍然是阅览室的重要工具。指定了需要某一种书籍的时候,更需要先查目录(当然,有些已知道的也不必公式化),假使不去利用它,单在书架上检查有时竟会浪费很多的工夫仍然查不到,仍然回过头来又要先查目录,取得索书号码后再查书。

公共图书馆的书籍外借,读者要预先申请登记,要有一种文件证明,要预留照片或印鉴。而机关工作人员在本单位图书馆借书,虽然也要登记(只第一次),但手续简单,并不需要申请,登记是为了更好地方便于出纳手续和备查。

登记采用借书人登记簿,按照登记的先后从一号起,给借书者编一个号码,一直连续下去。内容包括姓名、本机关所属部门的职务、住家地址和备注等项。登记了的人,给立一张借书人卡,存在借书处,这就类同于公共图书馆的借书证。采用借书证,并把借书证交给本人凭证借书的办法,在机关图书馆里是不很好的。因为这个办法要求借书人经常不论借书与否都要保存那个借书证,既不方便,又会遗失,所以采用借书人卡留存在借书处的办法较好。借书人卡依照借书人的姓名字顺排列。借书人卡不必特别去印制,可以利用书卡来代替。

机关图书馆的借书出纳手续之所以与公共图书馆有所不同,是因为公共图书馆的出借书籍数量比较多,复本比较多,所备的书籍,除供流通出借外,没有别的任务。而机关图书馆的性质不同,不可能每书均有复本,对某书有急用时要暂时收回。因此,在图书出纳工作上,要求解答下列三个问题:

第一,哪位同志借了哪些书?

第二,哪本书是哪位同志借去?

第三,哪些出借的书籍已经到期了?

根据上面这三个要求,机关图书馆的出纳组织,就须采用"双卡制"。它的办法是:

同志们来馆借书,首先填写借书单(亦当作取书单)。借书单是读者应负责任的凭据,要求读者所做的借书手续也就限于此了。手续是简单的。自己没有找到书籍的,借书单的填写根据目录查填,交借书处工作者取书。如果自己已在书架上抽下书来了的,也填写一张借书单,连同该书交给借书处办理出借手续。借书处把每天出借的借书单集中一块为一叠(如果一天的借书单多了,可以大体按类排一排),按照日期顺序排列。为了排放方便,借书单的大小可以与目录卡大小相同,每天用一张指引卡指标出来,便于找检。这样,假定借书期限是规定两个星期的,第十五张的指引卡所指的就是出借到期的书籍了,这就解答了哪些出借的书籍已经到期的问题。借书处在书籍出借当时,抽出书卡,并在借期单上(或限期单上)盖上借期(或限期)的印子,借书人就可以把书拿去了。同时抽出借书人卡来,这卡是在借书人登记时就做好了的,按姓名字顺排列的。在书卡及借书人卡的第一横格上均记上当天的日期,书卡的第二横格记上借书人登记号码,借书人卡的第二横格上记上财产登录号。这样,书卡就依照索书号码排列。出借的书籍以书卡留在借书处代表书籍,要知某书某人借去的时候,就可以从这里查出来。借书人卡依姓名字顺排列回去,要知某人借了哪些书籍的时候,查借书人卡就可得到解答了。书卡及借书人卡都用登记号去代表书籍和借书人的记载,是因为可以减省时间和空间,而要查考的时候是可以检查图书财产登录簿和借书人登记册的。借书单、书卡、借书人卡的式样和关系如下:

某某机关图书馆借书单式样

索书号码	书　　　名	备　　注
部门:	借书人:	

年　月　日

借书单(实际上也是取书单)以借一部书填一张为标准。但同一日期借二部以上时,也可以同填一张借书单上,不过在不同时归还时就只能将已还的书籍当面划去,该借书单留待全部还清时还给借书人。

每天出借书籍的统计,用借书单在闭馆的时候逐日进行。借书单的作用是:第一,解答出借书籍的到期问题。第二,是借书人对于书籍责任的凭证。第三,供出借书籍的统计材料。

书 卡 式 样

索书号码		财产登录号
书名		
著者		
出借日期	借书人登记号	

借书人卡式样

借书人姓名	
部门(科、组、室等)	
借书人登记号码	
借书日期	财 产登录号

书卡按照索书号码排列后,制上各类的指引卡。书卡的作用,不仅是限于解答某书某人借去的问题,而且还留存该书被利用过多少次数的记录。遇到书籍其它活动时(如展览、修补等),也可以抽出留存借书处以代替书籍。

借书人卡按照姓名字顺排列后,制上字顺指引卡。借书人卡的作用,非仅是解答某人借些什么书的问题,并且还可考查读者曾经借书状况,从而了解读者的看书情形,进行介绍某些适当的书籍。

　　书籍还来的时候,先在出借书籍的借期单(或限期单)上看出出借的日期,按出借日期去检出借书单交还借书人,以清了他的责任。在机关图书馆中,往往有些同志不注意这些小事情,或因它事走了,没有把借书单带回去。这样,出纳工作者是有责任把这借书单交还的,或者把它撕毁。在出纳工作上,每有因工作的疏忽,不把借书单抽还,往后又再去向借书人索讨,就会因此而引起误会。在抽还借书单之后,同时要把书卡、借书人卡抽出来,要及时在书卡上销去借书人登记号,把书卡插回原书,并要注意核对书卡上的图书财产登录号与书袋上的是否相同。这一点很重要。每每有些粗心的人,会把另一本同书名的书卡(另一个人借去尚未还来的)插错了,就会造成那两本书以后再出借时的错乱。并在借书人卡上,销去还来书籍的财产登录号,销好之后按照姓名字顺插回去。上面两种卡片上的划销工作是必须做的,否则日后将会引起已还未还的误会。

　　借书人登记按照来馆借书时的先后日期为次序,连续下去不分年限界线另起号码,登记号码是前后统一的。借书人登记册式样如下:

登记号码	姓　　名	部　　门 (科、组、室)	登记日期	家庭地址	备　　注

上述这个"双卡制"图书出纳办法,骤看起来,似乎麻烦,其实做了书卡和借书人卡等项准备工作之后,手续是极其简单的。但机关范围不大,工作人员不太多,解决借期问题并不很重要的图书馆,

那末可以视具体情况,减除借书单一套手续。即在书卡上第一横格写借期,第二横格借书人签名(不要草写);借书人卡上仍记借期和财产登录号,这样仍可以解答某书某人借去和某人借哪些书的问题。比较小型的机关,这样做也就够了。

"双卡制"的图书出纳组织是科学化的。它适宜于机关图书馆,使藏书不多的机关能够得到充分的利用。

在书籍的最后一面,即在插书卡的书袋对面,粘贴着的那一张限期单,也有的图书馆是采用借期单的。采用借期单的,在该书出借的时候记上借书日期,使借书人知道这书是什么时候借的,可以提醒借书人不要超出期限来归还图书馆。同样,也可供出纳上于还书来时知道借期而便于抽取借书单。采用限期单的是从借书那天起算,推算到记上最迟应该归还的那一天日期,以便催促借书人不超出这个期限归还。这两种办法对比,各有其利弊。如果记借期,借书人要自己去推算,有些新向图书馆借书的人或许还不知道出借书籍的期限多少。如果用限期单记限期,有些人明明书已看了,可以归还了的,但因还期还没有到,所以拖着不去归还,影响了书籍流通。我的主张是:在公共图书馆用限期单,在机关图书馆用借期单。为了节用借期单,我建议不要事先粘贴,只在书籍出借抽出书卡时,临时打上借期插上。还书时抽下仍存借书处再用。这种活动的办法,可以节省若干借期单,同时也不会发生某些书籍没有贴借期单空位的困难。

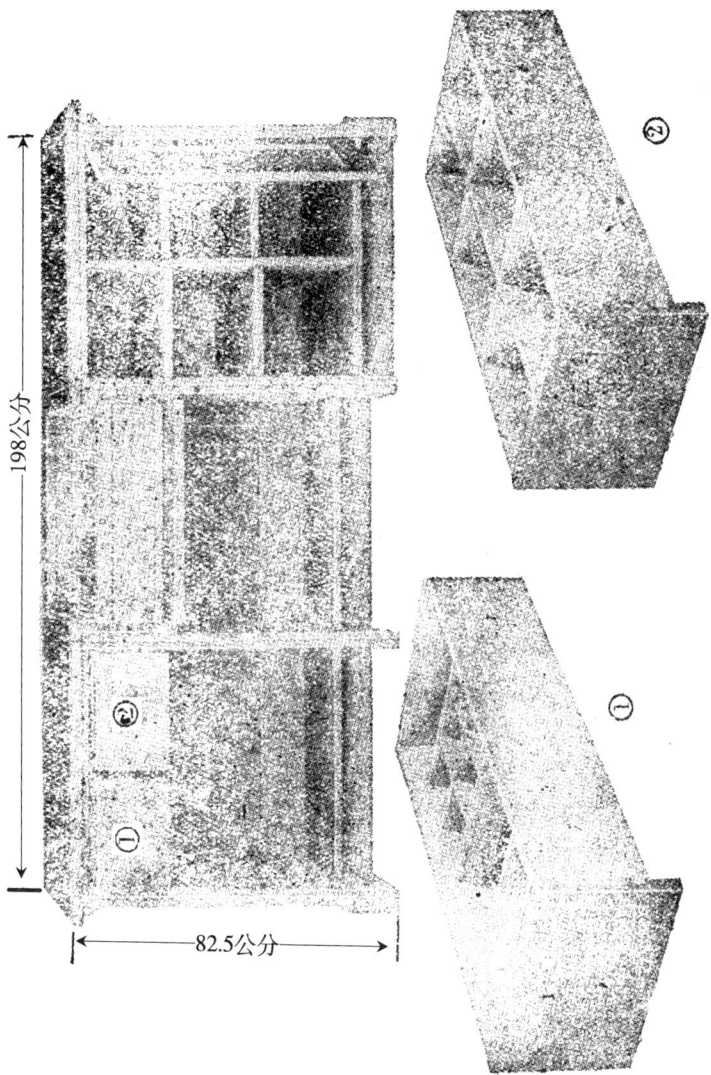

198公分

82.5公分

②

①

②

①

借书处主要的设备是出纳台。出纳台的构造有多种形式。但制造时必须掌握一个原则,即要根据阅览室(或书库)布置的方位去设计。如果一个制造得很漂亮,而且出纳上应用的条件也很完备的出纳台,把它装配到不适合的方位上去,那末仍然是不合实用的。出纳台除了要有适当的办公台面外,还要有排放书卡、借书人卡及借书单等的抽屉,还要有供还来书籍暂时放置的地方,还要有供放借书单(备用的)、卡片、簿册等等的地方。但读者寄存物件处在机关图书馆是不必要的。上页是小型图书馆的出纳台式样之一:

台由三个部分组成,合为 198 公分宽。高 82.5 公分,这是适合坐下来用的;如果站着工作,即可改为 99 公分高。中间部分是排列书卡、借书人卡、借书单之用的,下面插着一个盖子,出纳工作完毕之后把它盖上,最好是装锁。左边部分是供暂放还来的书籍的,只用半边门。左边部分的两个抽屉是供放置出纳上的用品、用具的,内部式样如不合于自己的要求,那是可以改变的。当然,这个式样仅供参考,比如,借书处布置是一个转角的,那末可以多制一、二节把它凑成转角的形式;如果这个图书馆很小,甚至于特制出纳台没有必要,那末也可以制一只有几个存放书卡等的抽屉的木盒子放在办公桌上来办理借书手续,总以不使浪费而合用为原则。

关于执行出借手续上,有许多细小事情是必须注意的。比如说,在一人借书册数的限制上,可能有些同志不了解规定,他已借了所规定的数量,但他看了欢喜的书又会继续来借。这样,出纳工作者就首先要检出他的借书人卡。如果已借满限了,那就可以趁这个机会说明限制册数是为了广泛流转的理由,对他提出的额外要求加以拒绝。但同时也要看实际情况,他是否已事前提出声明,是否为了业务或研究工作的需要。真有实在需要而又了解出借限制道理的,就应斟酌具体的情形,在不影响他人的时候,给以通融。

假如是文艺方面浏览的书籍,那就可以拒绝,当然态度是要客气的。因为文艺浏览书籍一人不能同时看几本,这个道理大家都知道,他看了自然可以来调换的。

在出纳工作上,还会遇到新书供不应求的问题。因为新出版的名著,大家都想先睹为快。这时候,图书馆不可能购备很多的复本。如像"钢铁是怎样炼成的"、"青春之歌","林海雪原"那样的书籍,在大家要借的热潮时,就是多备一些复本也还是不够的。而机关图书馆与公共图书馆不同,机关图书馆的读者流动性不大,过了些时看过的人多了就减退了流通的作用,要一定在当时就来满足同志们的要求是不十分必要的。但为了保证每位想看的人都有看到的机会,借书处应有一个预借登记的办法,按照登记的先后于还书回来时通知登记者来借阅。同时,出借时间方面,也可视该书分量多寡缩短一些,使周转快些。并规定有人预约借阅的书籍,一律不能续借。

出借书籍要在规定的期限内归还,这是为了要保证书籍可以多方面的流通。但这一点,在机关图书馆中每每很难彻底做到。在公共图书馆借书逾期可以用停止借书权利来处理,在机关组织中要停止借书权有时会妨害业务,这个办法是不好的。出纳工作者每天开始工作的时候,首先要看一看借书单上的日期指引卡,了解出借到期的书籍,及时发出催讨通知。这个通知的用意是想提醒借书人知道所借的书籍已经到期,请他归还,但会发生这样情形:有些机关工作人员,他完全依赖了这个到期通知,没有接到通知就是可以归还了的书籍也还等待着通知来后再行归还。这样,就失去了通知是备忘的意义,变成为每书出借都要发到期通知的形式主义了。这也就影响了图书广泛流转的作用。在另一方面,出纳工作者也应注意到这是不得已时而用之的工作方式,虽然是应该做的经常工作,但不是应该认为经常的工作而承担下来,应该结合借书办法的解释,尽量做到减少通知甚至没有通知就能自动按照期限以前归还，出纳工作者不应以为自己发了催讨通知就算负了责任为满足。还有些人是会经过催讨后也不归还的，也有极个别的会不来还也不来再借，遇到这种情况就要亲去访问，把这个道理解说清楚，这样做可能会收到较好的效果。

借书处的工作，既不能粗心，又要敏捷，尤其是在书籍收回的时候。在收到还来的书籍时，应注意有无损坏、脱页等。并要很快地就能按照日期中检出借书单，交还借书人，表示他的责任已经清了。还来的书籍，必须在当天的闭馆前抽出时间来归架，至迟也得在第二天开馆之时就进行。这工作是不能拖延几天上架一次的。否则，就会影响借书工作。在当天归还而未插架的书籍，应在借书处特定的地方陈列，使不致影响随时继续出借。

关于同志们借书的遗失赔偿问题，这是在借阅办法中应该规定的。但要由借书处的出纳工作者来执行。这是国家的财产，出纳工作者有责任的，千万不要顾虑"情面"而拖延不解决。同志间遇有遗失书籍，绝大部分人是愿意很快赔偿回来的，他们想了结自己的责任，只是要求告诉他赔偿的办法。在这样的时候，应该尽可能地设法向书店购回同样的书籍，这样，一方面既可免致缺少这一部书籍，同时也可以减省登记、分类、编目、制卡和注销等等手续，并节省图书馆用品。这种情形需要图书馆采购者和出纳工作者帮助他购买，责令遗失者自行购买固可以免去图书馆的麻烦，但每每会因此而延误时间，影响书籍收回供应。手续是：把赔偿回来的书籍不要进行个别登记，把遗失的书卡找出来，即用那个财产登录号。不过要在该财产登录号的备注栏注明情况。重新做上书袋，盖上藏书印记，贴上原索书号码的书标等，并把赔偿者销除借书责任，把书籍插回原架，手续即清讫了。这样做，从图书馆学的意义来讲是不符合的，它要经过一方面注销和另一方面的登记，但我想，这样做可以节省人力和物力。假使以后发现了所遗失的原书，该书归赔偿者所有。假使以现款赔偿而无法购回原书的，应即用对内送件簿说明情由把赔款送到会计部门去。同时,进行注销登记。一部有多册的书籍,被借书人遗失一册的时候,最好尽可能帮助他设法补配,一切费用由他负担。但是这种愿望很难都能达到目的,这样,就只有要求他购买整部书来抽补,或者按照全价赔偿,余书给他。如果这部书买不到了,那就要保存余书,另行处理失册的问题。

关于机关干部的调动,这是图书馆不能事前知道的,这个问题,应由借书处与人事部门取得联系,于干部调动前通知图书馆,俾得就他未离职时通知他清了手续。虽然这是预防工作,同志们借书是会负自己的责任的,但也不能说没有因仓卒而忘未归还就离职的。因此,借书处应事前关照,离职后催讨就要多些麻烦了。关于离职人员的借书人卡抽出来单独按照字顺排列,标明"离职者"指引卡,他的借书人登记号让它存在,不要以新登记的借书人补替,但要在原登记号备注栏内注明已调职。

借书处工作者,还要随时把同志们借不到的书籍记录下来,或者是因为根本没有那本书,或者是实在因为复本太少不够周转等。把这些情况反映给负责同志或者采购工作者,供补充图书的参考。

借书处工作者,必须及时把书籍送到读者手中,这一点要特别注意。同志们所需要的书籍,或因已借出去尚待收回,或因需要向其它图书馆代借,或因需要从新添购,种种原因当时不能给他解决。这样,就应在办到之时,即行送去,或从速通知他。

出纳工作者向书库或阅览室取书,虽然是按照号码顺序的,但出纳人员为了工作上的需要,必须熟悉自己分类法的组织系统,来配合借书工作,提高出纳工作的速度和排架的质量。

借书处的最后工作是出借书籍的统计工作,这是每天必须做的。统计的目的是小结图书馆的效用和判断图书馆工作的质量,它能暴露出图书供应的和被利用的程度,同时也是机关图书馆向行政组织报告的重要组成部分,也是自己检查工作和改进工作的现实参考材料。统计内容是要知道某某等类的书籍借出的具体数字,统计项目就应根据这些要求来列举。在机关图书馆中,并不要求借书人的年龄、职别、哪个部门等等都作为统计的对象。统计项目在采购工作中业已述及,这里应该得到的结论是每日出借的各类书籍数字,每个月作一个总结。统计表每月一张,可称为借书统计月报表,横列各类目,直列三十一天的日期,横格与直格均留一格作为总结。在公共图书馆,它除有出借书籍统计之外,还有来馆阅读的统计,这在机关图书馆是不十分必要的。机关图书馆的阅者对象是固定的本机关工作人员,来阅览室的读者不可能超出职工范围之外。

第八章　参考工作

一　参考工作的任务

参考工作是阅览工作中的一个组成部分。这个工作,在机关图书馆里特别显得重要。因为,目前各方面都在大跃进,人的时间很宝贵,一分钟都不能浪费。参考工作做得好,可以大大地缩短时间,减省人力和物力,对推动机关事业的发展,促进国家社会主义建设有很大的作用。但机关参考室有它的特点,它是该机关事业的反映,是为该机关的性质服务的。因此,参考资料范围不一定要广泛,但是要深要专,应该面对实际需要。

机关图书馆的参考工作对象与公共图书馆不同。公共图书馆的对象是广泛的群众,内容是多方面的。而机关图书馆的对象是机关工作干部,不论服务的对象和参考的图书资料范围都是限于机关的性质。公共图书馆有专门的参考部或参考室的组织,机关图书馆不可能都具备这个条件。公共图书馆除了设置参考室,提供丰富的图书资料供读者参考外,还要做书目参考工作。如编制各种专题目录和专题索引,供广泛的利用。并解答群众所咨询的问题。而在机关图书馆里,一般都没有条件,也不必要费很大人力物力去编制参考书目,只能利用现成的参考书目和索引。在专业问题上,主要是提供和推荐具体的图书资料,由工作人员自行选择和审核。对回答咨询问题,只要口头上答复,并不要书面手续。当然,不能解答时,图书馆可用书面代为请求有关方面解答后转达,但这究竟是机关内部的配合工作,与公共图书馆对读者群众解答咨询问题的性质是不同的。

这里我想附带说明的,参考工作与第十章所述的资料工作是具有不同意义的。资料工作是指报纸剪贴资料管理上的具体方法,及杂志资料的索引等问题,它是属于资料整理的技术性方面的。这一章所述的参考工作是如何去利用已经整理好了的图书资料与机关干部发生关系,使它能给机关工作人员充分利用,配合具体工作,解决实际问题。

在机关中,一般都限于条件,不大可能专设参考室。但是,为了更好地保证工作人员解决参考问题,我们应视具体情况,尽可能来设法解决。一个机关组织,不管它的图书馆情形怎样,参考室是需要的。自然,参考室要有丰富的图书资料积累,不可能一下子完成,它有赖于采购和整理的积极工作。借阅工作与参考工作虽然同是图书馆的任务,但责任有所不同,有两个不同的意义。第一,借阅流通可以不顾馆中庋藏多少,有什么可供出借的书籍就可以出借什么,自己不需要保留,可以尽量鼓励读者借阅,责任在于广泛地流通,迅速地周转。参考室则不同,它所陈列的图书资料是不能离开参考室的,这个道理就是要随时能够保证供应参考。第二,借阅工作一般都是指名的,需要什么书或某一期杂志;参考工作一般都说明要解决的问题,要求供应有关这个问题方面的图书资料,非仅限于图书,而且需要参考工作者提示报刊中的论文。因此,前者的工作是易于解决的,后者则需要更熟悉馆藏图书内容才能做好。关于解决参考室问题,有两个办法:第一是,把参考工作的内容与阅览室合并,虽然在名称上不是专门的参考室,但可以把内容划分,哪些部分属于阅览流通(指开架的图书馆)范围,哪些部分是只供参考不外借的。这样,参考室的意义非仅能够存在,而且同样也能发挥参考工作的作用。第二是,看机关性质的具体情况,有些机关就可以把借阅流通工作移交工会福利部门来办,行政方面只办一个完善的参考室。不应流通的图书资料就保存参考室书库,供适宜的对象调阅。可以流通的图书就索性拨给工会图书馆,把工会图书馆的范围扩大些,搞得好些,加强为机关工作人员的精神文化生活服务。当然,没有工会组织的机关就可以用另一种方式把借阅工作与参考工作分开来。这样,图书的流通借阅与参考工作就有一个明确的界线了。自然,在图书的内容方面,参考室有陈列的图书不等于借阅流通部就不要,流通借阅的图书尽可以与参考室图书重复,一面是预备参考的,一面是供出借的,它们之间并不冲突。相反地,划分为两个部门的图书范围都应放广些,不应把参考书与一般阅览用书的划分受到概念上的限制。只应在两种不同的作用上分工,而不应在书籍形式上划清彻底的界线。但也并不是说,可以没有限度的广泛,没有限度就会回过头来重复两个图书馆的状态,一个是借阅流通的图书馆,一个是参考图书馆。总而言之,参考室的意义是要保证随时需要随时就有,流通图书因为随时都要借出去,它不能保证经常在家,分开来处理就各有不同的责任,借阅流通部门可以不顾一切听凭读者需要自由出借。但在具体布置中,必须重视具体条件。

机关参考室的特点是:

第一,参考图书的陈列,不一定要依照一般规律的图书排列办法。如像书库一样,按照排架号码。它可以按照机关专业主题集中排架,使专业参考书有系统地突出,便于机关工作人员找寻和利用。

第二,参考室有责任,配合业务研究,配合运动,并事前有估计的准备。但一般机关因为收藏不足,不能满足要求,这就要通过参考室以图书馆的名义取得就近其它图书馆的支援,来解决参考资料缺乏的问题。这个工作,非常重要。

第三,在机关参考室里,大都是亲自来查询资料的(在范围较大机关中,会有用内部电话查询资料)。他们等待着急要,这有一个好处,能够当场明确要求,马上解决问题。但也带来一个困难,参考工作者不可能事先准备回复查询的问题。在熟悉图书资料的同时,还需要熟练运用参考资料的技能与技巧。

第四,参考室的目录编制必须完善。它不同于一般的读者目录,它除了要推荐正确的、新近的参考资料外,还要揭示出比较详细的资料内容。视具体对象如何,有必要也可以揭示理论性的对内参考书目,作为研究参考之用。参考室目录是读者目录组织的一个部分,但它是独立的,它的目录特点是必须有充分足够的分类分析目录、分类互见目录和标题目录。上述这一些目录,是指自己图书馆所编制的。除此以外,参考室还应很好地注意搜集其它图书馆、机关、出版社、书店等出版的参考书目和索引,就是对该机关还是冷门的专题目录也应该重视。解答参考咨询工作最主要的工具是目录和索引,单凭脑子的记忆是不能满足读者要求的,自然,脑子也应该训练成为"活的目录"。参考室管理员在熟悉运用目录和索引的情况下,变成为一个活的"百科全书",发挥参考工作的积极作用。

参考室陈列的是参考用书(包括工具书),而不是一般的流通书籍(如文艺小说之类)。更要重视陈列机关出版物和特种专业资料。它除特别贵重的、零星散叶不便听人自由抽阅的、或者其它特殊形式(如报纸合订本)等以外,都应该采用开架办法与机关工作人员直接接触。

二 参考的意义和参考书的范围

人的一生,时间甚为短促,而人类社会给予人们的历史使命又如此重大。要改造自然,要改造社会,使社会跃进、再跃进,推向高级的理想阶段发展,使子孙万世能永远地过着精神和物质的愉快生活。而促进社会发展的科学知识是如此渊博、广泛而丰富,人们的时间和精力是有限的。因此，许多知识只有充分地利用前人的劳动经验积累。这样，可以加速我们的社会主义建设。由此可见，精神财富（图书资料）随着人们的要求，就产生出两种类型。一种是要熟读深思的，一种是临需要时查考的。比如说，铁路机车的构造原理和方法是工程学上的基本技术知识，必须用多年的苦功学好了才能担任这门工作，这是属于前者熟读深思的基础知识。另一种是不必硬记的，记也记不住的，记住了也没有大作用的，只要随需要的时候查一查就可解决问题的，这就是参考室置备的参考图书资料，这属于后者的范围。这类资料的运用，不需要事前经过准备阶段，临时就能得到。比如说，上海到北京的路程有多少，这样的东西死记住没有作用，只要在必要时去查一查，这就可以为人们节省精力，把宝贵的精力和时间用到研究、创造、发明等等方面去。当然，参考资料也还有另外一种意义，它也必须彻底理解而要记住的。比如学习苏联共产党历史的参考资料，它也叫参考资料，但它是帮助问题的进一步理解的，它帮助学习苏联共产党历史能够融会贯通，这种参考资料的意义并不单纯是给予临时检查的性质，而应该当作研究的书籍来理解。在这种场合，参考室的工作就是为专门问题搜集图书资料，使读者自己不需要消耗时间就能获得研究的那个问题的资料。

参考工作，给予学术文化上的研究有很大的作用。机关干部，一般的说，知识基础和理论修养水平是比较高的，因此，在机关图书馆中参考工作就更应该得到重视。我们不难理解，在机关干部中是隐藏着不少有高度科学文化水平的知识分子的，他们担负了不同的职务，虽然不可能在机关中有普遍的研究科学的组织，但也确有不少是想在公余之暇从事研究些专门问题来贡献给社会主义建设的。尤其是不断地经过自我改造以后，他们要成为工人阶级的知识分子，要又红又专，参考工作如能满足这种情况的要求，对社会主义的科学文化建设将是巨大的促进力量。

参考资料的范围,不单是限于统计数字、年月、里程、面积等等。这一些是前人做了,只要拣用的材料正确,是呆板的东西。但参考资料还有许多可供我们研究问题,从而丰富我们的知识的。因此,机关图书馆工作者必须理解参考工作在文化科学研究和发展中的重要意义,尤其是国家提出十二年科学规划之后,聂荣臻副总理又提出提前五年完成十二年科学技术规划的号召之后,参考工作所负的责任愈来愈重大。

总而言之,参考工作的应用是很广泛的,它也可以应用到日常生活中去。而在机关图书馆中的主要意义是随时解决业务上的问题,解答学习上所咨询的参考材料,并配合机关干部进行科学研究。

关于参考书的概念,一向是:字典、辞书、百科全书及类书、舆图、方志、书目、索引、年表、年鉴、手册、指南、一览、法规、报告、统计,等等。这一些。就现在来讲,仍然是不能例外,属于基本的参考书范围。但如果单纯的就以这些概念为满足,那是不能符合于今天的全国人民建设社会主义大跃进的要求的。马克思列宁主义经典著作是我们国家经济建设和文化建设的最高指导原则,这是需要熟读深思的书,也是最重要的参考书,我们不能因为大家都知道就不把它们列入参考书范围。从而我们应该把参考书的概念重新来清理一下。

参考书,首先是马克思列宁主义的经典著作,特别是毛主席的著作。党和国家的指导性文件,对机关图书馆尤其重要。比如党的历史性文件,在每一个时期中的政策路线和关于每一个问题的决议,政府的方针、政策、任务等。更具体一些说,如关于中央委员会的工作报告和决议、关于在农村建立人民公社问题的决议、中华人民共和国法规汇编及单行法、经济建设计划和执行情况的报告,等等。这都是机关业务上指导性的参考资料,在工作中必不可缺少的。

其次才是前面所述的,如字典、辞书、百科全书之类。这类参考书因为内容广泛,是应用在解答一般问题的实际资料。因为它是各科常识性的书籍,一般都称它为普通参考书及工具用书,在图书馆的参考书中占着数量较多的部分。这些虽然称为普通参考书,没有特别深奥的资料,但可以通过它进一步探索资料。比如说,我们要了解一件历史上的事情,或者要了解一个引经据典的意义,在没有利用参考书以前,我们连极简单的概念也还没有。因为它是辞书,只能做到扼要的记述,但对检查的人有一种启发,借此线索可以再去翻查专门记述该事的典籍。

再其次是各科各类的专门参考书,如艺术、文学、历史等等专科资料。专门问题的参考书除了专科巨著以外,应重视新华书店曾经发行过的那些专门问题资料性的书籍。比如德国问题文件汇编、日本和约问题资料、关于朝鲜停战协定的文件、民族政策文件汇编等等,都是专门问题比较完整而有系统的参考资料。不过,这些专门问题的材料必须及时搜集,一不留意就会溜过去的。同时,这些材料是随时势的发展、变化而产生的,每一个历史阶段都会产生出不同时期历史任务的参考材料。这些材料之中,有些会成为永久性的史料,而有些也会因更完整的材料出来可以淘汰的。普通辞书,像辞源、辞海、新知识词典那样,它搜罗广泛,对每一科的材料既不可能深入,也不可能完备。化学、动物学、植物学、矿物学、教育学等等辞典就不同了,因为它们是专门一科的辞典,对各该科的词汇解释虽仍不可能是深度的,但对一科的知识就比较能有普遍的阐述。又如法规汇编是各科各类都有的,而中央税务法规汇编就是专门的了。专门参考书不一定都是具备参考书的形式的,它的规格应取决于我们所需要的内容材料,有许多可以很好解决专门问题的书籍都是以普通用书一样发行流通的。如前面所述的那些新华书店发行的专门问题资料汇编,就是这样的。

除此之外,已装订的期刊也应视机关性质的具体需要陈列参考室，或者拣选一些陈列参考室。至于装订的报纸，虽然也是重要的参考资料，但因为它的形式决定了管理的困难，听凭自由翻阅难以控制，易于损坏，还是陈列书库临需要时调取为妥。

参考书的目的是作为解决问题时检查之用的。机关图书馆有责任为业务研究和干部学习准备参考材料。不论图书馆的范围大小，就是藏书很少的，亦不能拒绝对图书馆提出的参考资料的要求，因此，在参考业务上，就要求馆员学会运用参考书的知识。下面一节，我就来叙述这个问题。

三 参考资料的运用

图书馆提供读者的参考资料有两种方式：一种是读者提出来指定所需要的具体资料，即解决那个问题所需要的某种参考材料。比如学习中国现代革命史时，指定需要伟大的二万五千里长征路线图。另一种是供给读者参考书目，或向读者推荐专题书目，需要的材料听读者挑选后由参考室管理员供应。比如读者要参考有关建立人民公社问题的图书资料，要哪一些具体材料还没有决定，由参考室管理员提供这方面的专题参考书目，听凭读者在目录中挑选。当然，有些具体内容在书目上还不够了解时，也可拿原书给读者参看。

要能够顺利地运用参考书，必须具备两方面的知识。一方面是要知道参考书所包括的内容；一方面是要知道参考书的编排方法。比如"世界知识手册"，它包括有国际现势概述、世界各国概况、国际组织、国际文献、统计资料、世界大事记、便览等等。知道了有这些内容之后，才能在对这些资料有所需要的时候，会在大脑皮层中联系起来。假如自己不能事前了解这些内容，就无从思考起，凭空想出这些材料是不可能的。但是，单知道参考书所包括的内容还不够，还要掌握它的时间范围，出版年代对于参考书来讲是关系很大的。比如上述的"世界知识手册"，它有 1953、1954、

1955、1956……年版,内容项目标题可能相差不大,但内容资料是不相同的。它的内容必会由于国际形势的变化而增加新鲜的材料。如果1958年所发生的事情到1957年的手册中去找,就不能解决问题了。

在此,我们应该注意的一件事情,即在许多参考书中,甚至于在一般的普通用书之中,有一些附录,这些附录很能解决一些参考资料上的问题。应随时留意,熟悉情况而充分利用它为参考资料。

运用参考书的另一方面知识是要知道参考书的组织、编排。因为参考工作是要检查出所需要的材料,而不是从头开始全部阅览。要把那部分所需要的材料检查出来,就必须知道参考书的编排方法。不懂得编排方法,就无从查起。懂得编排方法,就查起来容易而省时。所以要懂得参考书的编排、组织很为重要。那末,我们应用什么方法来熟悉参考书的编排、组织呢? 只有经常地多翻翻参考书,来丰富自己这方面的知识。新到的参考书固然要看,就是旧藏陈列参考室的,也应把内容还不够十分了解的翻阅翻阅,温故可以知新,必然还会发现一些自己不很知道的参考资料。一个优秀的参考工作者,虽然他除概括综合的图书知识外,还懂得一、二门专业知识,但不可能门门都精通。依靠参考工作者个人解答咨询问题,这是偶然的巧合,而不能视为一种规律。要种种参考咨询问题都能由个人来解决,这是不可能的。这样,唯一的办法就是学会运用各种学科图书资料的参考技术。

总之,假使参考室管理员对参考资料运用的两个方面知识都不足,或者缺乏一方面的知识,读者来查资料就必然要发生困难,从而降低了参考室的作用,失去了图书馆指导参考工作的意义。

关于参考书的编排形式是有多种多样的,但主要的形式是两种。一种是以分类编排的;一种是以字顺编排的。分类编排的是以全书的内容依类逐章逐节部署,这只要打开全书内容目次来看,就可以解决大部分问题。以字顺编排的,是依照一种检字方法来排列,而所采用的检字法是依照编书的人主观所决定的。我们在检字法问题一节中说过,汉字检字法的种类很多,我们图书馆工作者为了工作上的需要,必须懂得一些,但并非要求去如何深入研究检字法,而至少要懂得会查。同时,还应该知道去运用参考书的另一种辅助检查的索引,它是辅助检查编排方法的不足的。

使用参考书,首先必须利用目录。利用目录是运用参考书的主要手段。目录,自古以来就是学者治学的工具,如不重视利用它,参考工作是难以进行的。参考室运用目录,有好几种目录对象。首先是自己图书馆专为参考室编制的各种卡片目录,尤其要重视分类分析目录和字顺标题目录的运用,因为它们对于参考资料的发挥有特别的意义。其次是大部头书的目录,这种目录与原书是分开来单独印刷的。有这种大部头原书,就要利用这种原书的目录,这种目录应该放在管理员的手头,遇到读者要检查所需要的材料在哪一卷中时,管理员就可不必再去翻查卡片目录,顺手可以告诉读者在哪一卷之中。比如"列宁全集目录"、"斯大林全集目录"等。再其次是检查一本书内的内容目次。因为运用参考资料解决问题,不会是要一本参考书内的全部材料的,利用内容目次就可以节省翻阅全书的时间。这种情况,尤其是没有专书解决参考问题的时候,利用它的一章一节。再其次是翻查其它图书馆的目录、专题联合目录、期刊联合目录,等等。这样,遇到自己图书馆没有具备的资料,就可以用图书馆名义向就近其它图书馆洽借,为机关干部解决参考资料问题。

利用目录,更重要的是解题目录。因为它可以解答读者对某些书的内容概要,可以比单纯只列款目的目录作出更好的介绍。比如"斯大林全集介绍"、"四库全书总目提要"、"四部备要书目提要",等等。

参考手段除运用目录外,索引的利用也是同样重要的。索引是打开检查图书资料的钥匙。索引与目录的作用不同,索引绝大多数是依照字顺排检的。因为依类排列的图书参考资料,细小部分材料不知隶属于哪个项目之中,或者不知道有没有,利用字顺索引即可及时回答。索引多半是随分类编排检查之不足而产生的,也是治学工具之一。可以为人们节省许多找资料的时间,它对参考工作的贡献是很大的。但是,索引也有依类排列的,比如"人民日报"、"解放日报"等的每月索引,上海市报刊图书馆的"全国主要报刊资料索引"等,都是依照分类排检的。还有在其它参考书中,附列分类索引也常会见到。索引之所以用分类编排,固然受了分类传统思想的影响,但因标题标准不易解决和检字法不能一致也是重要原因。又兼日报内容比较复杂,要编制字顺索引确是在技术上有困难的。但我们参考室工作者就不应该有何种索引检查不习惯的影响,不论如何形式编排的索引都应该会得使用。

参考室应该利用的索引种类也与目录一样,有各色各样的。首先是利用图书馆自己为参考室编制的以卡片形式出现的各种图书资料索引。因为这些索引的对象是专为本机关业务和学习的需要而编制的,只有在参考室管理员的熟悉运用情况下才能充分发挥作用。其次是大部头丛书的索引。丛书的集刊有多种内容,个人的和集体的,专门的和各科的,等等。但不一定所有的丛书都会有索引。这种索引不可能用自己图书馆的力量来编制,而是应该利用现成的。比如"列宁全集索引"、"丛书子目索引"等。再次是一部书或者几部书合集所编的索引,前者如"佩文韵府索引";后者如"十通索引"等。而机关图书馆更要注意的是利用与本机关专业有关的专科索引。比如说,化学研究机关利用科学出版社的"化学论文索引"。

总而言之,目录和索引是检查图书资料不可不利用的工具。机关图书馆自己的人力有限,必须多方面注意旁人已编制的现成的目录和索引,尤其是专题专事和各专科的目录和索引。我们要把它们及时搜集起来,并充分地利用它。

参考室管理员非仅是要自己能够运用参考图书资料,积极地帮助读者解决参考资料问题。同时,还要指导读者如何去运用参考书,培养读者会自动地运用参考书。固然,参考资料初与读者接触时,因为读者不熟悉,管理员不能眼看读者翻来翻去,坐在那里袖手旁观。但是,如果有许多容易检查的参考资料,管理员只要对读者示范一、二次读者就可以自己检查解决的,也去经常包办代替,那末非仅增加自己的工作而影响其它的工作,同时也不一定会受读者欢迎。因此,运用参考书的两个方面知识,参考室管理员有责任随时传授给机关工作人员。

对于读者参考资料的介绍,还必须重视下面几个问题。

第一,参考室的图书资料,不可能全是新近的。但向读者推荐介绍,必须要对那个问题的资料是新近的。即是说,不能遗漏有新近的资料不介绍。不是新近的资料介绍给他,他根据介绍的资料,以老资料来处理新问题,那就必然是用老办法来对待新问题,走上错误的道路。这个责任是参考室管理员的责任。因此,参考室管理员必须经常地阅读报纸和杂志,掌握新事物的内容概要,在自己头脑中首先补充新的东西,这样才能对新事情会有所启发,才能检查出新鲜的资料供应读者解决新发生的问题,才能开展参考工作推动事物前进的作用。

第二,介绍给读者的参考资料必须具备真实性。因此,参考室管理员就必须学会识辨参考资料真伪的能力。有些参考书,尤其是解放前出版的,只能当作有参考的价值,而不能完全引用。否则,就甚至于会犯原则性的错误。比如说,目前用的"辞源"与"辞海",均在解放前编的,而现在一般都还是列为辞书中的参考书。因为它们是在旧社会之下产生、修纂,内容中必然是会有许多条目的观点、立场不正确的,甚至于是反动的。如果一概糊里糊涂介绍给读者引用,那就必然会犯错误。所以,参考书除了经典著作、指导性文件等,以及那些比较有权威的资料之外,很多的参考资料只能是提供参考。但是,反转来说,我们也不能过于怀疑,过于怀疑就会影响大量地大胆地推荐参考资料给读者。我们可以肯定,目前和今后的出版机关对于出版物是会认真负责的,这是参考资料真实性的主要条件。

第三,对业务参考资料的介绍,必须注意读者对象是一般业务的参考,还是已经有了业务基础而作进一步以一种学术来研究的参考。前者,他所需要的是一种解决问题的一般性参考资料,而后者所需要的即是对于那个问题较为高深的研究资料。应认清他们的要求,明白他们的可接受性,采取不同的态度来对待。因此,参考室管理员应根据读者客观条件,而不是主观上以为某些资料可以解决问题就不问适宜与否一律加以介绍。否则,就会使有的读者感觉太深,有的感觉材料肤浅,读者所得的资料与真正解决问题不相适应。

第四,对水平比较高的对象,就可以提供问题相反的参考资料。

在回答参考资料工作中,还要注意下列几点:

第一,要弄清楚所查询的资料内容。如果参考者没有说得清楚,也应主动地去了解他的意图、目的。这样,才能供应他所需要的材料。

第二,一时不能回答的查询问题,或者所需要的资料,应及时记录下来,避免遗忘。根据记录搜集之后,即回复查询者。如果一时查不出,也应该限定一个时间回答,向他说明情况,或者先送一部分材料,不能因有困难而置之不理。

第三,对专业资料问题的回答,当然可以提供现成的专题目录或索引,听他自行选择。但不能把现有的资料不加介绍,就用专题目录或索引来塞责。因为,专题目录和索引不是资料问题的答案,仅是提供解决资料问题的一种工具而已。

第四,不能把自己含糊不清的资料介绍出去。不尽了解的资料,应说明情况。

第五,对参考者不懂那种外文资料的外文的,或者没有阅读水平的,不要把那种外文图书资料介绍他。

四 参考书的搜集、标记与出借问题

参考书的搜集亦与普通图书一样,是采购部的工作。但是,哪些列为参考书,则又是编目部的事情。编目部只能根据一般的原则,根据参考书的一般性和机关性质的特殊性来审订和决定。编目部虽然也要根据实际情况出发来决定参考书,但究竟不免带有主观片面,因为它是间接的。而参考室(或阅览部)则是与读者直接接触的,他更能了解读者所需要的真实情况。所以,哪些应列为参考书,参考室应该主动地去掌握,不要为编目部的规定所限制。应该自己提出意见,增列所需要的参考书。

关于参考书的审定工作,与国家的出版事业有着密切的关系。就目前整个出版事业来讲,参考书的出版还是不很发达的。为了使参考资料能够丰富一些,对于参考书的选择还不可能采取太谨严的态度。即是说,对某些还不可能称为很好的参考书也应该酌量采列。但是,这里要注意一个问题,参考书采列与参考资料的引用是两件完全不同的事情。采列为参考书尽可以放宽一些挑选的规格,但运用参考资料则必须小心谨严。

有一种参考书,同时它也是流通的书籍,通常应备适当的复本。一部当作参考书而陈列在参考室的就不外借,要以复本来作流通供应。比如,马克思列宁主义的经典著作,尤其是毛主席著作,必须在参考室陈列完整的一套。除这一套之外,再备各种复本流通出借。使既有全集、选集又有各种单行本。单行本是专供只需要某个单独著作的时候而备的,它与全集、选集有不同的用度。这一点,有些人是误解了,以为有了全集、选集就可以不要单行本。当然,在参考室之中,有全集、选集就够了。假使选集未收入的单

行本,如毛主席选集第四卷未出版之前,"论人民民主专政""关于正确处理人民内部矛盾的问题"等书就必须陈列参考室。

资料工作是参考室的重要工作,关于这个问题将在以下资料工作专章中叙述。至于参考书的搜集,参考室管理员有责任经常注意报纸、杂志上的材料,各种目录和旧书店,一有发现即通知采购部备办。

关于参考资料的搜集,实际上有许多出版社所出版的专题专事书籍已经给图书馆代做了。比如中国史学会主编的"中国近代史资料丛刊",它就对中国近代史的参考资料做了选集的工作。比如鸦片战争、太平天国、戊戌变法等专题资料,都搜集得很丰富,大大地帮助图书馆解决专题的资料问题。不过,图书馆要注意及时采购和利用。

关于我国古籍参考书,内容是非常之丰富的。如二十四史、十三经、诸子百家及古今图书集成等等。但在机关图书馆中,这里当然不是指研究性的机关图书馆,如果查用并不很多,或者参考室或阅览室的空间地位不允许陈列,那末自然是可以陈列在书库中。因为在机关图书馆来讲,一般都是参考新出版的政治经济和科技书籍方面,历史文献固然在参考上地位和价值都很高,但新东西在机关处理问题、解决问题中是更重要的。把对待参考书的厚古薄今的情况必须改变过来。

关于参考书与普通图书的区分标记问题,这是需要的。没有一种标记来区别,就会与普通流通图书混同起来,在插架上发生困难,在插架上没有根据就容易混乱。通常用以识辨参考书与普通图书的是在索书号码上加记"△"号。前在书籍的排列一节中业已叙及,即在索书号码上有这个符号的都是参考书,借以在插架时提醒管理员,有这种符号的书籍就应该集中排列在参考室,表示不出借。有许多图书馆,它在参考书的封面上贴有参考书的标记,以表示区别。

最后,我想谈一谈参考书是否可以出借的问题。

参考书,在原则上是应该一律不出借的。但机关图书馆的具体情况不同,它应该视工作上是否真正需要,留有通融余地,而不是去规定可以出借。出借时间不是与流通书籍一样,而是暂时借用一下。比如说,某位同志因业务上要查一样东西,而不能离开工作岗位,暂时携出参考室借用一下就还。当然,这种情形需要管理员主动去掌握。在手续上,不必经过借书处。经过借书处与普通图书一样出借就会忘记及时收回。管理员可以将书卡抽出放在自己工作的手头,以便时时加以注意到。参考书暂时出借也有一个基本的原则,即要不妨害别人的参考。或者是在闭馆时借去,次日开馆时即行归还。开馆时及时归还这一点非常之重要,必须彻底执行。有些机关图书馆,它可能订有一种借用参考书应由上级同意的规定,这种责任向上推的办法是不好的。这种参考书的暂时借用与对内书刊须经上级同意出借是两种不同的性质。

第九章　报刊工作

一　报刊工作的意义

"报刊"是指报纸和杂志。"报刊工作"是指报纸和杂志的订购、整理和供应的工作。这个工作,是图书馆工作中的重要组成部分。

用版面编排的,以一张白报纸的对开、四开的形象印刷的,没有装订成册的,这是报纸的形式。报纸的刊期是一天、三天或七天以内的,但最主要的是指日刊。一般的说报纸,均指日刊而言。期刊是定期出版的,七天、十天、半月、一月、二月或一季出版一次而装订成册的,均称之为期刊。亦即是杂志。

报纸和杂志的内容是最新最现实的资料。首先是"人民日报"和各省市委的机关报,报道国际形势和分析国际形势,使我们更深刻地了解社会主义阵营的国家日益壮大和繁荣;报道工农业生产和各个战线上取得的伟大成就,反映出整个社会大跃进的新面貌。报纸和杂志是人们的精神文化食粮,是日常生活中的必需品,人们不能离开它。尤其是处于这样伟大的社会主义大建设时期,一天离开了它,就要落后。

报纸和杂志,不仅指导我们掌握最新成就的科学技术知识,而且还是经常工作和政治学习的主要资料。党的报纸,总是贯彻党的各项工作指示和意图的。人们离开了它,工作就会做不好,就会落在时代的车轮后面,就会学习离开实际,就会犯错误。所以,报纸和杂志是不论何种性质的图书馆都必须具备的。许多书籍的形成,它的问题首先是在报刊上登载出来,经过时间,经过集合整理之后才成为有系统的专书。所以,书籍不可能是最新近的材料,而报刊能给读者以最新鲜事物的资料。每一个机关工作人员,在各种不同的工作岗位上执行着国家交给的任务,实现党的社会主义建设总路线,机关图书馆为了配合任务的完成,就必须重视报刊工作。报纸和杂志是为阶级斗争而服务的。在现阶段中,是兴无灭资、推动社会主义建设跃进、再跃进的工具。它的产生和发展,改进和变化,不是人们的意志所决定的,而是受到社会经济、政治、文化、科学各方面的发展制约的,在一定历史阶段中反映社会的面貌。每一种报纸和每一种杂志都有它一定的目的和任务。机关图书馆在报刊工作中,必须体现着对国家工作人员的思想指导作用和宣传新鲜事物的重大意义。由于这样,就要求我们报刊工作者自己首先了解报纸和杂志的内容某些主要方面。比如说,在报纸的认识上,"光明"、"文汇"、"大公"是民主党派的报纸,而"大公报"的内容"是以报道财经工作为重点,并作国际问题宣传报道的全国性政治性的报纸"。"光明日报"是中央一级的报纸,着重宣传教育文化工作、国家机关工作、民族工作以及各民主党派的活动等。杂志的认识上,首先是党中央主办的"红旗"和各省市委主办的理论刊物,是马克思列宁主义在我国社会主义建设运动中进一步发展的刊物,是国家工作人员学习党的方针政策不可不读的。每一种刊物,都有它的特点。如"新华半月刊"是资料性的杂志,刊载党和国家的政策文件、国内外时事文献等。"时事手册"是通俗解说时事政策的刊物。"世界知识"是帮助读者丰富国际知识,认识国际局势发展和变化,分析国际重要事件的本质,介绍社会主义国家的成就,论述资本主义世界情况的杂志,等等。这些简单的认识,是图书馆工作者极其基本的必须具备的常识。当然,杂志和报纸的内容不是永远不变的,有些会停刊(或复刊),有些会易名,有些或因变更任务而改变内容,需要经常注意它的变化。我们了解报纸和杂志的内容是多方面的,除了依靠经常地浏览报纸和杂志之外,比如还可以从邮局印发的"报纸杂志内容介绍"的解题目录上认识,也可以从专业出版社的广告目录上认识。而杂志的内容绝大多数是顾名思义就可以理解的。

二 报刊的来源

报刊的来源,主要的是依靠订定,但不是绝对唯一的。

报刊由邮局集中统一发行,这标志着国家制度的优越性,在资本主义国家里是不可能的。这样做,大大地便利了图书馆的采订工作。

关于报纸的选订是比较为单纯的。大凡一个机关图书馆,重要的报纸都应该订定。如党中央的"人民日报"和中央一级的报纸,本机关所在地的党报和地方性报纸,与本机关专业有关的报纸,等等。关于杂志的选择,就比较要复杂些了,但也有总的原则。首先党中央的"红旗"和各省市委主办的理论刊物,不仅任何图书馆都要订定,且要有适当的复本。当然,省市委的理论刊物也可以结合本机关的具体情况和需要而订定。除此之外,杂志的选择也和图书一样,除了普通一般(如世界知识之类,有共同性需要的)的必须订备者外,还要尽量吸收组织各部门的意见,各同志的意见,使杂志的订定和补充可以获得全面,符合需要。比如,会计部门需要有关会计知识方面的杂志,我们事前没有想到,经它介绍推荐之后加以订定。个别同志介绍、推荐,实亦反映出群众所需要的杂志。但也要注意到,不必要的,或单为某一私人爱好的不定,免使浪费。通常我们在订定下一年度或下一季度杂志的时候,应向机关组织各部门有一个简单的调查工作,调查了解各部门的需要和征求各部门的意见。时间约在上季度的第二个月,即二、五、八、十一月邮局开始收订下一年度和下一季度杂志之时。图书馆根据各部门及个别的意见,集合拢来列成清单,并提出图书馆的具体意见,送请上级同意后向邮局订定。但要抓住总的方向,根据本机关事业特点,有重点地有系统地来选择所需要的杂志。也许有些杂志是大家认为非常普通,虽然重要也不加介绍,这样,在选择订定时就应该充分利用最新杂志目录,选列上去,不使遗漏。尤其是邮局印发的有提要的目录,是在选订时必不可少的参阅工具。

在预订时,还要注意到杂志的重要性和对本机关所需要的程度。有些杂志,有很大的价值,但对该机关来讲,使用机会可能不多,这样就订一份够了。假使在学习上或业务上都很重要,或者是资料性的杂志,那就要考虑需要的程度,加订适当的复本。而其中一份是专供装订永久保存的。所以订定杂志应该估计到长远参考价值和临时性使用价值的两个方面。

要使重要杂志不致遗漏,是应该随时注意的事情。每每有些杂志的问世,它开始发行之时,不与邮局收订时相接合,或许在邮局年度季度收订之后一个月发行,或许第一、二期没有委托邮局发行,这是很平常的。一种杂志的发行,大都会在报纸上披露预告消息,如果自己不注意报纸和杂志中的新闻和广告,就很会把这个期刊遗漏过去不定。等到发现时,可能前一、二期已买不到了,这是我们采购工作中的很大缺点。一种重要的杂志,一开始就残缺不全,将会引到多年而后的遗憾。还有一种情况是邮局供给选择的发行目录也可能没有列目的,它只列重要的杂志,这样,采购工作者就应与邮局发行员随时有所联系,索阅邮局自备的比较为详细的发行目录。邮局发行员可能有一种杂志发行的对内参考资料,为了进一步了解杂志发行情况起见,是可以向发行员商量的,同是国家工作人员,要求在选订上方便是可能给予通融调阅的。总之,杂志发行情况的了解,有各色各样的方法,如利用各大图书馆的杂志目录,某种参考书上所附目录等为参考的工具。如"全国总书目",其中就附有完全的全国报纸期刊目录(要注意时间)。

杂志的来源,除了采择订定之外,还有征赠和交换的办法。但是,现在出版机关都已实行企业化,一般的情况是,你要我的向邮局定,我要你的也向邮局定,所以机关图书馆所需要的杂志,想取之于交换是不能满足的。同时,以自己机关出版物去交换也有很多不便的地方。至于有些非卖品如校刊之类,那是赠送、索讨的性质。关于图书馆间多余复本的交换问题,我以为最好是由文教机关统一领导,集中整理,由各个图书馆把自己多余复本送到指定的集中地方,改馆际交换(我这里是指小型图书馆)为有组织有计划的按需要程度分配使用,使旧杂志资料能用到更合理的地方。因为个别交换,很难全面掌握情况,集中整理又可节省人力,以整个国家文化事业来讲,是合理的。

报刊的来源,主要是依靠邮局的帮助和合作,向它订定而来。但邮局的统一发行还只限于便利读者的手续方面,而不是帮助选择,要订定哪些报纸和杂志还是需要自己决定的。在苏联,大众图书馆的报纸和杂志的订定是由"刊物推广发行中央管理局"规定了必须订阅的最低标准的,这与我们邮局统一发行还只限于技术问题而不是政治上的领导是有很大区别的,因此,要订定哪些报刊是要图书馆自己来全面掌握的。

三 报刊的订定

报纸和杂志集中在邮局统一发行,这是图书馆采订工作的有利条件。图书馆只要与邮局发生联系(如有一个指定的联系人更好,在城市中可以用电话接洽),即可以统一办理订定手续,而不要分头订定了。邮局的分支机构林立在全国范围之内,凡有机关的地方,就必然会有邮政组织,付款方便,手续简单,而所需要的报刊绝大部分都可以一次定到。

关于报纸的订定,是由邮局将到月底时送来预订通知单(即报费收据)，照单付款就办好了续订手续，所以极为简便。这种预订通知单有两方面意义，一方面是提醒图书馆可以续订，一方面是事前收订可以有计划供应。

关于杂志的收订工作，邮局是按季度和年度进行的。季度和年度开始收订时，邮局会事前登报公告(但自己要注意)，并供应目录给我们选择。同时，订定期满，邮局也能事前通知定户续定的。如在不影响会计制度的情况下，杂志最好是按年度预订，以年度为订定的时间单位可以减省许多手续和免致失误不定的现象。不去预订，而想随时零星购买，则邮局和书店虽然与图书馆近邻也是不好的。零购总会遇到疏忽的时候，不可能按期齐全，所以杂志预订是图书馆采购工作的主要手段。全部杂志全年一次预定在机关图书馆中可能是会有困难的，因会计预算不可能一次付款。杂志订定不像报纸那样简便，按月付款。杂志费在机关中，虽也是一种书报费(作为消耗开支的)，但订定手续是不能一个月一个月办的。为了工作的方便，图书馆应与会计部门商洽，提出想一次全年预订的要求，请求事先编入来年度概算。因为杂志订费的付款是在年度开始之前，而杂志的收到要在第二年，甚至第三年的一月份，这些情况会计科是可能不很了解的。

杂志订定的期限，不可能有定报那样整齐，按月一次。杂志订定的期限往往会发生参差不整齐的现象。有的杂志到期了，有的还没有到期，这样参差不齐就会引起续订工作的疏忽，会使到期的杂志不去续订而中断了。现在有了统一发行的条件，就不要分散订定，定期不齐的现象就应该把它逐步改变过来。

此外，还要注意有些非定期的期刊，如学报之类，也有不由邮局发行而归新华书店预约登记出售的。

关于外文报刊的订定，现在也由邮局统一收订了。图书馆需要哪些苏联和新民主主义国家的刊物，资本主义国家的进步刊物，都可以一次统一向邮局订定。它是按照年度预订的，大约在年度

272

开始前三个月左右开始收订,这是因为计划发行和邮递时间的关系,收订时间比国内期刊要提早一些。但也有一些是可以上下年度分开来定的。邮局开始收订时,可以供给我们外文报刊目录来选择。邮局遍及全国,亦只有在我们这样的国家制度里,订定外文报刊才有这样方便。

订定工作的进行是在邮局通告收订、或接到邮局订定到期通知的时候。要定就定,不要拖延。在订定之前,根据已开列好的,并经上级同意订定的杂志清单,加以核算款项。为了会计手续方面的顺利,最好请就近邮局加以复核,遇到某种杂志定价有更改时,就可以改正过来。再由会计部门总的一次付款。通常,我们是在收到邮局定单之后,在发票上加盖图书馆公章,表示负责,然后再将发票送会计部门报销。但为了预备将来杂志收不到时的检查,自己应有留底的记录,按照定单抄列下来,并且还可以供下一次订定时的参考。留底的式样如下:

19___年度(或季度)向___邮局订定杂志底稿

杂志名称	定 期 (×年×月至 ×年×月)	定单号数	订定日期	定 价 (注明单 价复价)	份 数	备 注

订定杂志的留底,在较大的图书馆中是用"采订卡"制度的。卡上有概括的记录,按照杂志名称排,以便随时查核。同时还有"应订杂志卡",作为将定未定的备忘记录。我所以想采用这个比

较简易的办法是现在有集中、统一、同时订定的几个条件,又符合于小型机关图书馆减轻人工的要求。不过,用活叶式留底,可能会感到查核时太不方便了,假使定了几百种杂志中间没有序次如何查呢? 我以为:第一,机关图书馆不像公共图书馆,更不像期刊专业图书馆,所有杂志都要订定。机关图书馆所定的杂志除了一般性的加上业务有关的杂志之外,不致于所有杂志都要定的。第二,当邮局定单拿来抄留底的时候,定单多半是每种杂志一份的(但也有开总定单的),可以先用杂志名称字顺排一排之后再行抄录,这样就有一个次序了。第三,留底单并非卡片,它是一张清单,一看可以好几行,查起来不会费时的。留底单要用复写二份,一份归档,一份交给期刊工作者存用。此种留底单不必积累,下一年度或季度订定后,即可取消上期的留底单。

杂志绝大多数可向邮局集中订定而来,但也可能有个别杂志不是由邮局发行的,这样就只得分别汇款去函订定了。这个情形有时为了汇款方便起见,总是与邮局订定的期限不相一致的,留底记载(或函件)也是单独的。但这种情形在目前已不多,可能还有,这就应将单独留底与邮局留底同置一档案袋中,俟该刊转到邮局发行时再使订定期限统一起来。与留底同时,即订定杂志之后,要预先做好杂志到馆登记卡(已有到馆登记卡了的续定的杂志不必再做),并用铅笔注明订多少时候,这工作很重要,应由负责杂志经收工作者来做。

四　杂志的拆收、划到和陈列

杂志一经订定之后,就会按照杂志刊行的日期陆续收到,杂志的整理工作就从此开始了。机关图书馆大都没有单独的收发,收到的杂志每天从机关的总收发处(或传达室)送来,但送来的东西不一定都限于报纸和杂志,或许还有其它的刊物在内。图书馆首先的工作是把报纸和杂志分开来开拆(有许多报刊不是包寄的)。

在开拆同时,要看一看是不是图书馆的东西,有时收发处会把私人订定的刊物也误送来的。这是因为收发工作者误认为凡是书报总是图书馆的错觉所造成的。图书馆看到了是私人的刊物,就应及时退回收发处或转交其本人。更要注意的是本机关的公文附件,收发处送错也是有可能的事情,事前看出来就不要开拆。开拆刊物须用一只拆签,以免把刊物拆破。刊物多的时候不用拆签会费去很多的时间。把拆下来的较好的包皮纸留作补修书刊之用。拆开之后,要注意夹在杂志中的附件。如有刊误表就要即时把它贴上那一期刊物上去,以免散失。有卷末、年终的索引或一卷一年的总目之类,就要妥为保存,俾便装订合订本时把它一并装订上去。有到期通知单或杂志改变情况通知等等,就要把这些材料转交有关人员(如采购工作者)。自从杂志归邮局统一发行之后,到期通知单已不会夹在杂志中寄来了,但尚未委托邮局发行的杂志可能还是会有通知的。除了订定的杂志之外,机关图书馆时常还会收到赠送来的非卖品出版物,这种刊物对机关工作的参考价值来讲,是颇具重要性的。专刊特刊(不是某种杂志的专号)应送作书籍处理,同时要写信回复原机关致谢。但对上级发下来的附有收据的参考资料,只要盖章寄还,不必办理谢函。杂志收好之后,先查一查有无错页、损坏等情况,如有,应即时向邮局交涉调换。如果损坏程度不深,又不可能即时向邮局换到,那末可以暂不盖章,事后接洽调换。因为杂志内容是新鲜的事物,人人都以先睹为快,决不可听其久不陈列。在目前,书刊制造的成品检验一般都很严格,错误存在的程度已不大。折收的杂志,把它卷平盖章。盖章要慎重端正,不用公章而用"藏书之章"。因为杂志的封面形状不一律,要盖在一律固定的位置是不可能的,可拣它较为空白的地方盖上。不要盖得太多,表示有个图书馆庋藏的标志就可以了。这些手续完结之后,先在藏书动态簿上作一次收入总登记,并再在预备好了的杂志到馆登记卡上划到。划到登记卡的式样如下:

（这一行写杂志名称）													
年份（卷）	一月	二月	三月	四月	五月	六月	七月	八月	九月	十月	十一月	十二月	备注
编辑处					○					出版处			

注:1.登记卡的大小与目录卡相同,12.5×7.5公分。

    2.载有卷数期数的杂志,卷期在年份月份栏内注明。

杂志收到登记的另一种办法是用表册。如果订定的杂志种类不多,每一年的几种杂志都登在表格上,划到手续就用卡片登记方便。其式样亦如登记卡上的表格,只要把年份一栏改为杂志名称就可以了。不过,这样年年要调换,我想还是用卡片登记好。

杂志登记卡是供自己管理上应用的,可以依照一种自己熟悉的检字法字顺排列。分类排列是供对外检查的另一种目录,自己用的以字顺排列抽出划到时快,能增加工作的速度。但也要看具体情况,比如各省市委主办的理论刊物定得多,为了集中排架,就可以将这些划到卡用字顺排在前面。一张杂志登记卡有好几年可用,因此,杂志登记卡并不是年年要增加的,而是应该用满之后再行添进,以免增加重复的划到卡数量。杂志到馆登记卡的记载项目,我的意思想把它简化一些,只要名称、编辑处、出版处、年份、月份和备注等几栏。月刊在月份栏内填记期数,半月刊周刊同在月份栏内分开细小一些填记。有出版处一栏,可借以区别名称相同的杂志。备注栏备装订、停刊等变化的记载。在过去,杂志登记卡总是记载着许许多多项目,把杂志的各种组织成分都列上去,预备查考。我想,杂志的出版和发行情况已另有公开陈列供读者检查的目录,读者所需要了解某种杂志的情况已可从这个目录中反映出来。自己管理上需要查核的时候,就查订定底稿。我觉得,一张登记卡是要用好几年的,除划到的年、月栏足够外,其它项目的填记总不能满足杂志续订及其它变化等项记载的要求,但也有备而不用的。事实上,在这种划到卡上的检查仍不放心,仍要去查订单,因此不如干脆地把它简化一些,用订定留底记录来满足这个要求。通常,查杂志登记卡的目的,大多是回答读者月份期数的有没有,而月份期数有简单的记载就可回答。遇有自己查续定或没有收到向邮局交涉等事项的时候,查定单留底记录比查划到卡好。同时,邮发工作的逐步改进,查询事项也在逐渐减少了。

过去杂志的出版绝大多数是以卷数期数为出版顺序的标记的,反把年份、月份时间关系降为次要的地位,而检查资料对于时间的概念恰巧是最重要的。并且,还有很多杂志的卷数期数与年份、月份是参差不齐的,这样,就非仅登记起来不很方便,就是看起来也不能一目了然。现在,这种情况已有了很大的改变,绝大多数杂志已按照年月为出版次序的标志了,但还并不都是一致,有少数杂志还是以卷期或总期数等为主要标志的。我想,为了检查资料与时间印象的联系,将来是会向这个形式统一的,图书馆希望能够这样。

关于杂志副刊的登记。如果是有单独名称而按期出版的,应作为一种杂志的单位来处理。附在杂志中赠送的专题专事的专刊,可当作一本书籍(小册)送到编目部以图书整理办法处理,但要不是杂志对于某个问题的专号。专号是杂志中的某一期,在杂志合订本中不可缺少的。此种专号,对某一专题是最精彩的资料,应该以分类分析目录卡或标题字顺分析目录卡在读者目录中反映。

杂志登记卡通常用一个(一屉、二屉或四屉组成的)目录屉柜装置摆在杂志工作者的办公桌上。登记时如果发现上一期还没有收到,马上要打电话或写信向邮局查询,及时补来。登记之后,在杂志背面的右上角打一"√"号,表示这本杂志已登记过了。登记过了的杂志,应及时予以陈列,把上一期的收存。遇到前后两期同时到馆的重要杂志,应该同时均予陈列。机关图书馆不可能个个都有单独的杂志阅览室,这样就应在图书阅览室中划定一个部分,因为新杂志的陈列是读者感到迫切需要的。新到杂志陈列架有多种形式,最醒目的是为一般图书馆所采用的斜坡形的杂志架。一人高度可以检取的杂志架,最好是五格到六格。有许多图书馆因为想多陈列一些杂志,把杂志架的格数增加密度,这就要失去坡斜显露的作用。陈列的杂志应事先分一分大类,标框上插上杂志名称的标签,使它有一个固定的位置。并且每天都要检对清顺一下,发现有缺少的时候即时找寻,没有办法找到的时候及时补配,拖迟了会失去补配的机会。登记杂志不应是一个死的工作,到什么登记什么就算了事,而应该时常检查杂志架上陈列及到馆登记卡。那些杂志应该到期了的还未收到,就要向邮局查询,不要等待读者来询问时方才发现,把工作变成被动。从阅览室收存的杂志是新近的,这些杂志还不可能即行装订合订本,而使用的机会比较多。读者大都指明要某种杂志和期数,为了检取的方便,可以用杂志名称的字顺排列,存放书库。这种存放零本杂志架已在"书库工作"章中叙述了。装合订本了的杂志就与书籍同样的方法排架。

有些杂志中途停刊了,或者变更了,图书馆事前没有知道,但必可接到邮局退款的通知。这样,图书馆就必须及时办两种手续:一种是对自己工作上的,先检查这个刊物是否完全,缺少的想法补来,有借出的零本也收回来,及时装订合订本,并在最后一册加贴一个便条,简单说明停刊情况,同时在杂志到馆登记卡上也记述停刊字样,这样就可以随时回答读者查询该刊何以不续到的原因。一种是会计责任的手续,应即将该刊退款及停刊情形连同退款用对内送件簿送缴会计部门记账,送件簿上填写杂志名称和退款数字等。这种退款也有的是因为期刊改变形式而变更的,如半月刊改为月刊之类。但同时也会有需要补缴定款不足的情形,如双月刊改为月刊之类。这样,图书馆接到通知后就要及时去补缴定款,如要寄汇的可将函件转到会计部门办理,但自己必须要有留底的记录,以资查考。

关于外文杂志的拆收、划到和陈列工作,与中文杂志的手续是没有什么区别的。在小型的机关图书馆中,多数是不可能把中外文杂志的管理范围区别开来的,如果外文期刊不多,就可以利用中文杂志登记卡来划到。不过,如果用中文名称排就得附上外文名称;用外文名称字母排的,也得附上中文名称。在陈列阅览室的新到杂志架上,就不是依照杂志的内容性质与中文杂志混杂,而是先以语言文字的系统,然后再行按类的性质排列。

在小型机关图书馆里,一般的分工界限不可能很清,在不影响保管和应用的前提下,管理杂志的手续是可以简化一些的。

五　杂志的装订和排架

检查杂志的装订时间是在年度或季度开始的那个月。但装订的时间范围不绝对是一律以一季、半年或一年合装成为一册的,而是要按照杂志的厚薄为准则的。同时,也不是所有杂志全部都一律要装订的,而应选择有永久性和合于本机关的性质所需要的才去装订。一律装订,在公共图书馆才有必要。装订费的预算,应事先在编造本机关预算时提出需要款额与会计部门协商列入。清理出来装订的杂志,要注意索引及总目录,有则一并装上去。有些图书馆以装订封面的颜色来区别杂志的类属,但我以为这是没有十分必要的,因为它还有类码可以用来区别。决定携出图书馆外装订的杂志,应该正确地清顺次序,把合装一册的杂志捆扎好,夹上写好应标的杂志名称、年份、月份和期数的纸条。另列一份送出装订的清单,复写两份,当面点交清楚,一份交给装订作坊(在大中城市，一般都有手工业装订作坊，目前并已趋于合作化，图书馆工作者应知道这种情况）。装好收回时，按单验收。最好是自己能够装订，不会精装可以平装，平装技术并不困难，这样既可以在装订一段时间仍可利用，还有节约的意义。装订的重要意义是便于管理和永久保存，使减少遗失的可能性。装订不要太厚，太厚翻阅不便，也不牢固。但也不宜太薄，失去合订本的意义，又会增加装订费。如烫印，字体尽可能把它统一，这样在排检方面可更为顺目。合订本杂志应当是以完整不缺期为原则，没有齐全的待配足后再行装订，以免日后重装，造成浪费。但有些重要的杂志，经过多方面补配而无法达到齐全目的的时候，也是应该装订起来的，愈不易配的杂志一般都是愈有合订的必要，听其不合装可能更会散失。但在合订本和目录上都要记明所缺的期数。

杂志缺少的原因有很多情况。如果邮局或发行地方没有寄来，当发现时就要向它交涉补足。其次是无原因遗失（找不到），或者借出遗失，这种遗失发行者没有责任，但应首先向邮局接洽，请它帮助补配。杂志计划发行对补配杂志有时会不能使图书馆满足，过时之后，邮局也有困难的。再次是去函向原出版机关商洽补配，有的出版机关可能自己留存一些，它可能视图书馆的需要情况予以满足要求。如果发现邮局或书店还有门售现货，那就首先要去买来，不必等待。对补配杂志工作也应时常注意旧书店和小书摊。如果读者遗失了杂志，这当然是读者的责任，但有时他已无能为力购回这期杂志，图书馆就应该帮助他解决这个问题。杂志价格是不会高的，但它有特殊的参考价值。遗失者并非不愿意赔款，而是买不到杂志，拖延不解决就会造成藏书的损失。

杂志经清理装订之后，如有多余的复本，应该请示上级处理解决。我在前面曾经述及，个别图书馆间交换复本，调剂有无，不可能是很全面的。最好有一个统一的机构，集中整理，统一调配能发挥更大的作用。因此，我在这里提出请示上级处理的意思有两个方面:一方面是想把多余的复本能够送到有用的地方;另一面是使自己图书馆不要无原则的保存,既不需要,舍又舍不得,徒多管理上的麻烦,还会造成浪费。

杂志经装成合订本之后,作为图书进馆一样,先做藏书收入总登记,再进行个别登记,登入财产登录簿上,给与图书混同统一顺序的财产登录号,出借和庋藏都作一册图书计算。这个办法,有的人以为这样统计庋藏杂志时不方便了,为了管理方便,应把杂志合装本集中单独立册登记,并在杂志财产登录号前加记" + "号,以标志这是杂志的登录号,这样有单独的登记册就可以随时知道合订本总数了。其实,这不是必的。我们在登记工作中曾经说过,一个图书馆不应有多种不同的财产登录号同时并存,如果要统计杂志合装本的庋藏数字,可以从排架目录中获得。登记杂志合装本的时候,要把杂志合订本装订费加上去,与合订期数的杂志总价格一并记入价格栏中。杂志合订本要同书籍一样,经过分类编目之后庋藏(其实,杂志的分类编目工作早已在杂志的读者目录中做好了,此时仅是完成合订本的索书号码及书卡而已),不再是依照字顺排列横放了,而是分门别类地如同书籍一样方式排架了。

杂志合装本的排架有两个办法:一个是依照杂志合装本的索书号码混合排入各书籍门类之中;一个是单独根据杂志合装本的索书号码排架。不论哪一种排列法,分类号码前都要加" + "号,表示这是杂志。合订本杂志的排架目录也与书籍的排架目录一样,排架方法与排架目录应该是统一的。即合订本混入书籍统一排列的,它的排架目录也一定要混入图书排架目录排;杂志合订本单独排架的,则它的排架目录也单独排列。如果以分类目录当作排架二用的小型图书馆,则把杂志合订本的财产登录号也要写上分类目录上去。

杂志的装订,有它一定的优点,便于管理,减少失少机会。但是,也有它的缺点。第一要受流通的限制,被装订的多册杂志,不能同时流通几个读者。第二,单看某一篇文章的时候,厚本不如薄册方便。因此,也应视具体情况,某些较厚本杂志,分期流通比较多的,就单一作书处理,如学报之类。说得更具体些,如"收获"这样的杂志,就不应该等季度年度合订,收到之后就马上可作新书处理。

六 杂志的读者目录及其排列

杂志的订定留底记录、划到登记卡、合订后的排架目录和个别财产登记,这一些都是为着杂志的本身管理上之用的。但除此之外,它还有比管理上更重要的读者目录。杂志亦如图书一样,要有一个供应读者检查用的推荐目录,通过这个目录,可以把杂志介绍给读者。这个供应读者查用的目录有两种方式:一种是分类的,一种是字顺。杂志目录的生产过程也与图书目录一样,要先把它分类,不过著者号码的采取不同罢了。因为杂志没有单独著者,采取的办法是以杂志的名称来代替著者的。杂志的分类,必须与图书所用的分类法统一。在每一个图书分类法中,除掉有综合性杂志的类目之外,在内容形式复分表中,均占有一个子目的。属于各专科性质的杂志,除了类项目号码之外,就是套上这个形式复分的子目。并在类码之前加上"+"号,表示这是杂志的标志,它与著者号码(实际是以杂志的名称采取的)折叠成为杂志的索书号码。

杂志编目与图书编目大体是相同的,但有不同的著录,因为杂志是要陆续增加的,出版方式、版期等均有变化更改的可能,它不是像图书那样肯定了的。杂志目录是不应换来换去的,时常更改会占去太多的时间,所以在目录上的著录就要比图书目录记载得灵活些。编制一切目录的目的,它的根本用意是要把内容揭示出来给读者看,格式不过是当作达到目的的一种手段,主要的还是要把内容反映得清楚。杂志的编目工作,也就是要适合这样一个要求来揭示内容,为读者服务。

杂志的分类目录是主要的目录。著录着索书号码、杂志名称、编辑处和出版处等等，并记录杂志的出版经过和庋藏状况。比如"学习"杂志，著录着：1949 年 9 月创刊，初为月刊，1950 年 4 月至 1951 年年底为半月刊，同年 6、7 月间曾停刊，1952 年 1 月起又改为月刊，1957 年 1 月起又改为半月刊，1958 年 10 月下半月停止出版，本馆储藏完全等字样。

新创刊的杂志，已经有收到了，但还没有到装订的时候，也同样预先编成目录向读者反映。同时，也为以后装订做准备工作。等到装成合订本时，只要标贴这个索书号码和加制书卡、书袋、借期单等就可以了。

上面已经说过，读者检查用的杂志目录有分类的和字顺的两种，但在排列上，两种目录都有两种不同的排列法。分类的两种排列法是：一种是混在图书目录各类中排列的；一种是单独专限于杂志目录按类排列的。字顺目录的两种排列法是：一种是混在图书的字顺目录中排列的；一种是单独的限于杂志，按照检字法排列。两种不同的杂志读者目录和两种不同的排列办法各有其利弊的一面：前者，混入各类排列的和混入读者字顺目录排列的，能引致检查图书目录（分类目录及字顺目录）的读者去利用杂志方面的材料；后者，单独专限于杂志的分类和字顺排列的，可方便于专指定需要杂志材料的读者的检查。采用哪种办法，可就自己图书馆的实际情况来作具体决定。但依照杂志名称字顺排列的，不论哪一种排列法，遇到杂志的名称前后有改变或差异时，都必须加制"见卡"，从旧名见到新名，如"文学月刊"见"处女地"，"译文"见"世界文学"。

报纸和杂志，一般应以不许外借、只限在阅览室内阅览为原则，但机关图书馆是很难受这个严格的约束的。遇到业务上需要的特殊情况，如果限制成为硬化，就会不切合实际。因此，装订的杂志合订本，也应与书籍一样，制上书袋、书卡及借期单等，为借书处准备出纳条件,便于流通。关于报纸和杂志的零张零本出借,在机关图书馆里也是经常不免的。我想顺便在此谈一谈零张零本的出借办法:

利用书卡,写上报纸和杂志的名称,每种一张,按名称字顺排列(不必事先全部做好,因为不一定所有的报刊均有人零借的),借的期号记在第一横格,借的人在第二横格签名。几个人同时借用不同期号的同一种报刊,同记在一张卡上,还来时把期号划掉。这样,就可以即时检查出某种报刊的某期号为某人所借。当然,这还不能解答某人借了哪些报刊的问题。如果以立借书人卡为主,把某人所借各种报刊均记其人名卡下面,这就能解答这个问题了。但是,两种办法同时并用手续太烦,以机关图书馆这一特点来讲,还以前者合于实际。

七 报纸的整理工作

报纸的整理工作是经常事务性的工作。图书馆经订定了那些报纸之后,就会由邮局经常送来。月前得到邮局续定通知,并由会计部门付款,工作是比较有规律。通常图书馆对于报纸的处理,一般都备有一种日刊登记卡,专供报纸到馆时登记之用。登记卡的大小与目录卡同,一年一张,横列 31 日,直列 12 个月,依照报纸名称的字顺排列在目录抽屉之中,放置管理工作者办公案上使用。但也有采用簿式登记的,它以月为单位,即多种报纸同登记在一张登记表上,横列 31 日,直列多种报纸名称,这样,报纸到馆登记时比用卡片登记可以减省每种报纸登记卡抽插的工夫。但我以为,在机关图书馆中,前后两种办法都似乎浪费时间人力,应该打破陈规,我是主张不采用的。报纸每天到来,大致是不会错误的,除了要随时注意之外,还要与传达室做好联系工作。在陈列时,发现某种报纸缺少的时候,即须向邮局查询补来。每天到的报纸多至几十种,一份一卡抽出登记,每天都是一律的,实在毫无意义。假使要查某一天的报纸，我们可以在该种报纸的中间抽出，先去查登记卡而后再取，是不必要的周折。登记卡的本身，不能保证报纸的不缺少。我上面所述，是指国内的绝大多数都能按期收到的报纸而言，这些报纸经装成合订本之后就会失去划到登记卡的作用。但国外的报纸，不一定能按照刊期的先后序次收到，因为它受邮递的关系，可能是后出版先寄到的，这样就可以根据具体情况来决定，或者拣那些经常要查对的来划到。

每天到馆的报纸，一到就要马上陈列出去。这是因为，报纸是新鲜的事物，读者都迫切要求的。假使遇到有新的重要新闻，抢着自己先看而迟迟陈列出去，这是不为读者所欢迎的，亦是个人主义在图书馆工作中具体的表现。陈列每天到馆报纸的陈列架有多种式样，最主要的原则是要配合阅览室布置和它的方位，这样会不使阅览室的空间浪费。到了月初，即须整理上个月的报纸，把它逐一清顺，检查有无缺少，使它及时装成合订本。现在，很多报纸都已出版每月索引，最好是预定一份装订上去。不过索引出刊时间要迟些，而且大都已改为书本式了，如"人民日报"和"解放日报"的每月索引就是书本式的，那就只能另行单独保存了。报纸的装订工作，在机关图书馆中，大都是可以自己动手的，因为技术比较简单，携出馆外装订既要增加费用，又会影响检查。装订以一个月一册为适度，三日刊可以三个月装订一册，太厚了翻起来不方便，易于损脱。报纸合订本用特制的报架排放（式样见前"书库的设备"中），报架的格子不能太高，高了不仅抽取不便，且易于损坏。假使书库面积不大，自然可以改变式样，制得高些，多加几层，用梯凳来配合这个工作。因为检查报纸合订本是不会如书籍抽取那样频繁的。制报架的木料要牢固些，报纸合订本的量很重，这个问题是务必注意的。报纸合订本的数量与日俱增，切不可看轻这个数量的积累问题。机关图书馆不比公共图书馆，不是把一律的报纸都装订，而要考虑自己的储藏能力和它的使用范围。需要装订的是中央的和地方的几种主要的报纸,加上本机关业务有关的专门性报纸,如共青团组织的图书馆须装订"中国青年报";卫生机关图书馆须装订"健康报"等,有些不关重要的及其它省市报纸都可减省装订或甚至不去装订。不一定要查,但也不一定不查的那些报纸,就断定检查它的时候是不多的,虽然本图书馆没有装订,是可以利用就近的公共图书馆的。

报纸合订本是机关工作者必不可缺的参考资料。有了报纸合订本的储备,可以解决许许多多资料上的问题。报纸合订本的保存与剪报资料工作是没有冲突的,它辅助剪报资料工作的不足。因此,在机关图书馆中,重要报纸的合订本应尽量使之保存完整。假使过去有不够完整的,应及早设法把它补配起来,早一天补配总比慢一天补配好。时间愈是过去,则补配愈为困难。补配的方法可以从多方面进行,如邮局、旧书店或通过该报社购买私人出让的等等。

装订了的每月报纸合订本,用活叶登记表以月份为单位登记,并采用可以移易增减的"活叶装"。一种报纸用一张登记表,一表可用好几年。它的式样如下:

××日报合订本登记表

数量 月份 年份	1	2	3	4	5	6	7	8	9	10	11	12	备注
1949													
1950													
1951													
1952													
1953													
1954													
1955													
1956													

装订报纸活叶登记表的次序,可依照报纸名称的字顺排列（依行政区域系统排列亦可）,用硬面夹的"活叶"装订。

第十章 资料工作

一 资料工作的意义

资料工作,这是一个广泛的概念。它包括图书的整理、报刊工作和图片画册、零星散叶等等文件管理之总和。但这里所述的,并不是它的全部范围。因为这本小书所说到的业已包括了整个图书资料工作在内。自从中华人民共和国成立以来,各机关为了贯彻党和政府交给的任务,正确地掌握国家法令,在执行具体措施中都需要参考报纸中的材料。因此,报纸资料的剪选工作就受到特别重视。所有机关组织,几乎都为了满足本机关的需要,建立了、或者发展了、扩大了图书报刊整理以外的资料工作,来充实本机关的参考资料。这一章所述的是:指报纸资料的选剪工作、杂志索引工作、公报的管理和使用等问题。即是说,以前各章所没有谈到的问题。但这只是限于资料整理过程中的技术性工作,远远不是指资料的组织性和编辑性工作。简单的说,只是为参考者整理、准备、积累原始资料。所以说,这里所指的资料工作的意义是比一般机关资料室整个工作的概念狭隘的。

机关图书馆所以要搞资料工作,主要是为配合机关业务和干部学习,根据需要,单靠图书、杂志、报纸的形式运用还不能满足而产生的。因为,图书的出版,它不可能很及时,而且也不可能不论问题的大小都一律有书刊出版。因此,有些专题专事的参考材料,就有赖于从报纸中剪辑。报纸的内容,反映了新鲜事物的发生和发展,它把事物发展的全面和全部过程,按日刊登出来。但是,一件事情和一个问题的材料,要在多天和多种报纸上刊载才能完整。这样,参考起来,既不方便,还要遗漏。报纸资料的选剪工作,就可以解决这个问题。把某一个问题或某一件事的资料,从多天和多种不同的报纸上剪取下来,黏贴汇集成册,备为专门问题的参考。

在此社会主义大建设时期,报纸的内容反映着全面的大跃进,而新中国的机关特点,它必须是根据不同机关的性质从各个角度上去推动社会主义建设的。因此,报纸资料的剪集工作就具有重要的意义。但是,机关图书馆的资料工作,它亦必须根据机关组织实事求是地进行,并不是每一个机关图书馆都要在形式上去规定着做一套的。进行这个工作,有它一定的价值,但是也要斟酌实际情况,做起来所消耗的人力和物力,是否与它使用的效果来得相称,这是必须掌握住的。比如说,一般不是面对社会群众的图书馆,它的资料工作对象就不必具备普通性,只要选择剪集与它业务有关的重点材料。亦就是说,机关图书馆不必把剪取范围过分广泛,这与公共图书馆要为广大人民群众服务,准备多方面的材料,使多方面都能得到参考利用,是根本不同的。小型机关图书馆,或许可以采用简单的形式,备几本粘贴簿以容纳自己所需要的类项就可以解决问题的。也有些材料是可以在熟悉地利用图书报刊的情形下得到满足的,不一定都要依靠剪报资料才能解决问题。

我想在这里附带说明,我们剪辑资料在参考上有很大的方便之处,所以我们要做这种工作。但还要注意两点:

第一是,搞资料工作并不是不需要报纸合订本了,每月报纸合订本的保存和整理还是很重要的,因为它与资料有不同的作用。而且,经剪裁的那一种报纸,一定还要合订本。合订本在指定检查某一个时期的某件事情时,能发挥快而准确的效果。资料或许会漏剪,也或许不知道归到哪一册装订本中去,报纸合订本可以经常给我们解决很多问题。所以,备剪的报纸,同时也要注意备存合订本。

第二是,搞了资料工作之后,还要善于利用书刊小册子。有许多专题专事的小册子,它综合了一个问题的始末,是有组织性系统性的资料。在某些要求下,它有比未经整理过的原始资料更来得方便。因此,在进行资料剔除和整理装订工作的同时,必须注意这个现成材料的搜集和整理,以专题专事小册子去代替不够完整的、或者未做到精选的资料。

我想,注意上面这两点,对搞好资料工作有很大的意义。

二 剪裁的范围和圈选

剪集报纸资料工作的进行,首先要确定剪取哪几种报纸。比如说,党中央的"人民日报"和本机关所在地的省市委报纸是最重要的报纸。这是一定要列入剪裁范围的。另外,就要根据自己机关的性质而增加。比如工会联合会的图书馆,它就要增剪"工人日报"和地方性的劳动报;共青团图书馆就要增剪"中国青年报"和本机关所在地的团委机关报。各个机关都有它不同的业务和不同的要求。比如铁路图书馆增剪"人民铁道报",卫生机关图书馆增剪"健康报",师范教育机关增剪"教师报",等等,都是应该根据它的业务性质和客观要求来决定的。决定了要剪的报纸,每种备两份,合叠起来圈选,各圈选其一面。这样,在剪裁时就可以得到双面的材料。

决定了剪集哪几种报纸之后,第二个要解决的是圈选取材的标准问题。圈选材料,必须具有明确的思想性。圈选工作做得好不好,是资料工作做得好不好的关键所在。在内容取材方面,我的意见是要重视质量,慎重一些圈选,不要片面求数量,宁滥不缺的办法是不好的,既会失去效用,又会引致参考上的错误。

我们不论做任何工作,都有一般的规律和特殊的规律,圈选资料工作也是这样,有它的一般性和特殊性。在任何机关的图书馆中,都应重视圈选党的文件、国家的政策和法令、党和政府所号召的各个运动、新的科学成就和技术发明、各个战线上的英雄模范事迹等等的资料。但在各种不同性质的机关图书馆,除一般性的资料应该圈选之外,又要重视圈选符合其机关性质的特殊资料。这一点很重要。资料的圈选与时间的关系亦很重要。当在一件事情或一个问题讨论最热烈的时候,或一个号召一个运动刚在发展到高潮的时候,这时资料的圈选虽一句话几个字亦很宝贵,其中有关系到整个问题的讨论,在圈选资料时就非细心不可,漏掉了一些,是会使检查资料者不满意的。因为漏掉的或许恰巧是那个检查者所需要的东西,或者是他所写的文章就会漏掉那个部分,以致不够全面。但是过了一些时候,报纸为了要有某些小部分事情的交代,或是补登一些运动过程中未能及时反映出来的、而不是关系重要的东西,事情已经过去了,而又无永久性的,为了避免浪费,是可以斟酌情形减选的,这就应该圈选总结性的文章来使之完整。资料的圈选与地理环境的关系亦很重要。因为资料工作的目的是为了本机关的需要,与本机关无关系的资料是不需要圈选的,因此,其资料的圈选就与地理位置结成了密切的关系。比如,甲省区的工作单位与乙省区的资料关系就小了。在这样的场合,其圈选的重点应放在本机关所在地的范围之内。对其它地区的资料不应相提并论,即使这种资料本身是有价值的。但是,同一个系统关系的,或属于中央性质有全国性意义的,或是一般范例,这就不可忽略,应作采取范围来看待,因为它的参考价值与本机关所需要的资料是相符合的。

圈选资料,我想应该注意下列一些事情:

(1)有许多材料,它是在多种报纸上同时刊登的,圈选时要避免重复,并要向重要的报纸取材。如关于国际问题方面的资料,首先要圈选"人民日报"上的材料。

（2）专题专事的资料是最能解决问题的,有许多专题专事不可能有专书,这种资料不仅在当时有参考的价值,而且是永久性的史料,要注意不漏圈漏剪。

（3）一个运动的资料是历史性的资料,有它一定的资料价值,应注意其圈选的完整。

（4）新事物的资料是发展的,这种资料不仅在当时就会有读者检查,而且将来研究参考也是必需的。为了使这种资料的完整,必须做到及时圈选。

（5）有一些预告的新闻,在关系不大的机关是可以不剪的,但直接有关的单位,就必须圈剪,因为它会涉到后来的工作。可以等到这件事情结束之后,再把它剔除。我们要注意的是:某一事件尚在萌芽时期,报纸通常会放在不重要的地位(不完全这样),圈选材料时就必须要有政治的敏感,去估计它发展的可能性,不要遗漏了。通常有些细微得不易引人注意的资料,量的方面很少,但它在某种问题上查考起来是不可缺的,所以要加以注意,以免漏圈或漏剪。

（6）报纸上的一个新闻,或一件事情的报道,很可能配上一篇社论或短评,或者还有一个总结问题经过的报告,甚至于配上一篇小品文,等等,为了使这个资料能够掌握全貌起见,就要全部圈选。

（7）圈选时,不要单凭标题的大小决定取舍。单凭报纸标题的组织而不去了解内容实质是不够的。因为,各个报纸除了总的为进行共产主义事业而教育广大人民为目标外,还有它依照地域、时间或报纸性质等特点的宣传教育任务,因而一条新闻对各个报纸也具有不同的意义,就有不同的标法。在同一内容的材料,各个报纸是会标出不相同的标题的。因为,报纸的目的,不仅要普遍地教育人民,而且要引导人们的思想前进。报纸为了要发挥它对广大群众的鼓动和组织作用,必要对某些报道的标题加以特别强调,以引起大家的注意。但资料的采取,就不一定要根据这种情况作取舍标准。固然,标题大的,政治性思想性强的,并不是无采取资料的价值,这里所提出来的是指某些标题气魄虽大,不一定有永久参考的意义,而与资料性的关系很小,这样的时候,圈选资料不要为标题词句所吸引。单看标题圈选,是会把不必要的东西剪取下来的。所以,圈选资料,应重视资料的内容实质。同时,单看标题圈选,还免不了要重复地剪裁。这样,剪贴些没有参考价值或不必要的东西就浪费了人力和物资,还会因增加数量而引起检查上的困难。

(8)报纸上的"更正",在圈选资料时要十分注意。因为它是改正原来的报道与事实不符合的地方,关系很大。当报纸上刊出"更正"时,往往只占报纸版面很小的地位,如果因一时疏忽而遗漏的话,在以后运用这个资料的时候,就可能造成严重的错误。

三 资料的剪贴

剪贴资料的开始,首先要在被圈选了的资料上面盖打年月日及报纸名称的印记,以便往后引用和检查。印记这一种工作,本来是很简单的手续,但因为所剪贴的报纸有多种,又有近地的和远地来的报纸,不可能用同一个报纸名称和同一个日期的印子,如果工作中有所疏忽,把印记搞错了,就会引起引用资料去查核时发生不相符合的问题。所以,这个事情虽小,也是要注意的。

剪报的方法,除了用剪刀剪取之外,还有用玻璃板为垫底,用一条米突尺按住圈选的材料以小刀划取。剪取时,必须要注意已圈选了的资料的前后连接。报纸的排版,不可能每一个资料都是排拼得整整齐齐的,它可能接到另一栏或另一个版面上去,假使不加注意,就有可能会有头而无尾。剪下来同一个资料有好几段的时候,要先用回形针把它夹住,以免粘贴时遗漏。剪贴的程序,不应是剪一个资料就去贴一个资料,这样做,时间大不经济。假使是剪贴报纸份数不太多的话,可以把每天要剪的报纸全部剪了再行粘贴。当然,如果剪下来的资料积存太多,而不能及时贴完,则会愈存愈多,难于处理,并且还要影响资料不能及时供应。有些粘贴报纸资料的工作者,他首先把要粘贴的资料按照顺序先行折叠好,在折叠时就预计到粘贴纸的大小方位和序次,这样虽在折叠时要费些工夫,但粘贴时就很顺利了,会大大地增加工作的速度,这个工作的经验是可以参考的。粘贴工作,它也不单纯是技术问题,有些漏圈重圈的资料也可以在粘贴过程中改正过来。比如,几天连载的资料,漏圈是最容易在粘贴时被发现的。

粘贴资料须用化学浆糊,自制浆糊即用淀粉制成稀浆,加些明矾可以防蛀。粘贴时浆糊不要用得太多,以免霉天发霉。用胶水粘贴不好,会变色又会变硬。贴好了的资料,要等浆糊干后再排入资料柜,以免发霉变黑而遭致字迹模糊不清。但等干时,资料就会皱起不平,如能压平更好。资料用宽 199 分高 13.5 公分(这个标准仅能供参考,因贴纸的大小与纸张节约的关系,还值得研究)的较厚纸张贴成活叶,上下右三边划一橡线(背面划上下左三边),俾得贴成后整齐。粘贴纸的左边划装订线,打上两孔以便活叶装订成册。粘贴时,资料的大小与粘贴纸的大小是不相同的,因报纸的排版关系,剪下来的资料总是参差不齐的,为了使它能纳于同一形式,必须加以剪凑。剪凑要从左而右,从上而下,与报纸横排的形式相一致。一面不够粘贴的时候,贴背面。一张不能容纳就接贴第二张第三张,把几张连贴成为一份资料。但要限定一个问题或一个专题为单位,不能以类似的资料贴了一张资料纸上,或者类似的资料粘成一份,这一点必须严格遵守,否则就要影响资料的分类排列。

四 资料的排列、分类与归类

资料的排列,在方法方面讲,有两种体系。一种是按照内容性质的分类排列;一种是依照资料内容的标题字顺排列。依照分类排列的,要有一个分类法——即以分类表作为排列的依据;依照标题字顺排列的,要有一个标题标准表,作为采用标题的标准。现在,我们还没有一个统一的资料分类表,事实上,各机关的性质不同,资料内容也不一样,没有必要采用统一分类,应该就机关的性质在专业类目中自由发展。同样,标题标准也没有一个合于新形势发展要求的适当参考材料,听说北京图书馆已在研究这个工作。

资料的排列,就我国的传统习惯上讲,应该是采用分类的办法为原则。以标题排列,不大合于我国的习惯,但它是一种办法,所以我在此一并叙述,以供参考。

我认为资料的分类与图书的分类,在同一个图书馆之中,基本上是应该采用同一个分类法为原则的。但为了使用的方便,它有某些细小部分,可以依照具体的情况加以灵活的改变。在此,我们首先要弄清楚分类与归类的两个不同概念。在图书的分类上,分类与归类是可用同一个意义来理解的,但资料的情形就有所不同了。资料的内容有它的连续性,虽然类的性质有了变化,但必须归到同一个地方,连接成为完整的有头有尾的资料。分类是依性质的,而资料的来源是报纸,报纸资料是随形势而发展着的。分类只能决定归属哪个类目,陆续同一事情变化发展的资料,如果绝对依照内容划分,往往可以分到另一类目去。这样,如果依照分类的一般原则来处理,就会变成一个没有系统性的资料。就是从各个不同的角度来说明某一个问题的资料,也须视具体情况以使用方便为原则,集中处理,不要以一般的分类原则把它分得很散。因此,资料分类,必须注意到归类的问题。归类比分类还有更重要的意义。分类如不能掌握同一事件集中一处的原则,而因某些意念将一个完整有系统的资料分割开来,那就比不准确的分类还要产生更坏的后果。比如,厂矿企业开展抗美援朝运动、进行民主改革、反特反霸、提高工人的阶级觉悟、开展生产竞赛、学习马恒昌小组并向马恒昌小组应战,结果改进生产技术……;整风运动,对工人作了最生动的社会主义教育;响应党的号召,十五年内在钢铁和主要工业产品的产量方面赶上或超过英国,掀起学先进、赶先进、比先进的生产热潮,等等。像这样一个工厂的复杂资料,它就必须依照纪事本末的体裁归在一处,而不能以类的性质把它分裂。此外,资料归类还有可纵可横的两种情形。有的资料可以纵分,也可以横分。特别是作为一个运动报道的资料,不管是政治运动还是生产运动,都是如此。可以按照问题的性质,不论经济部门或文化教育部门都集中起来,集中就能看出当时的全局。但也可以按各系统,各行各业分散到各个最基本的单位去,这就是上面所说的分法,保证各单位的资料的完整。资料的分类与归类,不可能是各机关资料室都一律的,要与机关的性质和要求相结合。就拿报纸编辑部的资料工作来讲,在一个政治运动中,报纸资料涉及到各个方面,而在这个运动开始的时候,还没有综合性的报道,要知道运动的发展情况,按照报纸编辑部的要求就以集中为宜。运动结束以后,除了本问题的启发性、综合性、总结性资料集中作为这个问题资料处理之外,各个工厂的资料即应分别转移到各该工厂资料中去,使各该工厂在多年而后有整个历史发展的资料。这其中应该注意的是,运动达到高潮以后,再深入发展的时候,必然要结合提高生产和改进工作来报道,需要注意各个阶段的转化,作出明显的标志,或作必要的转移。如整风运动的反右派斗争,进一步大鸣大放以后的反浪费、反保守运动,大整大改接着就是全面大跃进。到报道全面跃进的时候,就应该按各个部门分开。如工农业生产的跃进,各方面的工作跃进,改进教学,科学研究的互相合作,文艺界的创作活动和艺术实践,争取成为"又红又专"的工人阶级知识分子,等等。这是因为资料的时间性效用和永久性参考价值需要相适应而产生的处理办法,在资料分类工作中应该灵活运用的。关于资料分类与图书分类的另一个特点是国际资料。在图书分类中,依国别分类的情况很少,大都是先依类属分类,而后再附以国别,只有文学、历史和地理等类是先依照国别而后依体裁的。在资料分类上,为了检查某个国家的资料,使在应用方面能获得便利起见,许多可以分到其他类别中的资料也可集中在国别之下,先以国别为主,然后划分些内容类别。这样,对于某一个国家的资料就集中一处了,用和查都比一律依照类属分来得方便。如果依照类属分,要某一个国家的资料的时候,就要遍找各类了。还有,报纸资料中某些问题的报道中心是与各方面相结合的,分类与标题排列,都须依照它的主题归类。如党中央提出全国农业发展纲要草案时,报刊作了大量宣传,并且报道各部门的工作都与发展农业生产结合起来。如发展肥料工业、推广新式农具和机械化、劳动就业、提倡节育、扫除文盲、除四害等等,都是结合发展农业生产来报道的。这些都是各个部门的工作,绝对不能集中分在农业里面,应该分入各个部门。在某些情况之下,还须视本机构的业务和这个问题的关系来决定归类,等到下结论之后再附记说明。

在机关图书馆中,资料分类应与图书分类采用同一分类法,与前面所述的图书分类与资料分类的灵活应用是没有矛盾的。上面所讲的是指活叶的资料,是指资料排列在资料柜之中的情形,资料柜内部排列是活动的方式,随时可以转移的。如果资料装订成册了,它就与书籍一样成为书本单位形式,就必须按照装订册的内容,与图书的分类取得统一。关于装订资料分类的一般原则与技术,它与图书的分类是具有共同性的,这在分类工作中已述及了。"中国人民大学图书馆图书分类法"的编制,兼顾到图书与资料的统一分类;"人民日报"的每月索引,已改用中小型法排列了。在采用为图书分类法同时,这两个分类法都可作为资料与图书统一分类的根据。不过,要结合本机关业务性质,在专业问题上,补充详细的子目,所以各个资料室(图书室)的资料分类表,都有它相同的部分和特殊的部分,只有在具体工作中才能体验出自己资料分类表的合理要求。

资料依照标题的字顺排列,是想把资料的检查方法如同辞书那样。一个问题、一件专事的资料,亦如辞书对于某个名词的释义一样,把资料内容的主题标出一个标目来,这个标目(即标题)包含了资料内容的概念。用这个名词,即资料内容标题的词句,依照字典的检字方法排列。要查某一个资料的时候,先确定资料内容的标题,再同查字典辞典一样的去查。这个办法,如果做得好,那是很好的,因为它是直接的指示,找得快。如找有关西藏和平解放的资料,只要找"西"字起头;要找某个劳动模范资料,找他的姓名;要找某物,某学科,某病名,某动、植、矿等等的专门资料,都只要直接找它的专门名称就可以直接检得。这个办法没有间接的时间浪费,不像分类检查那样,先要决定它的类属,然后再依项依目检查。但是,这个办法要有一个标题标准表作为采取排列的依据,现在还没有这样一个可供资料排列的具体标准表,实际进行起来,还有困难,因而用这个方法排列资料的还不多。比如,有关苏联共产主义建设与大自然的改造资料,它用怎样一个标题去排列呢?苏联经济建设、共产主义建设、自然改造计划等等标题都可以标,所以标题标准表的拟订也不是一件简单的事情。标题混乱了,就是排列没有标准,所以用资料内容标题排列资料的方法搞得好是最好的,搞得不好就要混乱了。关于资料标题的采取原则、范围、方法等等,它与图书标题目录的标题选择是同一意义的。如果采用这个办法,首先应该自己拟具一个采取标题的标准,把所用过的标题陆续积累起来,根据这些已用过的标题不断补充和发展。标题的组织,是客观事物发展的反映,现有的标题总是落后于客观形势的发展的,因而也总是不够用的。只有陆续增加和补充,才能克服这个困难。

　　上面所指的资料用标题方法排列是指排在资料柜中还没有装订成册的资料。装订成册的资料是不能用标题排列的。在资料柜中,同一个问题,或同一个专事的资料积累多了的时候,从抽屉中抽出来,装订成为专册。

关于人物资料,最好不要按人的身份分散于各类,专列一类,依姓名的字顺排列。这样,在检查和归类都比较方便。如果能再按身份在各类资料中编制分类互见索引则更好。

在排列资料时,不论它是依分类的或依标题的,陆续连载的资料,应按日圈剪下来粘上粘贴纸,先行排入资料柜,以后逐日增补,可免致遗失。如遇有重复的粘贴资料,应即抽除。同时遇有失去时间性的资料,或已没有科学价值的资料,也同样予以抽除。资料柜亦同目录柜一样,用资料指引卡标示类目或主题,并在资料抽屉的拉框上标记该抽屉所属的内容。

资料柜用多个抽屉组成,如中药铺的药柜,视所剪贴资料的多寡,制成若干柜。图式如下:

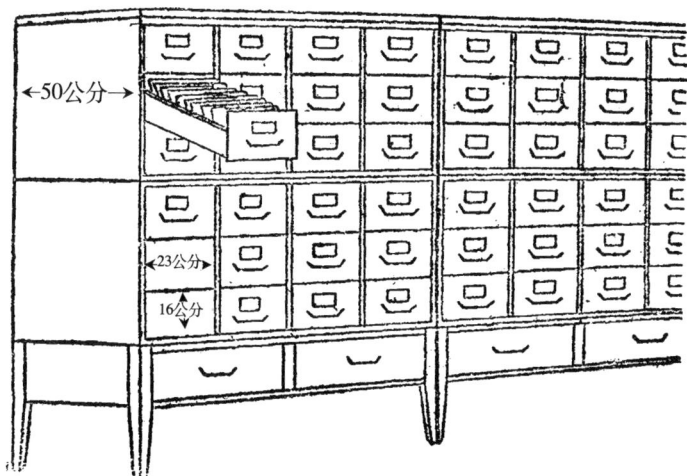

注:资料粘贴纸是19×13.5公分,加上资料指引卡的高度及资料抽屉的
　　隔板,资料柜抽屉的大小应为23×16公分。

资料柜虽用多个抽屉组成,但不能如商店中的杂货架,笨拙不灵。应以四屉、六屉或八屉合为一组,以数组合为一座,可高可低,可拆可合,务使搬移时方便,排放时整齐。排列的顺序从上而下,从左而右,一如卡片目录柜那样。排放资料抽屉的大小,以恰能适合资料粘贴纸的插放,并要有能容纳资料指引卡的高度为标准。

五 资料的装订和编目

资料的积聚是随一个运动,一个问题,或一个学科的发明和发展而增加的。一个运动完结之后,或一个问题、一种学科的资料多了的时候,都必须及时整理装订成册,才不会散失。在预备装订资料以前,必须对某些不必要的资料加以淘汰(已经出版了书刊、小册子的资料,见本章第一节所述)。关于审订取舍是一个十分要紧的工作。比如,在某个运动的高潮时期,资料的圈剪完备是极其重要的。但事后就会有总结性的文件出来,这样,中间有些资料——而且可能是很多的资料,简直已无再继续保存的意义了。如果把它当作不可少的东西,舍弃不得,一并装订在内,不仅不能发生参考上的效用,并且徒劳皮藏,又会使翻阅检查者浪费时间。因此,拣精去芜是装订资料中必须经过的手续,也就是对资料工作的负责态度。有些有永久性参考价值的资料,因为不足装订成为一册的量,但剪取的时间已经过去了很久,不是经常使用,那末应该检查些类同的资料,合并装订成为一册。但对这样类同的资料合并装订的情况,最好是尽量避免,不得已这样做的时候,就必须编制分类分析索引,以免埋藏了有用的材料。

资料的装订,也可以采用活叶夹的形式。那就是把需要装订的资料,过了一定的时间之后,经过挑选,用活叶的夹子装订起来,活叶装的好处是:

(1)使用灵活。如一本资料有两个人需要,但他们所需要的资料并不冲突,就可以拆开来分供两个人用。如果是装订死的一本资料,那就不能同时供给两个人用了。

（2）使资料的积累更加科学性。如某一机器工厂的资料,每在装订时数量不多,不能成为专册,但因时间关系,必须有一个整理装订的段落,这样就必然会有包括多个厂的机器业总册,年复一年,就会在每本机械工业的资料中都有某一个厂的资料。亦就是说,死的装订办法不能把某一个工厂的历史材料集中起来,如果采用活叶装的办法,就可以随时随地的把各个厂的材料抽放一处,到有一定的数量时,就可以装成独立的专册。

（3）可以在一定时间以后,便于有些不必继续保存的材料抽除淘汰。不断淘汰和不断积累是资料精审和丰富的过程。

但是,有它的优点一面,同时也就存在着缺点的一面。这个活叶装办法所耗的人力和物资都要大;同时有些专题材料数量不多,而且已不会继续增加的情况下也得占有一个夹子,这样就要增大庋藏的面积。在一个资料室中,如果同时使用装订死的和活叶装订两种办法,就可以不至过分增加庋藏面积。

装订成册了的资料,须加附一个摘要的内容目次,拟订一个具体而适合于内容的名称,如同书籍一样,编成一套卡片目录。装订了的资料是绝对不能用内容标题排列的,必须用分类的系统排架。按照自己所采用的图书分类法加以分类,贴上排架的类码。分类目录是主要的目录,当作排架、清点和检查之用,它兼负财产目录的作用。另编标题目录,以辅助检查。因为装订资料是没有它原来的书名的,所拟订的名称不一定能符合检查者的意念,书名和著者都是集合的,不可能单用那个篇名和那一篇的作者为代表该全册资料的补助检查的对象。但为了检查的需要,首先要编制以册为单位的(包括一个专题有几册的)标题目录,以辅导查检。标题目录不能限定每种资料一张,而是要看内容材料所包括的要求而决定。因为资料内容是多方面的。应从多个主题中反映出来,才能使检查者充分获得利用。这也就是说,资料内容要有多方面的索引。此外,对于资料专册中有某些个别材料,亦应视需要加制一些分析目录索引,包括名称、著者、标题等几个方面。编目项目中的册数和年代是重要的款目,因为装订资料不是同图书那样进行个别财产登录的,册数记明在卡片目录之上,即可作为清点财产的根据。年份,借以揭示资料发生的时期,对检查上的作用是很大的。

图书的分类,在书籍内容性质相同而具有同一分类号码时,一般是以著者号码来区分的。但是,资料装订册没有著者,而著者号码的目的也不过是想使同一类码的东西排列得有个次序,假使资料装订册也采取所拟定的名称作为著者号,那末排起来也是没有伦次的,所以资料装订册是不必套用这个办法的。但单用一个类号是不够的,装订册多了,同类码的也就多了,就没有一个固定的位置,可以插列在前面,也可以插列在后面。因此,我的意见是想加用一个副号码,有著者号码那样类似的意义,但不是同一个办法。副号码的采取和应用,它必须从具体情况中和所发生的问题的基础上求得解决,而不是凭空预造出来,再去装配。即是说,要根据资料装订册的现实状况,在类码之下加列副号码。反转来说,副号码的作用是去辅助资料合订本的排架的。我的还不成熟不完整的意见是:

第一,遇到资料装订册需要内容体裁形式划分次序的时候,可以利用分类法的形体(总论)复分表为副号码。如"中国人民大学图书馆图书分类法"中农业集体化的类码为4753,它的形体复分表(原题:参考资料复分表)"1"是代表会议记录;"2"是代表演讲、报告、总结;"3"是代表论文、评介……。这样"$\frac{4753}{1}$"就是有关农业集体化会议的资料;"$\frac{4753}{2}$"就是有关农业集体化报告、总结的资料。

第二，利用年份为副号码。如某些按年份装订成册的资料，就干脆用 1951；1952……为副号码，排列起来方便而有顺序。

第三，利用地区附表为副号码，在某些以地区为单位装订的资料上应用。

第四，以单位名称为副号码。这个副号码与著者号码最类似。比如同一性质的各个工厂资料，它的类码是相同的，就用这个工厂名称取副号码，如同采取著者号码那样。

这一些，不过是想到的意见，实际用起来应该根据实际状况灵活使用。如上面所说的农业集体化资料，亦不能是绝对依照形体分类装订的。如在一个会议之中的材料，有记录有总结，也许是某一个地区的，因此，就要根据它装订册总的意义来采取副号码，决定以年度为主抑以地区为主。但是，既有年份又有地区的资料，或是既有形体又有年份的资料，这样，副号码的组成就要用两种号码。如 1－1953，这是指 1953 年的某项会议记录资料；51－1954，这是上海市的某项 1954 年资料，"51" 是地区代号。总之，资料装订本的副号码的目的是要求使同类资料在排列上合情合理，要在这个原则上去想办法附加。

装订资料的排架也同图书一样，按照号码从左而右，从上而下，在资料架上标记出每架每格的内容主题。

由于我们的国家政治制度无比优越，又经过伟大的整风运动，国民经济、科学、文化教育事业各方面的发展，已不是一般的规律了，而是突飞猛进。因此，国家工作人员需要研究和参考的材料也会愈来愈多，资料的积累也就会越来越丰富。这样，资料（包括报纸合订本）的积累与整理，就必然要与空间储藏的条件发生矛盾，许多图书馆、资料室都感到房舍太狭小不够用。在条件较好的、有能力可办的图书馆或资料室，就要注意到利用现代化的显微摄影技术来解决这个矛盾。随着科学技术的发展，在资料工作中推广使用复制技术，将必然成为解决资料储藏问题的措施。自动化的

"显微复制机"摄制速度很快,有价值需要保存的资料,都可以用不多的时间制成显微影片,需要的时候可以用"阅读机"来放大阅读,并且还可以冲洗放大成为原样。据报刊所载,中国科学院图书馆和北京图书馆已有这种设备。只要条件许可,我们搞资料工作者就该重视和利用现代化的技术。

六 资料的索引

资料工作除了剪集报纸之外的另一种形式是索引工作。剪报资料在还没有装订,排在资料柜的时候,是无须做索引的。因为资料是依类排列,或者是依内容主题的标题排列的,它本身既是资料,同时也就是索引的形式供人检查。剪报资料的索引,只有在装订成册之后,才有必要去编制,这就是上一节所述的,装订资料的编目问题。报纸的索引,几乎是每个报社都按月出刊了的,可以直接向邮局(或该报社)订定,要自己编制每个报纸的索引是不可能的事情,亦没有这种必要,只有善于去利用现成的。不过,缺点是各个报社所编的索引都是以月份为单位,还不能满足图书馆资料室作为工具用的要求。假如各报社能够利用每月索引的技术基础上,又汇编为年度的总索引公开发行,那就可以给读者更多的便利。我想,这个工作不致于花很多人力物力,但应该在月份索引中删除若干无永久性的索引条目,可以使索引篇幅减少。此外,是期刊的索引工作,这就是我们要说的资料索引工作的主要问题。使用期刊资料,有两种方式:一种是把期刊资料拆剪下来,依照它的专门主题订集,或者粘贴后和剪报资料合并一处,注明来源、期数、年月等项。另一种是编制期刊索引。但是,前者的做法带有一点理想化,实际上这种做法是很少见的,它一定要有两份杂志才能那样做。一般说来,期刊资料的运用,还是采用编制索引的办法。

索引的编制法,一般都采用卡片形式。因为用卡片编制可以陆续增加,也可以随不需要时而抽除。需要书本式和活叶式的时候,只要利用卡片索引的基础抄录就得。这种编索引的卡片与普通目录卡不同,可以就需要而特制。索引款目包括资料的篇名、著者、期刊名称、年月卷期等项。期刊索引的排列,也与剪报资料的排列一样,有两种方法:一种是依类排列,一种是依资料内容的标题排列,这里不再说了。至于内容收录方面,我想应注意下列几点:

第一,编制期刊索引,应该实事求是,不是一种点缀的形式。索引收录的内容,要根据实际的需要,重质而不重量。与自己机关业务不相干的,不是本机关干部所需要的不编制。即是说,要规定一个适合自己所需要的收录标准。

第二,在许多期刊中,所刊载的文章、报告等是可能有重复的,在编制时,就要根据具体情况,比如党和政府的指导性之类的文件,则虽有些重复也是应该收录的。其他材料有重复的就可以不要收录,拣其重要的杂志做索引就好了。

第三,注意专题专事的资料索引。因为有些专题专事资料,只能散见于报刊之中,不可能都有专题小册刊行,这种索引的提示很能给读者解决问题。

第四,摘录现成的索引。在许多现成的索引中,某些索引条目是适合于自己机关中参考的,可以把它摘录下来,插入自己的索引卡中,丰富自己的索引内容。当然,这种办法有一个附带的问题,即编了索引不一定自己有资料,我想这是可以解决的,如利用就近公共图书馆之类。

资料的索引工作,如果人力物力都允许的话,还可以做重要政策文字和数字的摘录工作。往往有极重要的数字,分散在许多文章之中,但这不是政府的公报,因此,不是每个人都记得见于何处的。遇有引用某一个数字时,就不知从何找起。如果做了摘录工作,经过一定时期的积累,就可以解决一些问题。做的方法是摘录在卡片上。第二次遇到有同类性质的数字可以摘录在同一卡片之中,注明材料来源,要注意其真实性和权威性。卡片的排列,依类或依主题字顺均可。

图书馆对利用期刊丰富的内容,编制索引是一个很有意义的工作。这个工作如果搞得好,并能充分发挥它的作用,则对科学研究、解决业务问题诸方面,都可以节省很多的时间和精力。这个工作,许多图书馆和资料室的业务中是注意的,尽管各个机关的性质不同,而需要资料索引则一。就是因为这样,在过去,各图书馆和资料室都各做各的,付出人力和物力,有许多地方没有得到应有的效果。这对整个国家来讲,是浪费了。而在索引的质量方面,也因方法、经验等还不足,有的没有做好,有的不能与实用相适合,有些图书馆资料室就没有继续做。

在另一方面,又不够重视别人编制的索引,没有把它与自己的索引工作相结合,加以利用。比如,过去山东省立图书馆曾编印过"全国主要期刊资料索引";"新华半月刊"自从月刊的时候起,就每期附有"报刊参考资料索引"。但是,前者是季刊(已停刊),后者所选的范围还不够广泛,都没有普遍引起图书资料工作者很好地注意利用。此外,也有些专门性期刊附录各该专门问题的索引的,如生物学通报、药学通报等等就是这样。我们图书资料工作者,应随时善于利用这些现成的资料索引。

大家都知道,期刊索引的编制必须要有对这个工作熟练的人,这样的人虽然不是什么高深的技术人才,但要各图书馆、资料室都具备也就困难。因此,只有集中比较专门性的进行才能符合节约原则,又可以提高索引的质量。现在,上海市报刊图书馆已担负了这个工作的责任,它不仅便利了广大读者的检查资料,同时也帮助了图书馆、资料室做了这个重要的工作,我们对这个工作应有较高的估价,并要好好地利用它。

上海市报刊图书馆的"全国主要期刊资料索引"是1955年3月创刊的,从1956年1月份起已扩充为"全国主要报刊资料索引"了,并从同年7月份起改为月刊。改为月刊,对索引供应的时间性方面就能迈进了一步,更增加了索引使用的价值。因为期刊索引,对于时间的关系是非常重要的。双月刊拖延了时间,等到发行收到之日,其材料是要在二、三个月以前的了,改为月刊之后,就可以更接近新近的材料。但如能在月刊的基础之上,再编制一个每年的报刊总索引,它的效用就不仅限于目前的了。因为每月装订一册,经过多年之后,要找某些问题资料时,是比较困难的,首先要掌握时间,知道哪年哪月之后才能查检方便。每年汇总一册,年比月总要方便些,只要知道某一年就都可以检查了。报刊索引,多年而后,检查某些历史性文件,是有其一定的价值的。而且,年份总索引还可以弥补那些按月残缺不全的图书馆或资料室。现在,该馆"为了进一步满足读者找寻资料便利起见,将55、56、57三年所出版的26期中的资料,集中整理,出版汇编"(见新华书店订货目录),这个工作,我们非常欢迎。

月刊索引,另外还有一个问题,当每月发行的报刊索引还没有出来的时候,自己图书馆或资料室又没有做杂志索引,在这一段时间中,检查该一段时间的索引似乎是困难的。但第一,这时间是不长的,索引既是每月发行,经常下去,所没有索引的杂志也只是间隔着一个月而已。这一个月的期刊是新近的,新到的,事实上虽没有索引,也应该是随手可检到。第二,有了这个月刊索引,并不是就限制了所有的图书馆、资料室都不准编制期刊索引了,这是可就自己的需要来作决定的。上海市报刊图书馆是专业性的图书馆,由专门的业务机关来统一完成这个任务,就可以减省了许许多多的图书馆、资料室、铺床架叠的编制期刊索引的浪费现象,减轻了工作负担,这是符合于总路线多、快、好、省地建设社会主义的原则的。这样做,就能够人力集中,在技术方面也可得到较为适当的解决。收录索引条目丰富,对各个专题的索引也就有可能更为完整,这就不仅限于一般的参考,而且能满足专门问题的参考了。中国科学院图书馆编辑的"自然科学期刊索引",就是因为这个索引的出版、公开发行而停止不做的。这个索引所收录的内容,包括国内现有的二百五十种以上的重要报刊,这些报刊都是全国性的和地方代表性的刊物,它是按照"中国人民大学图书馆图书分类法"编排的,公开发行的公报也同样选引进去。因此,我以为,应该重视这个刊物,理解这个刊物,结合到我们的索引工作中来。并要帮助读者,会运用这个索引作为检查资料的工具。我想,在一般小型图书馆人力不够的情况下,尽可以利用这个索引,订定一份,解决期刊资料索引问题(按该馆还编印有"中文期刊目录1881—1949"收录期刊八千多种)。该馆还考虑各图书馆和资料室的需要,为它们解决分别编制卡片索引的浪费和人力困难的问题,特发行该索引的卡片。这种卡片的发行,使小型图书馆得到一种便利,它不仅发行全部的索引卡片,而且还分类发行。这样,如果图书馆除需要书本索引外,还可以购买索引卡片。并可就各个图书馆的需要,自由拣选自己所需要的某几类来订购。这种索引卡片,只要使用得法,发挥它的作用,无论如何是要比自己编制节约的。但有一个问题必须明确,索引卡片还不是索引,只是已经具备了索引的主要条件。购买来了之后,必须自己加以排列才能变成索引,如果捆之高阁,那不仅是不节约,而且是新增加了浪费。因此,这种索引卡必须与自己具体的资料配合起来,依照分类或字顺(包括篇名、著者、标题等)去排列,这一点非常之重要。

　　我说了上面这些话,并非是说上海市报刊图书馆的资料索引工作已经做得没有缺点了。做这样全面性的广泛范围的资料索引,这并不是一件容易的事情。不仅要解决方法问题,同时还要有各方面的科学知识,要能满足普遍的要求而无一点缺点是不可能的。我们应看到总的方面,它解决了全面的资料索引问题,可为国家节省了很多人力用到别的建设工作中去。不能因为它目前还存在一些缺点就否定了这个工作。我们资料工作者都有责任,对它

提意见、建议,帮助它来进一步搞好这个资料索引工作。我觉得目前对这个工作应该注意的是:

第一,要定一个比较严格的索引收录取材的标准。要注意不要将重要的资料不收录,而将次要的或者不十分必要的反而收录。这就应加强索引取材的选择标准。

第二,工作要仔细,索引底卡不可错。这种索引底卡与编目底卡是同样意义的。编目底卡搞错了,分类目录和字顺目录都会跟着错下去,而这种索引底卡搞错了,就会使印出来的索引也错下去。因为卡片索引的条目多,工作就要细致,比如说,把报刊的名称搞错了,或者把月份日期等搞错了,都会找不到资料。

第三,还要注意分类的统一。因为索引的数量多,不可能由一个人来担任索引的分类工作,多数人担任一个共同性的分类工作,各人的意念、观点不同,识辨能力不同,产生出同一性质的资料分到几个地方,这是很有可能的,这需要加强分类的总核对工作。

第四,要加强宣传使用索引的办法。卡片索引的发行,对这个工作尤为重要。我曾听到过有些图书馆、资料室定购这种卡片索引还存放着不用,埋怨卡片索引不好,我以为尽管卡片索引还有缺点,但如果自己能够使用,好好地排列起来(当然也可以依照自己的办法排列),我想是可以应用的。因此,报刊图书馆还应编些索引的使用说明,方法要说得具体一些。

最后,我还想附带谈一些对内刊物和公报处理问题的意见。对内刊物,是一种重要的参考资料,但也不是说,所有对内刊物都能适合于作为每一个机关的参考资料。因此,我以为在机关图书馆里,如果那些与自己机关无关的对内资料,就可以不必保存,在收到之后就请示处理,并函原机关辞谢不再寄。对内刊物,在数量方面比较多的是公报。公报在机关组织中是重要的参考资料之一。因为它是对内刊物,有些机关是交由档案室或指定专人经管的。保密,是每个国家工作人员的责任,国家已公布了"关于政府工作人员保守国家机密的指示"。公报中,刊载丰富的内容,在有些机关可能还没有被利用,成为专是保管不用的死东西。政府机关寄来公报的用意本来是供本组织的参考的,参考与保密并没有矛盾,不过是借用的对象和手续不同而已。下面所述的处理办法是指公报交由图书馆保管而言的。

在公报较多的机关,它的排列,不与其他期刊混合。在书库中,专设橱柜。因为它是对内刊物,在图书馆中也是要指定专人负责的。排列的办法有两种:一种是依照行政地区的次序排列;一种是依照政府机关名称字顺排列。公报绝大多数是冠上政府机关名称的,但也有只刊某某公报的。因此,依字顺排列时须冠政府机关名称,使得统一。公报的登记,可以利用期刊登记卡,在收到时即行登记,它的手续与杂志到馆划到手续相同。登记卡的排列,也可依地区或依字顺,但必须与排架取得一致,这样可以便于检取、清查或点交。公报内容,它与行政业务有密切关系,有许多部分资料是可以代替档案检查之不足的。但公报内容有一个特点,很多是重复的,尤其是法令。如有必要,也可拣选几种编制索引(如国务院公报),但要考虑人力。如果公报不多,又是公开发行的,则可并入普遍期刊中统一处理。当公报积存到相当数量的时候,也应与杂志一样,进行装订,以便于永久庋藏。